臺灣歷史與文化 研究輯刊

四 編

第 4 冊

日治時期台灣文學的「南方想像」
——以龍瑛宗爲中心

吳昱慧 著

花木蘭文化出版社

國家圖書館出版品預行編目資料

日治時期台灣文學的「南方想像」——以龍瑛宗為中心／吳
昱慧 著 — 初版 — 新北市：花木蘭文化出版社，2013〔民
102〕
目 2+166 面；19×26 公分
（臺灣歷史與文化研究輯刊 四編：第 4 冊）
ISBN：978-986-322-486-0（精裝）
1. 龍瑛宗 2. 學術思想 3. 臺灣文學
733.08   102017364

ISBN-978-986-322-486-0

9 789863 224860

臺灣歷史與文化研究輯刊
四 編 第四冊   ISBN：978-986-322-486-0

日治時期台灣文學的「南方想像」
——以龍瑛宗爲中心

作 者 吳昱慧
總 編 輯 杜潔祥
出 版 花木蘭文化出版社
發 行 所 花木蘭文化出版社
發 行 人 高小娟
聯 絡 地 址 235 新北市中和區中安街七二號十三樓
           電話：02-2923-1455／傳眞：02-2923-1452
網 址 http://www.huamulan.tw 信箱 sut81518@gmail.com
印 刷 普羅文化出版廣告事業
初 版 2013 年 9 月
定 價 四編 22 冊（精裝）新臺幣 50,000 元

日治時期台灣文學的「南方想像」
——以龍瑛宗爲中心

吳昱慧　著

作者簡介

吳昱慧，台灣嘉義人。曾就讀成大與清大台灣文學系所，研究領域關注日治時期的台灣文學與文學家的思想，喜歡結合所學思考當下台灣社會的發展，也樂於行路各地觀察台灣在地文化的底蘊。

提　　要

　　本書乃筆者 2010 年 12 月完成碩士論文〈日治時期台灣文學的「南方想像」——以龍瑛宗為例〉之改版，由於考量到補充新蒐集的資料與加強論點的完整，因此在主要論點不變下，做出調整與刪改。包括第一章緒論依照新改寫內容而調整；第二章第一節刪換新研究內容，以求更符合內文論述的相關性和強化全書整體面貌；第五章結語增寫；新編參考書目；其他內文變動，多以段落通順、潤飾文句、改正錯字，或補充原引用論文的新出處與書籍資料為主。

　　內文主要研究台灣在日治時期戰爭期（1937.7 ～ 1945.8），受到日本帝國「南進論」的影響，文學家龍瑛宗在島內一股「建設南方文化」口號的語境下，展示了什麼樣符號化「南方」的視野。本文主要以三個路徑做探討：一是，在台灣文學中關於符號「南方」的象徵脈絡、二是，龍瑛宗思考以文學追求台灣文化提升的「南方憧憬」、三是，以龍瑛宗的作品提出他個人對「南方——在地台灣」的「想像」。本書意圖指出符號「南方」取代符號「台灣」，象徵的是在「帝國境內特殊的地方——台灣」的歷史背景情境下，一個知識份子自我發現、寄寓提升在地台灣文化精神所指涉的符號，而藉由探討龍瑛宗的文學目的——「追求幸福」，與他受到文學前輩的思想資源或「藝術哲學」方法影響下的創作觀，更能具體再現他以文字追求憧憬的、藝術化的、生命化的「南方想像」。

目
次

第一章 緒 論

第一節 研究動機與目的

　　2008 年筆者在尋找論文方向時，遇見一部日治時期帝國所拍攝的國策紀錄片名為《南進台灣》〔註1〕。透過觀看這部黑白且帶擦痕的光影，彷彿進到台灣超過半世紀前（1938～40 年）的在地時空。影片裡，從電光街城的台北州、一路南下、經過資源豐富的新竹州、小京都之稱的台中州、古都舊意的台南州、熱鬧港祭的高雄州，之後鏡頭再往台灣東看，由花蓮港廳的移民村，南下到台東廳，以至今日恆春鵝鑾鼻，讓人望見波濤洶湧的巴士海峽。此片，使我欣見舊台灣景致與先民身影，卻也得知片格的身世乃是 1940 年台灣總督府以「始政四十餘年慶祝」為背景，由日人出資宣揚相關帝國在台灣建設的

〔註 1〕　〈南進台灣〉，《片格轉動間的台灣顯影——國立台灣歷史博物館修復館藏日
　　　　治時期紀錄影片成果》，台南：國立台灣歷史博物館，2008 年。此片透過國立
　　　　台灣歷史博物館與台南藝術大學影像管理所，一同合作所修復完成的影像
　　　　檔。此成果包括《南進台灣》（全七卷）（1940 年）、《國民道場》、《台灣勤行
　　　　報國青年隊》、《幸福的農民》四部影像。《南進台灣》一片國策色彩濃厚，其
　　　　「准演執照」介紹旁白言：「企圖以環台一州拍攝方式，宣告日本統治者期待
　　　　台灣作為一個南進基地，繼而遠眺並征服那擁有豐富物產、礦產、土地與戰
　　　　略位置的南洋群島。」而相關此紀錄片的分析有井迎瑞、郭力昕、陳昌仁、
　　　　陳怡宏等，收錄在出版物的附錄「專刊」。相關此影片的論文可參考謝侑恩，
　　　　《影像與國族建構——以國立台灣歷史博物館館藏日據時代影片〈南進台灣〉
　　　　為例》，國立台南藝術大學音像藝術管理研究所碩士論文，2006 年。

宣導片〔註 2〕。影像動態地再現（representation）殖民地人、事、物與地景，帝國目的無非是想昭告世人，台灣是帝國拓殖的模範與未來拓南的生命線起點。這個台灣被紀錄的視聽方式，也開啓筆者一種感受與理解日治時期「台灣」的契機，而那不斷放送的一字「南」，也成了最初的研究發想。

影片開始即以有聲字幕「往南、往南、往南方去、渡海、往南方、在南方、有台灣」，結束在「台灣是南進的基礎，讓我們南進，帝國國運的進展，必須要拓展南方，建構南方產業與經濟生活線」。從片名、字幕、旁白，大量「往南」、「南方」的聲音與字幕，成爲我們解讀時代的訊息。符號「南方」起碼承載兩種概念：一是，「具體被觀看的台灣地理實體」，也就是在日本中央的帝國之眼下的「南方」——台灣；二是，「在台灣往南觀看的地理方位」，立足台灣放眼「更南方」。這兩種解釋反映出，「台灣」在相對的主客體關係中，出現既是「南方」又不是「南方」的符號之名。這個「相對性」，也正是本文提出符號「南方」，作爲建構台灣知識份子思考「台灣」的論述根據。

從符號出發，本書以被形容爲「戰鼓聲中的歌者」——龍瑛宗（1911～1999，新竹北埔人）爲研究對象。在他的文章中，可以觀察到「南方」、「南國」、「南島」這樣的字眼頻繁地出現，比如，小說〈死於南方〉一文中的結尾，主人公「我」言：「老實說，我自己如果家庭情況允許，也想飛去南方啊。」〔註 3〕，另外，隨筆〈對陽光的隱忍〉一文言：「然而，台灣建築的樣式，看來與其說是要征服自然，毋寧是順應著自然，是要防禦的隱忍形象。／同時那也是南方人的命運吧。」〔註 4〕；以及〈南方的誘惑〉一文則談到：「我認爲南方文學也應該如此地美麗，如此地氣質高尚。然而，我們棲栖於陽光之

〔註 2〕陳怡宏，〈觀看的角度：《南進台灣》紀錄片歷史解析〉，收錄在《片格轉動間的台灣顯影——國立台灣歷史博物館修復館藏日治時期紀錄影片成果》之「專刊」，台南：國立台灣歷史博物館，2008 年，頁 76～93。陳怡宏指出，從《台灣日日新報》的報導來看，這部片共有兩個版本，最早是 1937 年完成，並且預計在同年 4 月上映，第二個版本則是 1940 年完成（此修復片，應是第二個版本）。此片的製作，是日本財界之日本社主編桙本誠一、導演川出、新井博、藤井靜等攝影師來台拍攝，而預設的觀眾是爲日本民眾。

〔註 3〕龍瑛宗，〈死於南方〉，《台灣時報》，1942 年 9 月 5 日。引文出處《龍瑛宗全集（中文版）》（小說集，第 2 冊），台南：國立台灣文學館出版，2006 年 11 月，頁 26。

〔註 4〕龍瑛宗，〈對陽光的隱忍〉，《周刊朝日》第 39 卷第 27 期，1941 年 6 月 15 日。引文出處《龍瑛宗全集（中文版）》（詩・劇本・隨筆集，第 6 冊），台南：國立台灣文學館出版，2006 年 11 月，頁 190。

中，竟顯得多麼寒磣消瘦呀。」〔註5〕。除了上述例子以外，龍瑛宗對文學的觀點、小說的情結鋪陳、詩作的意象等，包含不勝枚舉的符號「南方」，且明顯匯聚了不同的思考主題。在帝國的「南方」語境裡，要如何釐清龍瑛宗諸多帶有符號「南方」的歧異性，尤其是意指地理台灣的觀察與寄喻以在地台灣爲主體的思維，正是本文問題意識的出發。

戰爭期的龍瑛宗不僅是小說家、詩人，也是一位關心台灣文化向上提升的重要評論家與雜誌編輯。從目前累積論述與研究來看，龍氏更是一位不斷「被作比較」的對象（如以下附註表格〔註6〕），包括呂赫若、西川滿、爵青、鍾理和等。這些對象與龍瑛宗的交集，展現了不同時間（戰前至戰後）的跨幅，以

〔註5〕 龍瑛宗，〈南方的誘惑〉，《台灣新民報》，1941 年 1 月 1 日。引文出處《龍瑛宗全集（中文版）》（詩・劇本・隨筆集，第 6 冊），台南：國立台灣文學館出版，2006 年 11 月，頁 178。

〔註6〕 相關龍瑛宗與他人作比較的研究論文：

發表人	論文名稱	發表或出版出處	時　間	比較對象
朱家慧	兩個太陽下的台灣作家——龍瑛宗與呂赫若研究	由台南市文化中心出版成書	2000	呂赫若（論者比較兩人文學背景與理想的不同，強調兩人爲藝術特色與現代主義基調差異的作家）
蔡鈺淩	文學的救贖：龍瑛宗與爵青小說比較研究（1932～1945）	國立清華大學台灣文學研究所碩士論文	2006.7	爵青（論者從帝國統治底下的「殖民地中間層」，比較兩人以文學思考殖民地與現代自我的問題）
蔣淑貞	反抗與忍從：鍾理和與龍瑛宗的「客家情結」之比較	期刊論文《客家研究》第 1 卷第 2 期	2006.12	鍾理和（論者從地緣的社會性闡述「北客」與「南客」的性格座標，在兩人身上的差異。並以「北客」的特徵，「強調一種越界而需要的忍從精神」標幟龍瑛宗的特色。）
林巾力	南方・異國情調——以西川滿與龍瑛宗的詩作爲討論中心	《戰鼓聲中的歌者——龍瑛宗及同時代東亞作家論文集》	發表時間 2010.9.24 已收錄專書如左：（2011.6）	西川滿（論者以兩人的詩作探討他們如何認知、建構並延展「南方」的概念，觀察其各自抒發關於「南方」的各種想像）

及台灣內部的南／北、台灣／日本的南北、台灣／「滿州國」的南北跨界。可以說，不同條件的比較研究中，龍瑛宗好像呈現了或代表了一種台灣文學中「典型」的對象。不論是龍瑛宗自身的作品成果，或者因他而來的相關論述，都是本文欲加以思考與對話，作爲提出龍瑛宗「南方想像」的具體內涵。

第二節　研究概念與架構

一、關於「南方」的概念

在分析何謂龍瑛宗的「南方想像」前，仍不得忽視日治時期的文獻中，「南方」一詞，帶有以帝國爲本位，期望殖民地台灣發揮擔當帝國往「更南方」拓張殖民地事業的基地或前線之意，比如「南方之鑰」、「南方之屏」。因而即便龍瑛宗的「南方」，是「台灣」的一種代稱，仍不能否認其主體意識顯得弱化或迴避了帝國在「殖民地台灣」各種差異體制或權力統治的批判。

筆者在此嘗試從文字的符號學出發，說明本文研究符號「南方」的思路。國際上一般認爲符號學有兩個來源，一個是瑞士語言學家索緒爾，另一個是美國實用主義哲學家皮爾斯。兩人的成就都在於提出「符號」系統性的概念，索緒爾以語言學爲基礎，強調符號是以「能指」（signifier）與「所指」（signified）的概念構成，而能指是工具，是所謂符號的物質形式與語言形象；所指是觀念，指涉的是心靈被喚起的意象或概念。這個闡述影響到 20 世紀以來，語言學、精神分析、結構主義等西方理論的發展，使「符號」的研究成爲一重要的社會科學。比如著名的精神分析學者－拉康，曾研究人與語言之間共同的作用機制，並分析語言符號概念的作用乃是：

> 語言的作用在於其符號的表示性，即用一個符號來表示某種在符號體系中並不存在的東西，符號是實在的，可感性的，有形的。但是所表示的卻是無形的存在，無法捉摸的觀念。當然拉康這裡所說的不是外界事物的物質性存在，而是由符號所代表的事物的觀念。（中略）語言符號不過是一個替代品，這個過程也就是所謂再現的過程，那個不在場的就是所指，語言符號的實在是能指，能指在追索所指。〔註7〕

〔註7〕 方漢文，《後現代主義文化心理：拉康研究》，上海三聯書店，2000 年 11 月，頁 88。引文底線爲筆者所加。

具備特異的風貌，形成巨大的日本文化之一翼，包融入日本文化中，

賦予日本文化多樣性，這樣才能使文化產生相加效果。〔註12〕

在態度上處處可見龍瑛宗積極區別日本與台灣各為文化主體的創造者，以建構在地台灣的主體為意識，展現突出「生長在此地、埋骨該地並且熱愛該地，要提高該片土地文化的文學」的文學精神。因此，雖然研究難以擺脫殖民者權力認同的處境，卻也不能忽略龍瑛宗作品中，可供汲取建構台灣文化特殊性或說堪稱「形成主體」的構思與思想資源，其中也不乏有精神抵抗之策略的想像空間。

可以總結的是，龍瑛宗符號的「南方」，指涉的是基於地理實體的土地台灣，在戰爭時期帝國日本的地緣政治語境下，「南方」對日本帝國而言是為以他國領地為目標，佔領或由北往南不斷前進的地域。但本文意圖展開的是，龍瑛宗以思想資源和文學想像累積創作，符號化可供闡述具有以本地為主體，象徵觀念性的「台灣」。在固定的土地上，卻有特定的觀念脈絡岔異於帝國直線的地緣政治之指涉，在台灣形成了就地如迴圈可供人人或世代探求的觀念。有關「觀念」的脈絡，本文會具體的從龍瑛宗的「文學目的」來看。從目的的區分，一來不僅能策略性的劃清，帝國以延長戰線的南進意欲 VS.龍瑛宗以文學為機制，分別符號化的「南方」之「再現」。二來，龍瑛宗本身作品之間，就有解釋上歧異性甚大的「南方」（台灣或各種非台灣的符號所指）。基於上述兩點，作家目的的設定將宛如明確的線索，有助於本文探討「南方」如何作為文學家的一個視角，以文學目的展示出屬於在地意識的價值觀，這一研究取徑。

二、研究架構與概念

本書主要以「國立台灣文學館」所編輯的《龍瑛宗全集》〔註13〕為研究資料。以下說明研究章節（二、三、四）架構：

第二章，從符號起源與詮釋諸多作品，說明「南（方）」是台灣另一種可視化的符號。而基於能指追索所指的符號原理，本文會先交代，以龍瑛宗的文學目的之「追求幸福」，作為一條貫穿本書的線索。藉此讓讀者把握到龍瑛

〔註12〕龍瑛宗，〈台灣文學的展望〉，《大阪朝日新聞》，1941 年 2 月 2 日。引文出處《龍瑛宗全集（中文版）》（評論集，第 5 冊），台南：國立台灣文學館出版，2006 年 11 月，頁 80～81。

〔註13〕龍瑛宗，陳萬益主編，《龍瑛宗全集》（中文版 8 冊、日文版 6 冊），台南：國立台灣文學館出版，2006 年 11 月。

宗將「南方」符號化的過程，不僅限於出現過符號「南方」兩個字的作品，
還包含他以明確的文學目的，符號化象徵觀念性的「南方——在地台灣」。接
著，從具體的日本「南進」政策及其影響台灣的歷史開始，討論龍瑛宗作品
兩種書寫「南方」的現象：一是描寫具體去台灣以南的「南方」之人物形象
和言談。二是藉由討論龍氏與呂赫若的作品，提出同時代作家以「南方」作
爲視角，建立主角從內省自己的意志與精神，轉而堅定尋找出路的態度。這
一來也讓想像非地理空間的「南方」之意義，富含台灣人在一種時代氛圍或
契機底下，追求身而爲「人」或自我精神狀態的發展。

　　第三章、「南方憧憬」乃出於定義龍瑛宗以台灣本地爲主體，思考個人理
想的台灣文化狀態。在帝國提出「建設南方文化」的口號下，龍瑛宗曾認爲
台灣的「文化」模式，乃是既無歷史而亟需「創造」歷史，因此他以「重視
當下而望向未來」爲歷史的架構，轉化「南方」像是一個從當下創造未來之
「歷史」的進程，進程的動態表現是以符號化各種觀念、情感，顯示出其所
意欲的文化之誕生與發展，堪稱意識化、生命化的「南方」。此外，本章將從
他的隨筆、評論，以及介紹丹納（Hippolyte Taine，1828～1893 年）「藝術哲
學」〔註 14〕，推論其構思原則與文學目的的關聯性。藉此闡述龍瑛宗藉由某
些「主題」作爲「南方憧憬」的內涵。

　　第四章、以龍瑛宗的詩作與小說作品爲中心，探討他在吸收藝術思潮脈
絡與汲取前輩文學家的啓發後，如何將文學目的與「追求幸福」這一主題做
結合，創造出屬於藝術哲學脈絡底下的「南方」。此外，還會藉由龍瑛宗寫過
一系列「杜南遠」的作品，進一步解釋「南方」不僅是象徵概念，也是一種
文學創造看視「空間」的視線，是龍瑛宗引導我們看見「南方」如何因爲一

〔註 14〕章安祺等著，《西方文藝理論史——從柏拉圖到尼采》，中國人民大學出版社，
　　　　2006 年 7 月，頁 375。丹納比較受到重視的影響力在於他曾提出「種族、時
　　　　代、環境的文學發展三要素」之說。他提出「環境」乃是文學發展「外部壓
　　　　力」的要素，他以歐洲爲例強調「環境」有所謂的「南、北方」之分，並且
　　　　會造成藝術、文學發展的影響。文藝理論家曾歸納丹納的思想言：「作爲文學
　　　　發展之『外部壓力』的『環境』（milieu）要素，實際上被丹納分作兩方面，
　　　　即『物質環境』、『社會環境』。所謂『物質環境』主要是指不同族群在『氣候』、
　　　　『地理』等方面的自然處境。如同斯塔爾夫人的『南方』與『北方』之分一
　　　　樣，丹納也是將『希臘民族與拉丁民族』作爲一方面，以『日耳曼民族』作
　　　　爲另一方面。<u>他認爲這種『南方』和『北方』之間的『深刻差異』，首先就是
　　　　因爲他們所處環境的不同</u>。」本文第三章會討論到龍瑛宗未必完全吸收丹納
　　　　的藝術理論，但該理論卻是研究龍瑛宗思考「南方」的主要線索，值得探究。

個有感與知的人──杜南遠立足在地而「存在」，也是文學與藝術所追求「精神可供理解的存在」與創造承載此精神的「台灣」可被觀看的方式。

第三節　先行研究之探討

一、關於文壇或文學中的「南方」

　　目前關於台灣文學研究「南方」的論述，主要是以針對在台日人的興論為主，而討論這一符號的語境，也必然從戰時台灣文壇談起。柳書琴的《戰爭與文壇──日據末期的台灣文學活動（1937.7～1945.8）》〔註 15〕，是掌握戰爭期台灣文壇時代氛圍與政治權力介入當時本島或內地人共同推動文化活動的重要研究。研究者檢視在官方提出「建設南方文化」與「振興地方文化」的口號下，即使是帶有服膺官方色彩或「外地文學」理論為主的《文藝台灣》，也僅是呈現出「浪漫的南方」而非侵略上「國策的南方」〔註 16〕。亦即在台日人的「南方」，著重於將台灣地理實體、風景物產付諸於浪漫化的書寫情調，其與官方立場的程度仍是有差別。研究者討論的這個層次，也使筆者注意到「南方」在帝國、文藝團體與個人之間仍然有區分意義的空間。

　　在戰爭期台灣文壇方面，李文卿〔註17〕的專書《共榮的想像──帝國日本與大東亞文學圈（1937～1945）》，大量運用日本、台灣、中國、韓國資料，將日本攸關「大東亞共榮圈」的歷史脈絡、戰爭期各地文壇發展與思潮，以及作家作品意圖做出詳細的考察和攸關文學史反思之論述。尤其台灣文壇的部份，更是讓人清楚地理解，當時台灣文學場域，文藝體制推動的狀況，以及台灣文藝作家摸索創作和精神意圖等。研究者談到，戰爭期台灣文學有了兩個改造的傾向，一方面是因為戰爭的政策要求，一方面則因大東亞戰線擴大，影響了作家對台灣文學定位的重新思考。尤其是，日本政府提出「大東亞共榮圈」之體制的想像，產生具有超越種族的共同體架構，減弱了日本獨大的印象進而給決

〔註15〕柳書琴，《戰爭與文壇──日據末期台灣的文學活動（1937.7～1945.8）》，國立台灣大學歷史所碩士論文，1994 年。

〔註16〕柳書琴，《戰爭與文壇──日據末期台灣的文學活動（1937.7～1945.8）》，頁 87。

〔註17〕李文卿，《共榮的想像──帝國日本與大東亞文學圈（1937～1945）》，台北：稻鄉出版社，2010 年 6 月。

戰時期台灣文學一個新窗口〔註18〕。而有關「南方」這一點來看，他曾舉郭水潭爲例分析同時代知識份子的心思：「台灣學者對於台灣文學出路的思考模式，也就是以南方作爲困境的出口，欲藉由大東亞的建立幻想一個大東亞文學圈架構下的台灣」（頁 175），這種背景與引發的心思也堪稱當時龍瑛宗以文學推動台灣文化的意圖。先行研究揭示日本政府利用政策運作和國家機器，以同化或收編的力量影響台灣文化的發展，是研究龍瑛宗同時期文學作品不可或缺的背景。但本文將更聚焦在龍瑛宗「想像台灣」與內涵的部份，在台灣文壇的歷史背景下，提出作品內部具台灣文化特殊性的思想資源。

目前研究台灣文學中定義「南方」書寫，幾乎是以在台或來台日人爲主。研究者的討論多帶有批評研究對象以帝國的視線對台灣加以「凝視」，並將對台灣的書寫形諸於浪漫化、幻想化、表象化。學界累積相關「在台日人」的書寫狀況研究頗多，可以藉由邱雅芳的論文《南方作爲帝國慾望：日治時期日人作家的台灣書寫》〔註19〕，所提的「南方系譜」作一理解。邱雅芳認爲日本自明治時代以來，日本如同西方人用東方主義建構他們所想像的「東方」一般，透過各種論述去形塑他們對「南方」的概念，從「對於台灣的無知，逐漸變爲複雜而精緻的知識」，形成龐大的知識體系體現了「文化霸權」的無所不在。研究者檢視自明治中期以降，「南方」作爲帝國慾望的一部分，日人文學傳統即已形成一條「南方」的系譜，並舉出如竹野與三郎至西川滿等多位來台或在台日人作家及其作品爲例。邱雅芳以研究日人或（灣生）書寫爲主，這與本文以台灣出身的知識份子作爲提問有了差異的地方，出生於「南方」的龍瑛宗，如何將「南方」納入其想像的符號，以及其符號化的內容，則是本書欲要闡述的主軸。

二、龍瑛宗的前行研究

學界關於龍瑛宗的研究累積頗多，而具體談論龍瑛宗「南方」觀點的則有 3 篇。首先，羅成純的〈龍瑛宗研究——戰時的台灣文學〉一文〔註20〕，

〔註18〕李文卿，《共榮的想像——帝國日本與大東亞文學圈（1937～1945）》，台北：稻鄉出版社，2010 年 6 月，頁 178。

〔註19〕邱雅芳，《南方作爲帝國慾望：日治時期日人作家的台灣書寫》，國立政治大學中國文學研究所博士論文，2008 年。

〔註20〕羅成純，〈龍瑛宗研究——戰時的台灣文學〉，1983 年日本筑波大學碩士論文，刊於《文學界》12.13 期。後收於張恆豪主編《龍瑛宗集》，前衛出版社，1991年。

是第一位展開龍瑛宗研究的論文。她的研究成果與開創觀點使得後人蒙受助益，奠定不少值得深究的切入視角。但是，近年作家文獻出土與蒐集的完整性，重讀必然會帶給我們新的作家觀察。而朱家慧〔註 21〕與蔡鈺淩〔註 22〕，兩人皆是將龍瑛宗與同時代的作家進行比較，前者以呂赫若相對突出龍瑛宗的浪漫、陰鬱性格，後者則以「滿州國」作家爵青爲比較對象，分析兩人現代性文學觀的吸收和養成下作品異同的面向。兩位研究者都非常重視作家文本與文學素養，從文學內部觀察龍瑛宗的觀點與成就。然而，兩者皆是以小說作品研究龍瑛宗，卻也讓龍瑛宗其他的思想面向被取決於小說的部份。事實上龍瑛宗一直透過不同的文學表現，試圖與「外界」進行對話與捍衛個人的「文學觀」，因此，將「南方」視爲龍瑛宗思考文學的一個視角，除了使我們有多一種探討他思考文學的路徑外，也讓他的各種創作實踐有再詮釋與討論的空間。研究龍瑛宗文學活動甚多面向的王惠珍，其《龍瑛宗研究──台灣人日本語作家の軌跡》〔註 23〕與諸篇相關龍瑛宗的文學教養、花蓮經驗與地誌書寫、大東亞文學者大會的出席、作品受到檢閱制度影響的前後校對、戰後台南文學活動的相關研究，更是重要的參考資料，對了解龍瑛宗作品的現象與文學活動參與的思考十分有幫助。不過，論者並沒有從「南方」這個時代的議題與角度論述龍瑛宗，因此本書試圖提出這部份的研究論述。

關於龍瑛宗與「南方」的研究，目前共有 3 篇。曾馨霈，〈「南方」的意識與表象──以龍瑛宗的小說爲中心〉〔註 24〕一文，研究者提出龍瑛宗「將自己視爲日本帝國的一份子」，回視自我位置爲「南方」。論者將歷史的脈絡和龍瑛宗小說、詩作的文學意象進行對話，開展出龍瑛宗文學作品裡言說「南方」的複雜性，包括無法置身於時局之外的言說和對「台灣」的意象之經營。論者集中的是龍瑛宗文本上「南方」的解釋，而本文則是再從龍瑛宗文化觀、

〔註 21〕 朱家慧，《兩個太陽下的台灣作家──龍瑛宗與呂赫若研究》，台南：台南市藝術中心，2000 年 11 月。

〔註 22〕 蔡鈺淩，《文學的救贖：龍瑛宗與爵青小說比較研究（1932～1945）》，國立清華大學台灣文學研究所，2006 年 7 月。

〔註 23〕 王惠珍，《龍瑛宗研究──台灣人日本語作家の軌跡》，日本關西大學博士課程後期課程中國文學專攻博士論文，2005 年 3 月。

〔註 24〕 曾馨霈，〈「南方」的意識與表象──以龍瑛宗的小說爲中心〉，發表於台灣文學館、新竹縣文化局主辦，明新科技大學承辦「2008 年龍瑛宗九十八歲誕辰學術研討會」，頁 120～131。（會議論文）感謝研究者曾馨霈提供此文。

文學觀等方面繼續探討作爲憧憬的「南方」與符號化的「南方」。2010 年於清華大學由台灣文學所主辦的「戰鼓聲中的歌者——龍瑛宗及同時代東亞作家（百年冥誕紀念國際學術研討會）」，有兩篇談論龍瑛宗「南方」概念的論文〔註25〕。一、是林巾力的〈南方·異國情調——以西川滿與龍瑛宗的詩作爲討論中心〉〔註26〕，研究者認爲龍瑛宗可能受到孟德斯鳩的「風土」論述影響，因而對熱帶的台灣與溫帶的日本持有「自然／文明」，亦即「落後／進步」相對性的看法；論者從詩作分析龍瑛宗「南方」的意象和指涉有越來越傾斜於帝國南進之標的區域的傾向。二、是蔣淑貞的〈龍瑛宗的「南方」觀探究〉〔註27〕，研究者同樣談論龍瑛宗將台灣視爲「南方」而有身處熱帶＝落後的感受，但卻強調龍瑛宗有向落後「搏鬥」的意志。蔣氏視「南方」爲統涉龍瑛宗文學風格的概念，包含了「爲人生」與「爲藝術」的文學觀。上述的研究累積，除了顯示「南方」作爲一個符號與龍瑛宗文化概念、文學創作有絕對的關係，本書除了在論述中提出對話，將再以更多的主題線索、文本邏輯的相互關係，深化「南方」象徵觀念中的台灣這一脈絡的內涵。

　　總的來說，本書試圖從龍瑛宗書寫符號的「南方」現象，加以結合時代歷史語境、個人思想脈絡、論述資源以及其作品主題，提出龍瑛宗想像「台灣」的論述。筆者還是要強調，龍瑛宗並沒有完全脫離時代語境中帝國的「南方」之表述，但是龍瑛宗的符號「南方」，仍有他岔開路徑後，以文字建構或謂符號化的「南方」，蘊含著他思考「在地台灣」與追求「台灣文化特殊性」的部份，值得重視與提出。

第四節　章節安排

　　本書以下列章節安排，逐步釐析，共計五章。

〔註25〕此兩篇文章皆收錄在 2011 年 6 月清華大學台灣文學所出版之《戰鼓聲中的歌者——龍瑛宗及同時代東亞作家論文集》。其中，蔣淑貞的論文原以〈龍瑛宗「南方」觀探究〉爲題名，但收錄在專書的文章已改爲〈龍瑛宗的「南方」觀〉且有多處增補和修改。

〔註26〕林巾力，〈南方·異國情調——以西川滿與龍瑛宗的詩作爲討論中心〉，《戰鼓聲中的歌者——龍瑛宗及同時代東亞作家論文集》，2011 年 6 月，頁 55～84。

〔註27〕蔣淑貞，〈龍瑛宗的「南方」觀探究〉，發表於清華大學台灣文學所所主辦，「戰鼓聲中的歌者——龍瑛宗及同時代東亞作家（百年冥誕紀念國際學術研討會）」（會議論文），2010 年 9 月，頁 24～25。

第四章　龍瑛宗「南方想像」的文學實踐

第一節　龍瑛宗的「南方想像」與創作：以詩作爲中心

（一）「悲哀的浪漫主義者」與「新歷史龐大的浪漫」

（二）人類永恆的鄉愁：「根植於世界」的藝術心靈

（三）藝術憧憬的殿堂：詩人在「南方」

（四）小結

第二節　龍瑛宗的「南方想像」與創作：以小說爲中心

（一）特徵的再現：「人與影」

（二）觀念的再現（一）：「幸福與不幸」

（三）觀念的再現（二）：「不爲人知」的「幸福」

（四）小結

第三節　「南方想像」的實現：談「杜南遠」一系列作品

（一）空間的感覺者：有杜南遠的小鎮

（二）觀念的象徵者：「杜南遠」與他人

（三）「南方」的意識者：杜南遠與「南方」的「再現」

（四）小結

第五章　結　語

參考書目

第二章 「南方」的視野與作爲憧憬的「南方」

　　語言符號是承載文化的媒介，「南」一字在台灣社會有非常多出於個體或集體因想像台灣發展而出現的指涉意義〔註1〕。第一節，主要介紹日治時期即有不少作品，基於台日自然地理的方位感而以「南」代稱台灣，並以該符號指涉一群有邊界空間的土地與其生活者。龍瑛宗的小說〈植有木瓜樹的小鎮〉，更以「南國風光」概括小說本島人與風景共處的景觀。不過，儘管「南」充滿詮釋作者想像台灣的意欲，但無所不包的「南」，以及混雜著日本政府南進政策目的的「南方」都足以讓討論發散，即便是龍瑛宗自身的文學作品也

〔註1〕 比如柯汶諭碩論《打造南方意識——以南方綠色革命的運動者爲例》即以起源於90年代台灣南部（當時高雄縣市、屏東縣等地）爲主，市民大眾爲了諸多維護自然生態環境的議題而興起從組織、活動、書寫等的運動，並被當時媒體稱作「南方綠色革命」談起，除了提到當時在《台灣時報》設立了「南方綠色革命」專欄的王家祥在1996年提到「南方，在《台時》副刊上的意義非僅僅是地域性的象徵，它更含括了在野的、民間的、生態的、樸實的多重內涵，不搞華麗取巧，虛矯學識，試圖落實深層而眞正的本土關懷」。研究者歸結到當時書寫與立言的成果打造了「南方意識」，其最根本是建立在「本土意識」，而又從「台灣主體性」、「原鄉之愛」和「文明荒野」構成了諸多「南方價值」。此外，論述中還整理了諸多如王家祥、曾貴海、范銘如等人於不同年代或不同角度所提及而可相互參照的「南方意識」。又或反思其侷限於「本土」的相關觀點，比如鍾永豐就強調，南部基於承受日治時期以來，日美國家石化工業淘汰的問題，其與全球第三世界南北政經產業與半邊緣國家所面臨的產業問題有不可忽視的相通之處，其意點出台灣南部或所謂的本土之「南方」都還有地理區域的侷限，應該把問題的背景提到全球化底下各國普遍有南北產業結構下，同屬「南方」問題的一部分。柯汶諭，《打造南方意識——以南方綠色革命的運動者爲例》，成功大學台灣文學系所碩士論文，2009年，頁72～82。

能詮釋出多義性的「南」、「南方」。基於此,本文將以龍瑛宗的文學目的之「追求幸福」作為一條重要線索,探討龍瑛宗符號化「南方」的路徑。歸結出他側身於日本政府、在台日人為主的文藝團體之「南方」語境下,雖然不免有觀點的傾斜,但至少有一條歸結在想像在地的「台灣」之脈絡。第二節,將聚焦在戰爭期的時代氛圍,首先探討龍瑛宗書寫「去南方」的小說,並且藉由〈死於南方〉與呂赫若〈清秋〉兩篇小說為例,指出「南方」作為一種觀察戰時台灣知識份子的視角,反應了文學的思考空間,以此建構戰爭時局底下台灣人的精神維度。

第一節　可視的「南」與作為憧憬的「幸福」

　　本節將先考察「南」在漢字文化的起源與意蘊,並以詮釋漢文與日語作家作品,提出可視的符號「南」可供思考,以及象徵台灣具有特殊的政治歷史(日本統治)與島嶼土地的風土空間(有邊界的空間)這一時空架構。另外,闡述龍瑛宗的文學目的之「追求生活幸福」與「南方想像」的關聯。基於龍瑛宗曾強調:「我們大多數都是受到日本文學、西歐文學影響的人。但要將其直接栽種在這塊土地上是不可能的。」〔註2〕,我們可以得知龍瑛宗對台灣文學深受外力影響有其自知與不直接移植的反思,因此本文會將龍瑛宗的文學目的扣連在西方人探討「幸福」的歷史脈絡,進而提出龍瑛宗的作品創造出屬於這塊土地的在地觀念,亦即建基在文學目的上展示了台灣文化特殊性的部份。藉此,也能引導讀者理解到在第四章研究作家詩與小說作品的部份,為何諸多作品未直接出現「南方」這一符號,但卻屬於「南方想像」不可或缺的一部分。

一、可視的「南」與邊界台灣

　　「南」,是漢字文化圈中相對於「北」的方位詞符號,受到漢字文化影響的日本,也以「南」作為音讀「みなみ」的方位概念,而訓讀則近似漢字念法「なん」〔註3〕。目前解釋漢字「南」的起源有兩個說法:(1)「南」源出於古老的甲骨文與金文,以「南」字象形,其形狀近似鐘形而上有懸索(日

〔註2〕 龍瑛宗,〈《文藝台灣》作家論〉,《文藝台灣》,第1卷第4期,1940年10月1日。引文出處《龍瑛宗全集(中文版)》(評論集,第5冊),台南:國立台灣文學館出版,2006年11月,頁63。

〔註3〕 日語中漢字乃從古代中國傳入,漢字的讀音又分作音讀(傳入時直接用漢語發音)與訓讀(以日本『和式』發音)。

本漢字研究者白川靜則認為是樂器「鼓」類），但目前學者皆公認「南」原指一種樂器或引申為祭祀的樂曲，而又該樂器總是被陳設在南方或有壇台面南的特點，因此引伸「南」字代表方位〔註4〕。（2）許慎的《說文解字》記載第二個「南」，是篆文「南」，字形大異於甲骨文和金文。許慎道：「草木至南方有枝任也。從市（按：不是市）聲。」，指植物不論是草是木，向南方的枝葉最茂盛。篆文南字從市，表示枝葉蓬勃生長，包含著古人的觀察經驗〔註5〕。「南」除了作為方位詞以外，本身更承載了相對於東、西、北三方（或在加入中央）的象徵意義，比如在兩儀天地陰陽觀裡，南方屬陽、北方屬陰；五行中，南方屬火（相對北方屬水、東方屬木、西方屬金、中屬土）；自古漢文化將「南方」向陽，視為是「生養之方」，甚至學者認為古籍透露出漢文化發展過程有「南尊北卑」的思維，比如《易經・說卦》：「聖人南面而聽天下，向明而治」，可解讀為向陽而治；而《禮記》：「天子負，南向而立」〔註6〕等等。「南」一字充滿古人觀察天地與觀念傳承的文化意蘊之說，從上述的例子不乏看出方位符號不僅有客觀的相對關係，也有主觀的人文意識，語言符號承載著人生活觀察的思維，諸多「南」所承載的文化觀念，至今仍貫通在保有漢字文化影響的國家。

但是之於台灣，「南」的意義有一條承受殖民地統治的背景脈絡。1895 年 4 月 17 日大清帝國戰敗，並與日本簽訂「馬關條約」，割讓台灣。台灣成為日本政府以帝國主義殖民政策導向，進行治理的殖民地，而台灣人面對異國統治者，「南」的對位關係即有這一殖民地特殊性的背景。日治時期台灣使用漢字書寫白話文的漢文人也不乏出現「南」的現象，〔註7〕比如，賴和的〈南國哀歌〉〔註8〕、李獻璋〈南國男兒〉〔註9〕二篇以南國為題的詩篇，前者是賴和以 1930

〔註4〕 張雪芹，〈「南」字溯源及其文化意蘊〉，《社會科學家》，2006 年 3 月（第 2 期），頁 206～208。

〔註5〕 流沙河，《文字偵探：一百個漢字的文化謎底》，新星出版社，2011 年 6 月 1 日。「市」字中間一豎由上而下貫通，市音 fèi，做肺字的聲符。又音 pèi，做沛字的聲符。

〔註6〕 張雪芹，〈「南」字溯源及其文化意蘊〉，《社會科學家》，2006 年 3 月（第 2 期），頁 206～208。

〔註7〕 相關論述請參考收入於《第六屆臺灣文學研究生學術論文研討會論文集》——〈日治時期台灣文學中的「南方」書寫與想像〉，台南：台灣文學館，2009 年 11 月，頁 105～128。

〔註8〕 賴和，《亂都之戀・〈南國哀歌〉》（台北：遠景出版事業公司，1982 年），頁 139。

年發生霧社事件作爲創作主題,將哀悼原住民並控訴殖民者的殘暴,轉化成集體抗暴的反抗意識;另外,李獻璋則寫〈南國男兒〉,文中充滿將地景風物具體符號化,且將人內在精神感性的投射在島嶼周遭的地理景致與特性。此外,日治時期,地理方位的相對性,也是作家將台灣指稱爲「南方」的因素之一。筆者碩論也曾以鍾理和小說爲例,提及他旅居北京時期所寫的長篇〈夾竹桃〉顯示當一個人離開台灣位處地理方位相對時,原本因爲「南方」的風俗壓力而逃向另一個置身的「北方」,卻在「北方」的差異社會生活中,重新體會南方文化的特質和優點,使得「南方」有代替台灣,作爲自我認知的指稱〔註10〕。

　　作者們的文字脈絡,可以發現意識承載著在台灣這一塊土地發生過的歷史,並且呼告的人事對象不難連結到是與本身共同生活在台灣的對象。符號「南」一字折射出讀者共同看視的去向,皆能訴諸爲台灣這一塊土地,以及土地上的「我們」。比如,秋吉收〔註11〕曾以佐藤春夫的〈霧社〉小說與賴和〈南國哀歌〉新詩做比較,學者從「描寫視點」舉出二人觀點的歧異,佐藤春夫的視線保有知識分子的優越感,而賴和不僅以平行的視線看待抗日事件,且在語言概念上以「我們」抿除與「蕃人」的界線。從語言修辭來看,「南」不僅是方位詞,它是象徵日治時期台灣──一處有邊界的空間,與作家們對在地的集體想像。這種在地的集體想像無庸置疑,是屬於台灣意識的一部分。

〔註 9〕李獻璋,〈南國男兒〉,《第一線》,1934 年。原詩三段:(1) 析曉哩/咱是少年家/心腸水一樣/胸襟好像太平洋/著拉拉拉/坐著風/去破萬里的波浪/出港啊/掛起希望的白帆/冬旁紅吱吱/去去去!進前去!/咱是南國的男兒 (2) 天晴了/咱是少年家/志氣鐵一般/理想好像新高山/著啦啦啦/坐著雲/飛上萬丈的山崙/奮鬥啊/展開希望的翅膀/空中青滴滴/去去去!進前去!/咱是南國的男兒 (3) 血滾啊/咱是少年家/情熱火一樣/堅心苦像相思樹/著啦啦啦/新潮流/要有戀愛的自由/認路阿!/踏和(按:上)希望的腳步/春風香微微/去去去!進前去/咱是美麗島的子弟。

〔註10〕吳昱慧,《日治時期台灣文學的「南方想像」──以龍瑛宗爲例》,國立清華大學,2010 年 12 月,頁 27~28。筆者引用〈夾竹桃〉原文寫:「當他由南方的故鄉,來到北京,住到這院裡來的時候,他最先感到的,是這院裡人的街坊間的感情的索漠與冷淡。(中略) 富有熱烈的社會感情,而且生長在南方那種有淳厚而親暱的鄉人愛的環境裡的曾思勉,對此,甚感不習慣與痛苦。」原文出於,《新版鍾理和全集》(中篇小說卷,第 3 冊),鍾理和,〈夾竹桃〉,頁 86。

〔註11〕佐藤春夫的〈霧社〉小說是描寫 1920 年原住民於霧社抗日的「薩拉矛事件」,賴和〈南國哀歌〉則以 1930 年台灣原住民最大的抗日事件「霧社事件」爲主題。秋吉收(日),〈殖民地臺灣的描寫視點──佐藤春夫《霧社》與賴和《南國哀歌》〉,收錄於《中心到邊陲的重軌與分軌:日本帝國與臺灣文學・文化研究》台灣大學出版中心,2012 年,頁 211~244。

　　蘇碩斌即曾從大眾傳播媒介的角度與以《臺灣民報》為例,提到 1920 至 1930 年代,出現了作者與書寫之間的「臺灣意識」。他從媒介理論的觀點,觀察到當時印刷資本主義對當時想像共同體,產生了作為抽象媒介的環境這一作用(而非僅於傳播工具)〔註 12〕。尤其在 1920 年中期,當台灣的印刷文學將過去原本與中國邊界模糊不清的狀況漸漸分離開後,一個具有排他性而以三百六十萬的台灣人為一全體的意識,漸漸由模糊醞釀到具體,台灣民報共時性地經驗為同一性的台灣民眾,也成了一個台灣意識的發現過程。而他也強調「1930 年代號稱台灣意識成熟的年代,並不是識字率、白話文、新或舊文學的問題而已,意識成熟的原因,來自於作者『想像的及潛在』讀者已然成形。」〔註 13〕。筆者以漢文書寫的作品凸顯「南」的書寫意義,毋寧是為了強化這個符號寄喻著不僅止於相對「北」這一方位,而是作者看視臺灣、觀念化「台灣」的象徵意義。一來具體化地理台灣,二來意識到一群想像在地空間裡的讀者大眾,而藉由文字的鋪陳與可供詮釋的意義,表現出作者敘述土地的歷史記憶、想像「我們」共同的抵抗權力關係或反應社會問題,又或者將集體想像投射到在地的各種物質風土資源,而獲得理想啟示的精神。筆者以為「南」不僅是台灣另一種可視化的符號,更是發現作者的書寫具備相對日本,而脫出中國之「台灣意識」生成的意義。

二、龍瑛宗與「南國」的風土

　　一般認為,日本語的文字系統乃是看似不同的三種表記符號——平假名、片假名以及漢字所構成,而日語的漢字表記符號則是直接或間接來自中國〔註 14〕。不過,經歷明治維新朝向西方的「國語」改造,以及日本歷史自身的文化發展來看,即便是方位詞的「南」,也有無法與中國文化相通的自身脈絡與使用習慣〔註 15〕。阮斐娜提到日語中「南方」的概念,在用字上包括

〔註 12〕蘇碩斌,〈活字印刷與臺灣意識:日治時期臺灣民族主義想像的社會機制〉,《新文學研究》(第 109 期),2011 年 10 月,頁 25。

〔註 13〕蘇碩斌,〈活字印刷與臺灣意識:日治時期臺灣民族主義想像的社會機制〉,頁 31。

〔註 14〕陳培豐,〈日治時期臺灣漢文脈的漂游與想像——帝國漢文、殖民地漢文、中國白話文、臺灣話文〉,《臺灣史研究》(第 15 卷第 4 期),2008 年 12 月,頁 31～86。

〔註 15〕黃彩霞、何晶玉著,〈現代日語中的四隅方位詞〉,《吉林華橋外國語學院學報》,2011 年,頁 139～143。根據黃彩霞與何晶玉對現代日語的考察,漢字

「南方」、「南島」、「南洋」，此外，還有南國（nankoku）以及南海（nankai），則傾向文學性以及更具浪漫意義的表現。她認爲「南方」的概念可以視作日本本土自從明治維新對西方開放門戶後，曾有過的心靈象徵：

> 明治時期社會與文化產生巨變，傳統的武士失去其封建主君，而平民階級的商人開始夢想更偉大的事業時，象徵日本人能夠成名致富的探險地南洋的浪漫意象更是極具魅力的。1930 和 1940 年代臻至成熟的日本帝國當中，南方更是能讓夢想成真的所在〔註16〕。

然而，早已成爲日本南方的殖民地台灣，也出現過以日語「南國」做自喻。龍瑛宗重要的台灣文學代表作之小說〈植有木瓜樹的小鎮〉即是文學性「南國」的一例，但相較於夢想或理想成真的所在，顯然有其他的文學修辭的意喻。小說中，「南國」是這麼出場的：

> 登上丘陵，透過相思樹的枝梢，俯瞰這個小鎮，在木瓜、香蕉、檳榔、榕樹等的濃綠裡，看得見黑色屋頂矮矮地趴在那裡。稍有一段距離的右邊，製糖工廠像白色城廓般被一大片甘蔗田圍繞著。逐漸深藍的天空上，積雲靜靜地停駐著，極目所視都是豐饒的南國風光〔註17〕。

文中俯視的角度引導了讀者一個可視化的全景，有色彩、物產、隱喻性高的製糖工廠，想當然連帶小說人物陳有三初到小鎮的經歷與觀察他人的遭遇，都在這片「南國風光」之中。當陳有三親身遇到中學時代的同學廖清炎對他

文化中以「東、西、南、北」爲「四正」，而「東南」、「東北」、「西南」、「西北」則爲「四隅」。日語雖然接受了「東、西、南、北」的方位詞，但在語序上不同於漢字「東西」先行，反而是以「南北」先行爲主，簡言之，日語在表達四隅方位時會以西方英語「Northwest（北西）」、「Southeast（南東）」、「Southwest（南西）」、「Northeast（北東）」相同，而與漢語使用者慣用與序相反。論者考察古代日語典籍發現並無此習慣的現象，究其原因推論乃是日語在明治維新后爲了打通海陸並學習西方文明而改變使用方式。總而言之，從語言來看，雖然現代日語仍會出現如「東北地方」（直指今日本地區之青森、福島等六縣）或西南學院（一所日本大學，位於日本福岡縣，處於日本西南端），但是表示處所方位的固有名詞。相較之下，若是要指去向（如風向或航向），則明顯慣用南東、北東。

〔註16〕阮斐娜著，吳佩珍譯，《帝國的太陽下：日本的台灣及南方殖民地文學》，麥田出版社，2010 年 9 月，頁 38。引文底線爲筆者所加，以下皆同。

〔註17〕龍瑛宗，〈植有木瓜樹的小鎮〉，《改造》，第 19 卷第 4 期，1937 年 4 月 1 日。引文出處《龍瑛宗全集（中文版）》（小說集，第 1 冊），台南：國立台灣文學館出版，2006 年 11 月，頁 20。

知識學習與人格理想的嘲弄後〔註 18〕，在無法得到任何生活態度的指引下產生了心態的變化，連帶「南國」意圖給讀者的訊息也改變了。小說寫道：

> 陳有三爲了防止腳麻痺，不住地搖動著大腿，並沒看著打開的書，眼瞳注視著一方，馳騁著漫無中心的思維。即使在南國，一到這個季節，頭腦也會清澈起來，是讀書的好時期。然而陳有三卻讀不下書，用功約半小時或一個小時就感到憊然，漠然地沈緬於空想。陳有三對讀書感覺倦怠，不一定全是同學廖清炎所說的話造成的，是這個小鎮慵懶的性格逐漸滲透入陳有三的肉體裡。它恰如南國猙獰的太陽和豐富的自然侵蝕著土人的文明，這個寂寞而慵懶的小鎮的空氣對陳有三的意志開始發生風化作用了。〔註 19〕

從筆者所強調前、後劃線的地方來看，首先「南國」的季節原是讀書或向上的好時期，南國的季節與個體的意志原是相符的；但是，「慵懶的小鎮」卻改變這個契合狀態。由人所聚成的小鎮被類比成了太陽負面作用的猙獰感和翻轉自然生機的反面——侵蝕力。從文學的修辭來看，「南國」是一處所在，而它顯然具有一體兩面的作用力，既可出現人把握頭腦清澈，而讀書的好時期；卻也可能因爲境域內一處小鎮的存在，而讓人意志趨於低迷。陳有三雖然置身因物質豐饒而美好的南國風光，但南國的小鎮卻對其意志有莫大的作用力，使他無法再堅持原本以個人排拒鄙斥對象而立志的心態，漸漸地被連帶他與其他對象的「小鎮」，影響了意志的鬆懈。

不過，小說並非僅止於此，在小說的情節安排下，「南國」又再突顯它一體兩面的美好作用，換言之，不似「小鎮面目的『南國』」有了再一次的出現：

> 那時節，陳有三常像野狗一樣走到距小鎮很遠的郊外。三月末的斜陽把橙色的微光投射在野地上、森林裡。森林大多是鬱鬱蒼蒼的常

〔註 18〕廖清炎與陳有三的談話中，廖生處處流露著知識乃是無用之物，且將帶給人無法認清客觀而造成不幸的論理，比如他言：「知識將使你的生活不幸吧。不管你如何提高知識，當你碰上現實，也許那知識反而會成爲你幸福的桎梏。」。此外，廖清炎在高談僅是不想要理想幻滅的態度下，生活的面目乃是：「我並沒有特別幹什麼。只是讀書這種令人欽佩的心意，對不起，我是沒有的。連報紙都不常看，因爲看了越發憂鬱。（中略）我在薪水許可的範圍內，和女人們逢場作戲，看電影，喝便宜的酒，要給生活釀造些醉生夢死的氣氛。」，相比陳有三對生活立定計畫，廖清炎顯然放棄求取人生向上與以知識追求生活幸福等理想的可能與作爲。

〔註 19〕龍瑛宗，〈植有木瓜樹的小鎮〉，引文出處《龍瑛宗全集（中文版）》（小說集，第 1 冊），台南：國立台灣文學館出版，2006 年 11 月，頁 29。

> 綠樹，可是當中卻也間雜著落葉的禿樹和發了紅葉的樹木。森林上面是清澄的青磁色天空無涯無邊地綿亙著。走在相思樹並排的路上，散落在野地上的白色牆壁像是富裕的農家，矮而將要倒坍的土角造的貧農的荒屋，只有木瓜樹都一樣地欣欣向榮地長高著，並且展開大八手狀的葉子，透出淡黃色的果實纍纍地密集於樹幹上。這<u>美麗色彩的豐饒南國風景使他的心穩靜起來</u>，也給空洞的生活裡投射入微弱的陽光。〔註20〕

這一段作者形容美麗色彩與向榮豐饒感是典型的南國風景，尤其在情節上反覆出現的木瓜樹，象徵著南國向上的生命力。從整體小說的情結設計來看，龍瑛宗一方面以「小鎮」象徵南國境內的人所構成的社會；一方面以「木瓜樹」象徵南國境內自然的物產；這兩個象徵彷彿影響著陳有三精神意志的轉折。相比小鎮出現在南國宛如人物敗北與希望離去的氛圍，物產所圍的南國這一景觀卻能使人感受到安慰的作用。這種敘述的的過程有一個順序是，先讓人聯想到土地特有的熱帶富饒的風景與主角本身的生命力本來是契合的，但是，透過小說情結的安排，主角在各式人際遭遇與面對社會現實後，產生意志的變質，暗示的是土地與人精神關係的分離。直到最後，主角雖然無力面對現實解決困境，但至少在不斷反覆出現的「木瓜樹」，重新找到土地提供精神投射的慰藉。人的精神與土地風土所孕育的物產生命，有了不分——分——合的發展過程。由此解讀，更能凸顯作者將一地命名「南國」的意識背後，除了表達知識分子的困頓以外，還意在表達一塊承載著人、社會、自然環境且「彼此相互作用」的「土地」。

　　從一、二大段的「南」談起，筆者在意的是字源的脈絡下，台灣作家思考集體想像的脈絡，它承載過一個時代心靈思索台灣與整體環境風土與人，以及人的精神「變化關係」，是一種發現台灣、想像台灣從人與人、人與自然、人與自然發生關連的邏輯之視角與意識。

　　雖然日本廣義上自有「南方」邏輯的脈絡，或又如日語辭典中「南國」，意指「南方國家，陽光充裕而溫暖的地方之意」〔註21〕，但是從詮釋台灣漢

〔註20〕龍瑛宗，〈植有木瓜樹的小鎮〉，引文出處《龍瑛宗全集（中文版）》（小說集，第1冊），台南：國立台灣文學館出版，2006年11月，頁32。

〔註21〕日：松村明、佐和隆光、養老孟司等監修，邵廷豐譯，《雙解日漢辭林》，日本三省堂，五南圖書出版公司，1993年。南國（なんごく），南の方にある國。陽光がぶり注ぎ、暖かな地方。漢譯：南方國家，南方，陽光充裕，溫暖的地方。

文與日語不同世代的書寫者作品，則凸顯出「南」作為一個符號而符號化在地台灣的展演過程。至少一來台灣歷史有截然不同於漢文化發源地的政治脈絡，亦即日本殖民政治的背景，因而相對關係明顯是「日本」這一他者的存在，這使「南」有邊界的限定，象徵地理台灣這一具體空間。二來從政治權力位置來看，台灣以「南國」自喻多少帶有附屬帝國日本中央而位處邊緣的意涵，但從作者意識來看，其以自身為主體符號化「南國」，意識明顯折射的焦點是「在南國的人」這一集體想像，或意指土地風土一體兩面的特徵與人物精神關係。這也正是構築「南」、「南國」是為台灣，且是在地台灣與象徵觀念性的台灣和生活在此的人，如何被想像的主要脈絡。

　　不過，在以龍瑛宗為例的「南國」，或更具體的「南方想像」，乃是基於帝國 1937 年以後強化「南進論」政策底下，強調台灣地理重要性的時空背景，「南方」的用詞指涉已經非單純指台、日地理對位關係的情境。如何既要顧及龍瑛宗處於帝國殖民且戰爭侵略或拓殖意義的「南（國）」、「南方」的語境，而又要談論藉由符號「南方」再現符號化觀念性的「台灣」這一「整體」。本文以為解決的方法，是從瞭解龍瑛宗具體的「文學目的」談起，並且把這個目的視為一個原點，而提出龍瑛宗符號化了什麼樣的過程，如何表現與完成其文學目的。主要是因為筆者觀察到日治戰爭期不能忽略台灣的政治與文學場域裡，不同主體所意識的「南方」與言及的「南方」，其意義和目的之間有極為錯綜複雜的關係。國家有政策的目的，而文藝團體有意識型態的目的，作家有創作與構思作品的目的。因為有太多目的，以及彼此之間有權力運作的脈絡，使得不同目的可能會遭到更有權力施展意欲的對象所收編，遭使原意產生扭曲或匯流。從「目的」談起，可以聚焦討論脈絡以外，也可以讓讀者理解到有無出現符號，並非「南方」想像有無的唯一標準，因為最重要的是龍瑛宗以台灣在地為主體，所想像的台灣文化特殊性是不是有一貫的主軸。有岔出帝國系譜以外，具備繼往開來般的意義，這個符號內涵與發展方向才是本文所關注的。

三、「追求幸福」的「南方」

　　龍瑛宗曾在〈何謂文學〉一篇提到自己對於人生、文學目的的說法：

> 因此，創造人類的宇宙，雖然沒有目的性，但是人類在生存經營上，「必須要有因應人類本身所需的目的」。

那是什麼呢？即是追求「生活幸福」。如同個人的生存在於追求個人的幸福，社會的生存係在追求社會的幸福，而國家的生存也在追求國家的幸福。由於人類過著集團的生活，爲了追求社會幸福，必須要有一定的秩序。（中略）。那麼，所謂幸福的追求，要透過什麼來作探討呢？誠如古人所云，我們且將它概念性地區分成眞、善、美三個領域來試著思考看看。（中略）科學改變物質的位置，文學則是轉換人類精神的位置。倘若如此，偉大的文學必須同時是「眞」，是「善」，是「美」，而且終究要以「美」作爲基調。〔註22〕

戰後龍氏又曾說，所謂的文學就是「追求每個人形形色色的幸福」。可以說，龍瑛宗理解的是在不同主體或整體的立場都可能宣稱一種具有生存意義的目的，亦即「追求幸福」。眾所皆知生存、活下來是個體與集體最基本的利益，而爲了個體生存的利益，爲了集體生存的利益，可以說都是「追求幸福」這一意識的派生。從古至今「幸福」不外乎讓人聯想到愉悅、快樂、滿足等人性感受。但撰寫《幸福的歷史》的作者達林‧麥克馬洪（Darrin M. McMahon）替我們揭示這一字彙有智識史的淵源，他提到「幸福」可以追溯到希臘詞──「εὐδαιμονία」一般英文寫成「Eudaimonia」，原本是由「Eu」（善）和「Daimon」（神靈）所組成。希臘人認爲人的一生充滿變化無常且可能會被「反覆無常的神」捉弄，人生際遇除了充滿不確定，還必須面對無法避免的饑荒、無法醫治的傳染病等苦難，這些因素都潛移默化了希臘人接受一種想法，認爲一個人只有受到善良神靈的指引，終其一生的選擇都能避免於禍害朝向順境，尤其是「善終」才算幸運、有福、幸福〔註23〕。在現今的哲學辭典也多有介紹相關該字（幸福、幸福觀、幸福論等），比如《西方哲學英漢對照辭典》解釋：

Eudaimonia 有另外一方面在哲學上更爲重要的含義，即我們作爲主動存在物的本性的滿足。在這一意義上它在希臘文中等同於「活得好」或「做得好」。由於 Eudaimonia 不是暫時性現象，而是涉及到人的整個一生的狀態，它也被譯作『福祉』。許多希臘哲學家，包括

〔註22〕龍瑛宗，〈何謂文學〉，《台灣日日新報》，1941 年 7 月 9～10 日。引文出處《龍瑛宗全集（中文版）》（評論集，第 5 冊），台南：國立台灣文學館出版，2006 年 11 月，頁 96～98。

〔註23〕達林‧麥克馬洪著（Darrin M. McMahon），陳信宏譯，《幸福的歷史》，究竟出版社，2007 年 12 月，頁 13～17。

柏拉圖、亞里斯多德和伊壁鳩魯，都認爲 Eudaimonia 乃是最值得過

的生活狀態〔註24〕。

此外，達林・麥克馬洪更提到，早期印歐語系的人和希臘人對人的認識有相
似的宿命觀：人始終無法掌握自己，而只能被動地接受充滿機遇的悲劇性命
運。但在蘇格拉底的哲學思想和基督教觀念的出現後，這一概念有了轉型的
改變，那就是人們開始思索，並且認爲人能透過自己的思考與能力，或者以
相信信仰的方式，最終獲得幸福。「得到幸福」彷彿是一種行爲的信念；又或
者是一種得自神祇的許諾〔註25〕。尤其啓蒙時代，更是把幸福當成人類的基本
特質，此時期思想家不再認爲幸福是命運捉弄的把戲，也不是神的贈禮，更不
是一種獎賞，而是人與生俱來的能力。思想家樂觀地相信以積極的「求知」態
度，人將能找到各式宇宙法則，其也意味著各種問題將得到理性的解釋與解
決。於是，「幸福」已不是一種如神的完美理想，而是能夠在現世生活中找到
的眞理，甚至被盼望能夠「帶給全社會與全體人類」〔註26〕。

　　馮俊科在《西方幸福論──從梭倫到費爾巴哈》，將西方「追求幸福」的
階段分作三期：古希臘羅馬時代、中古時代、近代資本主義時期〔註27〕，自
啓蒙時代以來可屬於第三個階段，而他認爲不同時期思想家們的論述又可分
作唯心派或唯物派的幸福觀，兩者具有相互抗爭與勢力消長的發展情形〔註

〔註24〕尼古拉斯・布寧／余紀元編著，《西方哲學英漢對照辭典（Dictionary of Western
　　　　Philosophy）》，北京：人民出版社，2002 年 1 月，頁 335。必須一提的是中文
　　　　「快樂」（Happiness）往往被聯想到幸福的感受，但是在倫理學或哲學史的討
　　　　論範疇內，「幸福」與「快樂」有截然不同的意義，辭典強調：「英文一般將
　　　　其譯爲『happiness』（幸福）。這並不確切，因爲幸福經常等同於快樂或我們
　　　　情感性質的滿足。而這只是希臘詞 Eudaimonia 的一部分含義。」
〔註25〕達林・麥克馬洪，《幸福的歷史》，頁 13～17。
〔註26〕達林・麥克馬洪，《幸福的歷史》，頁 216。
〔註27〕第一期代表包含梭倫、亞里斯多德、伊比鳩魯等傾向自然主義的特徵。另外，
　　　　唯心主義則有柏拉圖、畢達哥拉斯等。論者強調中古時期，幸福被宗教神學
　　　　超自然主義所佔領，傾向將人的幸福或相關問題往「上帝」或未來的「天國」
　　　　作解釋。從 14 世紀開始在一連串包括「文藝復興」與「宗教改革」等思潮，
　　　　資產階級的思想家開始以唯物主義對抗宗教神學中唯心主義的幸福論，強調
　　　　現世與人間的幸福。馮俊科著，《西方幸福論──從梭倫到費爾巴哈》，中華
　　　　書局出版社，2011 年 1 月，頁 28～31。
〔註28〕比如，到了 14 世紀唯物者開始反對中古世紀以來神權以超自然主義解釋天堂
　　　　乃是神所許諾的「幸福」，唯物主義者轉而強調人的「幸福」來自於現實生活，
　　　　是一定社會經濟生活的產物，但極端的發展則出現了庸俗的唯物主義，於是

28〕。與本文最為相關的應該是從近代資本主義時期來看，邊沁（J. Bentham）乃是提出影響近代政治發展改革甚鉅的功利主義（效益主義，Utilitarianism）先驅，他針對立法的原理提出一句名言：「最大多數人的最大幸福（善）」，後人多闡述到他所代表的功利主義，當時認為一個正確的行為就應當是，最大限度地產生快樂並與最大限度地減少痛苦。身處美國革命、法國革命、拿破崙戰爭、英國工業革命交錯的年代，他以功利主義的角度思考「改革」的原則影響了當時政治原則、立法標準與社會目的甚多面向〔註29〕。

> 「幸福」成為一種資產階級的重要思想狀態，尤其是「功利主義的
> 幸福論」之發展。功利主義成為一種責問政府的正當性，但也導引
> 出人類與政治權力的問題，「人類有幸福的權力，政府有責任和義務
> 為人民謀取幸福。」將「幸福」等同於大多數人的福祉。

值得注意的是同時期與效益主義相對抗的「幸福」觀，則是無產階級力圖以革命作為手段，抨擊財產的私有制，主張人民團結的流血革命。宣揚社會是為了建立公眾福利，並以革命為公眾爭取幸福。〔註30〕但是，與本文更具關連的是19世紀德國古典哲學家們把辯證法思想引進了「幸福」的思想體系這個部分。19世紀德國因為拿破崙佔領並且推行資本主義生產方式，逐漸形成資產階級。德國資產階級有鑑於資本主義發展先進的英、法兩國，已經發生無產階級與資產階級日益尖銳的矛盾和鬥爭，進而意識到自己面對兩個敵對的勢力：「一個是封建地主階級，另一個是無產階級」。這深深影響了當地哲學體系的發展分殊出保守和革命的路線〔註31〕，而兩大路線的思想文化累積，最終影響馬克思的社會科學，馬克思則被認為是以辯證法指引了一條具有近代社會科學意義的

> 傾向唯心派的思想家則又開始反思人們追求物質「幸福」，而失去精神「幸福」
> 的危機，提出「幸福」應該是與物質利益或經濟生活沒有任何聯繫的精神實
> 體，從後設來看也出現社會的空想與虛無化，忽略人與社會集體性的關係的
> 缺點。

〔註29〕 馮俊科，《西方幸福論──從梭倫到費爾巴哈》，頁355。

〔註30〕 馮俊科，《西方幸福論──從梭倫到費爾巴哈》，頁323。

〔註31〕 「前者指它的唯心主義內容，即不敢面對現實，不敢採用革命的行動來清除
封建制度，只敢把革命停留在思想上、理論上；後者指它的辯證法因素，即
在更深的層次上探討事務發展變化的規律性，以求在不觸動資產階級根本利
益的基礎上變通出一條革命的道路。（360）」馮俊科指出，這些人的倫理思想，
一方面提倡資產階級的新道德，也開展了封建道德的批判，但又不直接進行
倫理思想領域的革命。他們從理性主義的人性論出發，用抽象的，思辨的方
式去探討道德、幸福問題，以表達資產階級追求幸福和物質利益的慾望。

「幸福」道路。當前推動馬克思主義中國化的中國,其思想或哲學界累積了多篇相關議題的論述。提到馬克思,以歷史唯物主義辯證法創立了,統合各種矛盾關係,包括物質生活和精神生活、個人幸福和社會幸福、勞動和創造、人的幸福和人的本質之幸福觀。撰寫《馬克思幸福觀的哲學意蘊》研究的于曉權即從馬克思的歷史觀與哲學思想整體脈絡做全面把握,提到:

> 馬克思非常重視人的現實性、歷史性,強調作為現實性的人的幸福,是通過人的實踐活動不斷拓展和開啟的終極價值意義,是人的創造性活動的現實表現。真正的幸福絕不是單純肉體的快樂和純粹心靈的滿足,<u>而是人所嚮往的一種完滿的生存狀態和為這樣的生存狀態而不斷勞動的結果</u>。〔註32〕

研究者詳細闡述馬克思認為「勞動」乃是人自由自覺的、有目的有意識的改造世界的活動,是人生命活動的基本形式。通過這種形式,人表現自身所特有的本質和離不開身處不同人所組成的社會之本質。筆者歸納于曉權的觀點,認為馬克思的幸福觀,主要內涵在於,馬克思的哲學思想翻轉了傳統哲學的理論視野下,讓人異化「幸福」乃是自外於人本身的狀態:亦即人類生理慾望的滿足、純粹理性思維的結果,以及外在的「上帝」所給予的外在物。馬克思以「勞動」這個蘊含著人的生命活動之基本形式,認為人通過這個形式,足以自由自覺的以意識改造客觀世界和主觀世界,參與創造世界的活動,而實現了彰顯自身所特有的本質和離不開身處不同人所組成的社會之本質,並且藉此達成自我完善與社會幸福的有機關係。這種整合的狀態,正是一種人與人之間發展的理想。不過,馬克思更意識到的是,人在資本主義發展的社會制度與環境下,人原本要完成的社會本質之「勞動」的性質,轉變成了僅是一種外在的、被迫的和維持肉體生存的手段,勞動的條件與分工的機械化,使人走向「異化」的後果。活的人在勞動底下反倒是被「死的物」給統治,這個後果反而讓人喪失了社會本質。為此人的意識應該要追求與創造一處人所居處的環境,是勞動成為人的第一需要,而不是滿足需要的手段;使

〔註32〕于曉權,《馬克思幸福觀的哲學意蘊》,吉林大學哲學社會學院,2008 年 4 月,頁 98。于曉權在闡述馬克思哲學中「幸福」思想提到,馬克思雖沒有對幸福觀做出專門系統的論述或完備的幸福論體系,但是散見的相關論述中,可以發現他對「人的本質」之表述與幸福有充分的關聯性,而又與前人哲學家有所區別。

每個人能夠立基於以勞動創造生活，享受物質與精神的滿足，實現自由且全面性發展。〔註33〕

　　羅列西方的幸福觀的發展，主要用意無非是強調龍瑛宗的文學目的具有一種思想淵源的脈絡，是一個共識般命題之「追求幸福」。本文目前未能從現有的全集或相關資料提出龍瑛宗繼承任何人收關幸福論的主張。但第三章會以龍瑛宗生平文件或說法，論述到龍瑛宗對幸福的看法，是歸結到「在相信人生於世乃是絕望的不幸中，而抱持追求幸福」的認知，或謂「不幸中的幸福」這一主題。一來意圖揭示龍瑛宗曾經意識到以「幸福」作爲目的的思想淵源，二來利用文字修辭，將兩個乍看以爲矛盾的符號「不幸」與「幸福」做並置，產生一個不矛盾的觀點，而凸顯龍瑛宗小說中的辯證邏輯。這兩點皆會在詮釋龍瑛宗的小說作品中，得到具體的驗證。

　　緊接在第四章會討論諸篇龍瑛宗小說作品中出現「幸福」的符號化，是指在小說裡面，從情節敘述、角色對話、符號鋪陳中有許多「幸福」這個字或觀念的線索，但最終會構成一個邏輯的成立，那是「否定『幸福』」，或更精確的是指「懷疑一個人望向他人而『所以爲的幸福』」。然而，龍瑛宗曾寫過一篇小說名爲〈不爲人知的幸福〉。這裡出現了弔詭的地方是，它（幸福）既「不爲人知」卻又爲主角所感受，且被讀者所閱讀（而可知）。簡言之，龍瑛宗利用文學的符號化，從內容到標題出現了不相容的合理性，且延續了自己的文學目的。也就是說，龍瑛宗承繼著自己的文學目的，而創造出諸多小說，而這些小說揭示了龍瑛宗一種「幸福」的認知，堪稱「懷疑人有所以爲的『幸福』，卻確實有一種文學作品裡『幸福』的主張，其存在的方式卻是『不爲人知』」。也藉由這個認知完成了他以「追求幸福」完成文學目的的一部分。

　　更重要的是讀者可以透過閱讀理解到，在〈不爲人知的幸福〉這篇小說裡，經驗這個理解的人是一位帶有台灣命運象徵的主角，一個身爲童養媳的女性，她經歷了走出她人「幸福」的迷思，自覺地從舊夫家離開，走向追求獨立的人生，進而在生活環境找到精神支柱。而她與精神支柱的丈夫，亦宛如台灣與土地上受辱的人有相似性的地方。這將會在第四章詳細介紹，讀者只要把握的是透過「幸福」觀念的線索，我們會找到象徵台灣文學中一個承受過不幸宿命的人，走向自覺而「獨立」的生活，且在找到精神的維繫支柱、

〔註33〕于曉權，《馬克思幸福觀的哲學意蘊》，吉林大學哲學社會學院，2008 年 4 月，頁 90。

體悟勞動與心寧平靜下，為他人不斷追求幸福的精神意識者。這個形象的創造，代表龍瑛宗自覺於無法否認從日本文學與西歐文學得到養分，但卻創造與台灣傳統文化有密切關連的形象，在關於幸福論這一普遍性的人文意識脈絡中，塑造出台灣文學的特殊性。

從第三章筆者會論證龍瑛宗向來是以「創造文化」的期許追求台灣文化，而從幸福觀的原理，則更能提出架構的相互關係。亦即從「南方」的起源，我們可以看到日本殖民的背景，但是殖民近代化的影響，卻讓龍瑛宗接軌了有近代性人類意識的內涵、小說文體的技巧，且有台灣文化象徵的人物和意象以及可供聯想（不幸與追求幸福）的女性角色暗喻台灣受到強權統治不得已的悲運，將富含近代意義的命題融合台灣特色，並以邏輯思考的合理性達到一種台灣文學有機的創作，以把握自我命運的主體，象徵了作家文學目的與台灣精神的融合和再現，更是以台灣為主體不同於日本帝國政策目的所詮釋出的「南方想像」之重要脈絡。

四、結語

本節前兩段從漢文作家和日語作家的作品，提到「南」或「南國」帶有作家意識到台灣是為一個有邊界的空間且寄喻人民的集體想像。但是，基於進入戰爭期的台灣，「南方」出現了意欲目的的混雜，本文提出一個屬於龍瑛宗文學目的之「追求幸福」的邏輯作為南方想像不可或缺的脈絡。「何謂幸福」與「如何追求幸福」堪稱一個有西方傳統的問題共源，從符號的智識史來看諸多個人、集體、社會、國家都以此為目標，除了探問以外，更是思想或行動的原則。而馬克思則是以歷史唯物辯證法，將「幸福」有機的整合起來。「幸福」作為一個角度，不僅是龍瑛宗具體的文學目的，更是打開台灣文學作家自覺受到日本與歐美文化的影響，但也積極建立自己獨特邏輯內涵和創造象徵有台灣命運的隱喻和人格精神的生活者形象。藉此彰顯龍瑛宗不同於歷史上日本戰爭期「南進論」結束後的時間點，而藉由普遍性的人文意識作為建構台灣意識的重要成份。這個成份甚至帶有超越時間的意義，因為即便至今「幸福」仍是一個被充分填充的符號，個人會從傳播媒體認知「流行」的「幸福」、台灣當今政府會推動所謂的「國民幸福指數〔註34〕」、國際則共通承認有所謂的「幸福

〔註34〕 行政院主計總處之網址連結：
　　　　http://www.dgbas.gov.tw/ct.asp?xItem=33570&ctNode=5624（摘錄時間：2013

指數」（Gross National Happiness，GNH）〔註35〕這一體系，而背後的邏輯或許都值得我們藉龍瑛宗的態度和邏輯做反思，亦即懷疑究竟是否有人所以爲的幸福？以及當今各種可視可聽可以爲的「幸福」，又是如何與爲何被生產成一種「爲人所知」的知識體系，或謂深入大眾文化與視聽生活的符碼。

接下來本文將具體的從「南進論」的時代氛圍談起，由於龍瑛宗的作品大多出現在戰爭期，該期間島內堪稱「南進論」甚囂塵上的語境氛圍，而「南方」也逐漸從殖民地台灣外移到更南方的區域。本文將逐步以各種架構，提

年 8 月 19 日。2013 年行政院官方表示：「近年國際組織及先進國家普遍意識到以 GDP 衡量國家福祉（well-being）的侷限性，建構幸福指標成爲國際新興潮流，亦宣示我國今年開始公布國民幸福指數。」「國民幸福指數」的架構，內容取自經濟合作發展組織（OECD）2011 年 5 月首次公布之「美好生活指數（Your Better Life Index）」，主計處強調其採用客觀統計指標呈現社會實況，亦結合意向性問卷調查衡量民眾的主觀感受與認知，例如對生活、環境品質的滿意度、健康認知等。

〔註35〕「幸福指數」（Gross National Happiness，GNH）是南亞不丹 1972 年由國王普美桑給旺秋（Jigme Singye Wangchuck）即位後發佈了不丹國家發展的指導哲學，基於相信追求幸福是不丹國民及是上每個人內心的願望，而提出以人人一生所共同追求的目標，公開承認認爲應該當作政府的基本要務。其內涵包括不丹主政者檢視到以消費主義與市場所帶動的經濟成長與發展之作法欠缺平衡，有必要利基於以國家發展乃是以人爲本，照顧人的完整需求，意即兼顧身心靈。GNH 具備諸多特點，如涵蓋了物質與心靈的幸福、必須包含與環境的和諧共存、追求的是個人與全體的幸福、是訂定公共政策的良基。而不丹有因其國家目的提出更具體的四大關鍵策略，永續與公平的社經發展、環境保育、文化的維護與推廣、良善的治理。值得注意的是，不丹在追尋 GNH 的精確上，做了許多因應在地的「進步」之定義，而後制定的指標檢測標準（頁 159～160）。不丹曾在 2010 年在聯合國發展目標高峰會中，敦促世界將「幸福」納入會員國國家的發展目標之一，2011 年聯合國通過此提案。而不丹總理吉美‧廷禮強調：「一個國家如何實踐幸福，將是衡量該國促進人類福祉的最佳指標」則受到曾任台灣第十二屆的副總統蕭萬長重視（頁 3）。更實際的是 2013 年行政內閣提出台灣的「幸福指數」。筆者雖然同意的是不丹的確提供我們思考到政府追求治理人民的善，是國家一種值得追求的「幸福」，但是更在意的是在台灣，GNH 作爲追求國家理想、國家人民幸福的指標，是如何傳遞給民眾。政府是否出於在地的人、事、自然資源或現況，而提出檢測「幸福」的方法，又或者只是移植各種數據化或量化的指標，而呈現一時可視、可宣稱的國民幸福，此外還包括其操作的目的究竟是爲了什麼，都值得人民加以思考。賴和曾言：「時代的進步和人們的幸福原來是兩件事」，或許我們也可以反思政府宣稱的幸福和人民的「幸福」，不一定是指同一些事啊。吉美‧廷禮（Jigme. Thinley），陳俊銘譯，《幸福是什麼》，全佛文化出版社，2012 年 12 月，頁 82～109。

出龍瑛宗究竟以什麼樣的思考脈絡和創作呈現出他所意欲提昇的台灣文化，或說無法置外於中央口號的「南方文化」而以台灣在地爲主體的「南方想像」。

第二節　帝國日本的「南進論」與龍瑛宗憧憬的「南方」

本節欲說明在帝國的南進論底下，身處其中的作家龍瑛宗，表現出什麼樣對「南方」的思考，並且將提出龍瑛宗符號的「南方」作爲一種「憧憬」意味著什麼。日治時期以來帝國即透過各種管道宣傳「南進」和「興亞」觀點，這些論述除了影響台灣社會的政治、經濟、教育等結構，也影響到台灣人民對當時日本帝國所宣傳的「南方」有相關的想像。不可諱言，龍瑛宗的小說中仍有南進論底下非指台灣的「南方」，反映了作家當下社會氛圍與個人思考。本小節試圖探討兩篇小說呂赫若的〈清秋〉、龍瑛宗的〈死於南方〉，兩位作者都安排小說的主角，在小說結局表現選擇「去或不去（南方）」的意識，而兩位主角的意識，也截然不同。這兩篇小說從內文到結局，作者設計的「南方」，有提供我們進一步思考與釋義的空間，值得分析。

一、帝國日本的「南進論」與「南方台灣」

日本從 1864 年明治維新開始，國內掀起舉國上下向西方近代化學習，進行了文明論與國防強化的行動。環諸世界局勢變化，日本政治思想界也興起了以福澤諭吉（1835～1901）和岡倉天心（1863～1913）兩人爲代表的「近代亞細亞主義」〔註36〕。他們都體會到西方文明所帶來的人格精神之近代化、物質文明、帝國強力等優勢，因此形成日本民族對他者感到自己處於劣勢的「他者」危機，以及對於自我落後的一系列檢討，此外也開始同步對於與日本鄰近的當時中國、朝鮮等民族的政治與文化關係，進行思考。福澤諭吉以

〔註36〕王屏，《近代日本的亞細亞主義》，北京：商務印書館，2004 年，頁 1～38。王屏指出日本自明治維新以來，國內即有「脫亞論」與「興亞論」的兩大政治主張的走向。前者以福澤諭吉著名的「脫亞入歐」觀點爲主，他認爲要排除中國、朝鮮，尤其擺脫中國儒家傳統文化的影響，背棄「支那」文化爲主體的價值觀，進而使日本離開亞洲地域文化的位置，並與西歐文明產生一體的關聯。後者，則是岡倉天心爲主，他宣稱日本、中國兩國乃是親合的「單種族社會」，若再加入朝鮮，則可以形成三國的「合邦」、「合縱」的關係，但這種東亞以文化一體的聯合，仍是主張以日本作爲領導。

中日朝鮮問題爭端爲思索背景的著作《脫亞論》，在文章最後提到：「我國不可猶豫於期待鄰國之開明而共同興盛亞細亞，寧可脫其伍而與西方之文明國家共進退」〔註37〕。學者吳光輝探討福澤諭吉的思想架構，認爲福澤諭吉是以「文化概念」認爲日本應以「『世界』爲場所」，藉此進出西方文明世界，確立日本近代國家成立的目的。〔註38〕

　　不過，在後一百年的歷史發展中，我們看到的卻是日本帝國在國家主義的發展下，將位屬地緣周遭位置的各國政治關係，視爲東亞小國日本晉升爲「世界帝國」的「生存空間」，並且發展出殖民地或傀儡政權之進程。1895年，日本藉著甲午戰爭的軍事優勢，占取台灣，開始擁有日本現代史上的第一個海外殖民地。身爲北方國家而取得遙遠南方領地——台灣，這種爲了保障本土領地而不斷向外推進國家防衛線的政治欲望與行動，激勵了日本朝野海外擴張的雄心與國內輿論，也成爲日本後續持續五十年之久的擴張性海外軍事行動之嚆矢。

　　台灣在日人統治底下，「南進論」可以說是明治領台以來貫串到太平洋戰爭期的重要政策〔註39〕。「南進」此一稱呼，表現出帝國往日本本土以南，推進國家殖民地事業與取得資源佔有地的意欲；若實際分析「南方」作爲一地理的區域，則會發現在時間與空間範疇上，「南方」這個稱呼其實有其不同階段的指涉變化〔註40〕，政策發展的緩急與重點也有所差異和消長（如「附表一」〔註41〕）。從附表一可以看到，「南方」在不同年代的確有特定的地理所指，是日本在不同階段獲得台灣及其它南方島嶼等新領土下，爲擴張商貿及區域影響力，漸進推進國防前沿的視線與行動，所形成的一種特有詞彙。不

〔註37〕原文刊載於日本（1882年3月1日創刊）《時事新報》，1885年3月16日。引文參考出處吳光輝，《傳統與超越——日本知識份子的精神軌跡》，北京：中央編譯出版社，2003年1月，頁63。

〔註38〕吳光輝，《傳統與超越——日本知識份子的精神軌跡》，頁64。

〔註39〕相關論述可參考林繼文著，《日本據台末期（1930～1945）戰爭動員體系之研究》，台北：稻鄉出版社，1996年3月，頁25～45。

〔註40〕鍾淑敏，〈台灣總督府的「南支南洋」政策——以事業補助爲中心〉，《台大歷史學報》，第34期，2004年12月，頁152～158。根據鍾淑敏從日本統治時期各任台灣總督對「南進」之「地域概念」的考察，她指出在兒玉源太郎總督時期（1898～1906），「南洋」是被視爲「南清」的一部分，直到田健治郎（1919～1923），因爲日本被國際委任統治原屬德國的南洋殖民地，才使日本帝國「眞正意識到南洋的存在」，並將現在的東南亞、南太平洋諸島、以及華南一帶，全都當作「南洋」來考量。

〔註41〕參見附表，頁49。

過，這種早期以海外商貿和經濟發展為主要目的之經略，在中日戰爭期爆發以後，特別是戰線擴大時開始變調。阮斐娜即曾指出日人學者矢野暢認為，明治時期、大正時期企圖擴張勢力進入南洋的視野，以及昭和時期實踐目標並不相同，亦即早期的構想與後來大東亞共榮圈的政治化意識型態有直接關聯。早期的南方觀點是某種外部殖民地擴張的類型，以國民個人移居日本以外如台灣、菲律賓、新加坡或東南亞的特定區域以謀生致富或夢想成名為主，但從未放棄將日本當成故鄉。但是 1930～1940 年代的殖民主義，相對地，是概括性的，國家主導的版圖擴張，主要目的是擴大日本支配領域〔註42〕。

1941 年 12 月 29 日馬尼拉淪陷日、1942 年 2 月 15 日日本佔領新加坡（又名昭南島，意指「南方光明之島」）後，雖然太平洋戰爭初期日軍呈現「勝利」狀態；但是，因「珍珠港事件」而促使美國加入戰局，不久便使得日本的戰爭情勢產生漸衰的變化。戰勢的逆轉，相繼而來的是帝國日本對「廣義的南方」〔註43〕占領地，開始強化實際的武力控制與侵略性掠奪。歷史的評價上，太平洋戰爭後期，日本與列強在東南亞、南洋的利益直接衝突擴大，導致東南亞與太平洋群島成為除了中國戰場外，另一戰事地點並且導致日本戰爭陷入困境，是為戰後日本戰爭責任中必須付出代價的一環，這便是日本不斷往「南方」拓殖與擴張的歷史結果。

帝國對「南方」野心的持續膨脹，從帝國主義經貿活動轉而至軍事侵略，連帶地也影響到最早淪為帝國殖民地的台灣。相關「南方」的經貿、擴張、從軍、報導、想像等事業與訊息，也被廣泛地施行與散佈在被當作是「南方前線」經營跳板的台灣。有關南進的宣導概念、具體施政或動員運動，曾廣泛地牽動或影響同時代台灣人，台灣人無法選擇地共同承受和體驗了此一特殊的社會歷史經驗。譬如，活躍於 1930、40 年代的台灣人作家，包括呂赫若、吳新榮等人，便曾在日記、回憶錄，描寫或記錄親人或友人在戰爭期前後去往「南方」的事跡〔註44〕。吳新榮〔註45〕、龍瑛宗〔註46〕也都曾指出自己所

〔註42〕阮斐娜著，吳佩珍譯，《帝國的太陽下：日本的台灣及南方殖民地文學》，麥田出版社，2010 年 9 月，頁 37～38。

〔註43〕「廣義的南方」，包括菲律賓、佛印、泰國、蘭印、佛領紐西蘭、香港、英領北婆羅洲、澳洲、新加坡、英領印度、馬來半島、爪哇等、廣東、汕頭、廈門、海南島等。

〔註44〕《呂赫若日記》（1942 年 6 月 12、16 日），呂赫若紀錄最疼他的小叔為了是否前去南洋感到苦惱。《吳新榮日記》（1939 月 3、4 日），寫下考慮將兒子取名「南圖」的用意，「如果是男孩，則從星河──河圖之意，名為南圖，南圖當然更意味著此民族往南發展。亞姬二字為亞細亞之姬，或姬之次者也。」「南

接受的台灣島內實業教育，其設置背景即是以「對華及南洋經濟爲目的」，教育本身就帶有帝國海外拓殖人才養成之意味。類似的教育訓練或意識形態灌輸，也能從日治時期台灣職業教育的校歌中觀見。

　　當時日人將定義廣泛的「南方」一詞納入教育場合及各種教材中，作爲重要的海外知識關鍵詞，植入中等教育以上的學校校歌之中。譬如，台北工業學校「鴻翔九天直下降，南進鵬圖伸展翼」、台北帝國大學「嗚呼東海殘陽暉，酷似巨人沒入海，佇立岡阜盡沉思，籌畫南進語一出，弦月淡淡天魚白，拍手言出善哉乎」等等〔註47〕。另外，「南」也是凝聚學校教育對台籍學生在日本的「南方」做人做事的精神期許，比如「上蒼有聲久遠響徹，守護南溟麗日宣詔，至尊使命今須覺醒，如大和田五百重潮，兢兢業業南溟男子」〔註48〕。「南（方）」也就成了一個帶有「開拓南方」、「爲帝國增長生命線」以及立定台灣以精神的成長守護國土南方的所在，「南方」猶如「動名詞」一般兼具動態集體行動和靜態藍圖的特殊符碼。這些歌詞的潛移默化，激勵和召喚，成爲帝

圖的典故有『圖南鵬翼』。」「南圖是三男，必須爲民族獻身，可作個進取的政治家。」，可見「南方」或「南」充滿時代感的氛圍與喻意，影響台灣知識份子們的生活細節。

〔註45〕吳新榮，《吳新榮回憶錄——清白交代的台灣人家族史》，台北：前衛出版社，1989年，頁92。吳新榮回憶的是自己14歲在台南就讀的商業專門學校（是爲當時台灣總督府立的最高學府之一）。

〔註46〕龍瑛宗，〈斷雲〉，《民眾日報——副刊》，1980年1月26日。引文出處《龍瑛宗全集（中文版）》（小說集，第3冊），台南：國立台灣文學館出版，2006年11月，頁160。龍瑛宗在這篇文章中，回憶自己的就學經驗，並且反省殖民地的教育政策與南進論的相關性，他寫道：「日本很早就圖謀南方的經濟發展，爲了培養所謂『產業戰士』，在東京設立拓殖大學，造就幹部人材，低層的人材就在台灣設立職業學校，以取其便。這所學校兼收日本人與台灣人的子弟，他們稱爲日台共學。應考者是全島各地而來的，杜南遠名列前茅……」。在日治時期，青年就學的管道上，若要逃離殖民地的升學體制便是往內地一途，而顯然龍瑛宗並沒有這樣的機會。

〔註47〕林文龍等撰稿，《棟花盛開時的回憶：日治時期畢業紀念冊展圖錄（第2冊）——〈校歌校旗篇〉》，國史館台灣文獻館出版，2005年12月，頁145～199。

〔註48〕出處同上，頁157。（僅節錄第二段）原文：光は下りぬ　生命の光／み鏡み劍み璽の光／耀よひ下りぬ　吾等が島に／若やぐ命を　足る日に享けて／歌ふや　われら／南の男の子：ご空に聲あり　久遠のひびき／「南を守れ」と　照る日の御宣／尊き使命に　今こそ眼ざあ／大和田五百重の　潮のごとく／きほふや　われら／南の男の子：われら學舍　南の柱／常世にゆるがぬ　南の柱／眞夏を彩る　椰子の葉かざし／あふるる力に　大地をふみて／進ひや　われら／南の男の子）。

國在實業教育目標下，以技術為基礎、扣聯海外擴張目標的學科認同，並且在殖民地涵養「同化精神」、增長皇民認同的重要符號。帝國放置在教育現場裡灌輸的這些概念，往往比社會政治領域中的制式宣導，更加容易進入青年的認知和心理內部，成為殖民地技術精英的一種「政治無意識」。

儘管如此，我們還必須顧慮在殖民地現場存在比殖民教育養成或意識形態灌輸更加典型的心境，那便是台灣人在殖民地境遇下的普遍無奈感受。詩人與畫家身份兼具的張建墻（1911～1992）〔註 49〕的說法，可以作為同時代知識青年的一個例子。他自述少年因為不滿學校對台灣學生差別待遇，並受到日本人以「次等國民」的對待，於是與校內友人掀起學校罷課運動，被退學後萌生了想去他鄉尋找出路的想法，而「南洋」則是當時海外社會的一個重要指標，他說道：

> 因為當時台灣年輕人流行到南洋島嶼的爪哇求生。有錢的台灣人在日本生活得很好，一般的台灣人因為內戰不容易拿到大陸的護照，無法到中國大陸落腳。我像一般年輕人一樣有志工作，在家鄉無法找到工作扶養自己，必須到海外謀職求生，我希望到爪哇尋找前途。這種觀念是受到我在小學的同學霍先生以及我們村莊裡郭先生的影響。當他們從日本大阪的 Tt'ng Chih She（同志社）大學畢業，當時在爪哇都有很好的職位。〔註 50〕

透過張建墻這樣一位出生於 1910 年的知識青年，回憶殖民地時期就學環境和社會遭遇，其心境值得我們思考同時代殖民地人民在政治、教育、經濟等體制下，各方面都必須承受有形與無形的民族差別待遇之壓力，以及個人意圖謀求各種自我精進或抱負實現的「希望」與「出口」的選擇。「南方」作為台灣殖民地社會的另一種出路與謀生方向，的確曾在台灣的歷史中真實上演

〔註49〕 張建墻、張浩信等譯，《福爾摩沙之夜：一位台灣八十歲老人的回顧》，台南：台灣文學館出版，2008 年 7 月，頁 349～350。從他對時代吐露的苦悶，可以看見知識青年觀察自己與同僚之間處於其時代的心境與氛圍。「……為什麼這些多才多藝的年輕教師沉醉於不同生活方式呢？他們都是素質良好的老師，於世界不同文學有各別的嗜好，於古典音樂非常仰慕，他們應該穩重的實行他們崇高的抱負才對。可是他們常常有這些奇怪的行為，這是因為他們對他們的將來不抱希望。雖然有些聰明的台灣人想有所作為，但是在日本人統治下他們很可能無法晉升。懂得這個道理，大部分的台灣人學習忍受，不敢吭聲，但是有些人會陷入絕望。」

〔註50〕 張建墻，《福爾摩沙之夜：一位台灣八十歲老人的回顧》，頁 342。

著。因此,帝國的「南方」。也參雜著不同於帝國方面的意圖與心聲,「南方」作爲一種去向,也就成了本土社會與外來殖民政權的周旋角力底下,台灣人命運的一個環節。

從台灣文學作品來看,戰爭期出現不少關於主角或次要人物在行動或意志上「前往南方」的小說。而筆者在緒論曾談及龍瑛宗在戰時有比同時代作家,還要積極地使用「南方」替代「台灣」的書寫情形。不過,不可否認小說的「南方」仍有非指台灣,而是貼近當時帝國地緣政治拓殖的所在地。以下,將從四篇小說文本做詮釋。

二、龍瑛宗小說中「去南方」的書寫

龍瑛宗有書寫到明顯「非指台灣」的「南方」,在小說方面有〈死於南方〉(1942.9.5)〔註 51〕、〈蓮霧的庭院〉(1943.7.3)〔註 52〕、〈歡笑的青風庄〉(1945.1.1)〔註53〕、〈歌〉(1945.1.5)〔註54〕。

龍瑛宗設計「去南方」的人,表現了小說家描繪一個時代氣氛與各種角色的精神狀態,但從詮釋的角度來看,作家紀錄或意識上回應了什麼,更是本文所關注。比如,龍瑛宗發表的〈死於南方〉一文,小說中一名「我」以寄信,對「去南方」的友人表達關心。小說最後,「我」甚至響應般的表達「南方」的召喚:「確實,全台灣都是南進的時代。我認識的人中嚮往南方的人也很多,老實說,我自己如果家庭情況允許,也想飛去南方啊!」。而這樣的憧憬之語,龍瑛宗卻在小說中,刻意安排主人公「我」遇見一位名叫「龍」的青年出現(似乎就是龍瑛宗的化身),小說中「我」的立場雖然代表了「時代的人的思想特徵」,但卻帶有龍瑛宗向讀者彰顯這並非「自己」的立場,回應了整體時代氣氛。

另外,龍瑛宗也不乏設計小說中友人「去南方」的敘述,〈蓮霧的庭院〉(1943.7.3)一文中,描寫「我」與一個移民台灣的日人家庭友好的相處關係。

〔註51〕龍瑛宗,〈死於南方〉,《台灣時報》,1942 年 9 月 5 日。引文出處《龍瑛宗全集(中文版)》(小說集,第 2 冊),台南:國立台灣文學館出版,2006 年 11 月。

〔註52〕龍瑛宗,〈蓮霧的庭院〉,《台灣文學》第 3 卷第 3 期,1943 年 7 月 3 日。引文出處同上。

〔註53〕龍瑛宗,〈歡笑的清風庄〉,《いしずる》第 2 卷第 1 期,1945 年 1 月 1 日。引文出處同上。

〔註54〕龍瑛宗,〈歌〉,《台灣文藝》第 2 卷第 1 期,1945 年 1 月 5 日。引文出處同上。

在「我」的回憶裡，這個日人移民家庭裡的青年藤崎君是個「去南方」的人，
「我」思索著：「藤崎君，對現在的我來說，是住在另一個世界裡的。因爲我
不了解戰場，我不明白硝煙味。」（頁 91）。似乎有意避免了戰爭者的形象，
避免「南方」帶有侵略地的象徵。此外，小說是透過「我」的視線，觀察著
這個日本人家庭帶有積極望向「南方」視線。不論是藤崎君的父親，談到少
年的自己因爲懷抱著單純想到新天地闖蕩的動機而來到台灣，而到今日有決
心「埋骨南方（台灣）」；或者藤崎君展顯出「嗯，在這裡過一生也可以，不
過，也有點想到更南方去。」（頁 97），又或者，藤崎君的母親常常抱怨著「南
方（台灣）」的氣候熱而混濁，都讓我們看到龍瑛宗試圖藉由「我」體驗與描
繪，日人眼裡向外地移動的視角，呈現出對日人而言「南方」是一處不斷在
地理空間上延長的「南方」去向。

　　另外，〈歌〉一文當中，龍瑛宗書寫一名叫李東明的人，遇見各種生活中
「將要前去南方發展事業」的日人。比如，小說中出現「在南方──印度支
那」處理事務的范江演和翻譯法國作品與越南小說的上松先生；或者，偶然
地認識要去「南方──馬尼拉」指導音樂的木河先生。龍瑛宗塑造這些人在
戰爭期擔負帝國欲要達成建設「南方」不同面向的任務者。這些人看在主人
公的眼裡，則反而成爲一種「對他人視線」的凝視。研究過龍瑛宗小說中「南
方」意象的曾馨霈〔註55〕就曾言：

> 南國台灣跟更南方的佔領地對日人而言，其實差異並不大，透過日
> 人的視野反觀台灣人自身立場，戰爭無法抹除甚至是提升被殖民者
> 的原罪與地位，而是因「南方」此一空間，更突顯戰爭中的台灣無
> 法扭轉歷史命運的沉痛。〔註56〕

曾馨霈觀察到龍瑛宗藉由小說呈現出「透過日人的視野反觀台灣人自身立
場」，也就是透過一名本島人凝視著日本身份的友人對「更南方」的意圖或者
串連起不同日人對「南方」（包括台灣）的想法，點出了「南方」最終無非還
是帝國「殖民地」領地視野的加大，而不是一種台灣人爲本位，因爲有一處
「更南方」的視野，而得以脫出或擺脫殖民的歷史現實。而龍瑛宗在小說中，

〔註55〕 曾馨霈，〈「南方」的意識與表象──以龍瑛宗的小說爲中心〉，發表於台灣文
　　　　學館、新竹縣文化局主辦，明新科技大學承辦「2008 年龍瑛宗九十八歲誕辰
　　　　學術研討會」，頁 120～131。（會議論文）。
〔註56〕 曾馨霈，〈「南方」的意識與表象──以龍瑛宗的小說爲中心〉，頁 130。

也只能以「愛」、「善」,作爲觀看視線的「我」對這些人的想法或再呈現這些人雖然有「去南方」的意圖,但也明顯非以戰爭協力而作的發聲。在〈蓮霧的庭院〉小說最後,主人公言:

> 不過,怎麼說呢。說民族什麼啦,總之,不就是愛情的問題嗎?不管什麼事,讓我們結合起來的就是愛情。講理由是無聊的。主要就是愛情。……〔註57〕

在〈歌〉中,同是日人囑咐著要「去南方」的友人,有這樣的叮嚀發言:

> 請你注意,木河君,您做爲一個日本人要去馬尼拉。在那裡指導音樂。這是件好事情。您做爲日本人什麼也不用帶去。可是,只有一件,只有這是不帶去不行的。木河君,那是,做爲日本人的愛情。要帶著做爲日本人的愛情去。其他,什麼也不用。〔註58〕

小說以「愛」、「善」作爲一種理想,也顯得龍瑛宗不免迴避了對現實的批判,但又或許也是戰時時局作家言談底下,龍瑛宗一種言與不言之間的保護色。

同樣是帶有角色和時局「去南方」相關的〈歡笑的清風庄〉(1945.1.1),小說描述清風庄裡面住著洗衣婦阿蓮婆和數名與台灣以外的南方有關的男子之生活〔註59〕。小說前半段作者用全知的眼敘述著,象徵因傳統婚姻而犧牲的「童養媳」──阿蓮婆前半生的不幸遭遇,而後半段則利用角色口語的對話,共築出人們生活沾染與穿插著戰爭時局或「南方」這一話題,最後更出現一幕清風庄的人合唱〈台灣軍之歌〉〔註60〕,讀者可以感受到角色處身在充滿戰地「南方」風物想像的氣氛。表面上這是一個情結簡單的小說(或對話形式的小說),但值得思考的也是,小說一開頭,就強調:「這是個誰都不知道的地方,可是清風庄,是歡笑的。」、「清風庄的笑聲,只有早晨和晚上」,意指白天只有阿蓮婆在工作時是沒有歡笑的。但小說最後卻出現一幕是在晚間阿蓮婆、年輕人大家聚在一起爲「去南方」的人送行且在爲懷念婆

〔註57〕 龍瑛宗,〈蓮霧的庭院〉,頁111。

〔註58〕 龍瑛宗,〈歌〉,頁164。

〔註59〕 比如人物形象設計上,男子包括阿蓮婆盼望著志願從軍的孩子、幫忙讀寫戰時南方郵件的郭佛德自稱婆羅洲王爺的何信治、要出征南方當翻譯員的廣川、去南方戰地而以理髮立志的周發,但也包括一名在清風庄內爲利益打算而結婚的嚴老人。

〔註60〕 文中唱著:「太平洋的芎蒼迢遙／閃爍的南十字星／黑潮飛濺／椰子之島……」,原曲爲〈台灣軍之歌〉(1940年10月),作詞:台灣軍報道部、本間雅晴;作曲:山田榮一。

羅洲而跳舞的情景下，彼此笑倒，此時的情境是「清風庄暴風似地笑著，清風庄笑成這般是從未有過的。」。或許，這裡隱含著龍瑛宗特意營造在戰時有一群人，的確有著身邊親友來往「南方」的人或本身唱著帶有「去南方」背景軍歌的人，更或者帶有以阿蓮婆的過去隱喻台灣命運的小人物彼此聚集，但是並沒有人知道哪一處，或說還存在著哪一處，能有如他們的生活能共聚一堂，而彼此歡笑。筆者認為重要的是「這樣的歡笑並不存在」。換言之，「歡笑」可以因為小說的清風庄存在，但是一處寄喻著台灣身世的阿蓮婆與充滿南方話題的青年，且因南方的話題而共聚歡笑的清風庄並不存在於當時的人心中。

　　在小說以外，林巾力曾對龍瑛宗的詩作加以分析，他舉出〈可烈非特魯陷落〉一詩〔註61〕，表示：

> 「南方」那過於巨大而壓倒「精神」的「自然」，終於在戰爭中獲得
> 克服。這首詩裡的「南方」已脫離台灣當地，而指向「南海的褐色
> 人們」以及「隨南風搖擺的，芹般的腳，血的喪失」──具體而言，
> 就是菲律賓、東南亞區域的人們，進一步說，也就是日本帝國南進
> 的標的區域。「南方」的意象在此，已推展到危險的邊緣。〔註62〕

「可烈非特魯陷落」是日軍戰爭中攻陷勝利戰役之一，研究者認為戰爭期後期，龍瑛宗詩作的意象或指涉，儼然有傾靠於「國策」戰線的危險邊緣。「南方」原本指涉「台灣」的意義，產生了變質的結果。

　　綜合以上，龍瑛宗的「南方」言說中，有相關反映帝國的「南方」的思索，也就是「南進論」到太平洋戰爭的發展底下，傾向指涉戰爭的「南方」，不過其小說也讓人分析出言說「南方」背後帶有台灣人對日人身影與動機的思索。而接下來將以呂赫若的〈清秋〉和龍瑛宗的〈死於南方〉兩篇小說舉例，意圖提出一種思考「南方」的角度，作為解讀龍瑛宗諸多的「南方」的書寫中，疊合在「台灣」論述的這一思考脈絡，而使之有與帝國的「南方」之區隔。

〔註61〕 龍瑛宗，〈可烈非特魯陷落〉，《文藝台灣》，1942 年 11 月，引文出處《龍瑛宗全集（中文卷）》（詩・劇本・隨筆集，第 6 冊），台南：國立台灣文學館出版，2006 年 11 月，頁 67。

〔註62〕 林巾力，〈南方・異國情調──以西川滿與龍瑛宗的詩作為討論中心〉，收錄於《戰鼓聲中的歌者──龍瑛宗及同時代東亞作家論文集》，2011 年 6 月，頁83。

三、「南方」作爲一種憧憬：談呂赫若〈清秋〉與龍瑛宗〈死於南方〉

　　呂赫若的〈清秋〉〔註63〕和龍瑛宗的〈死於南方〉〔註64〕，兩篇湊巧共同刊載於 1942 年 9 月 5 日發行的《台灣時報》。小說內文中，呂赫若設定主角受到時代氣氛與社會環境影響，表現在對同村其他人「去南方」的心境轉折；龍瑛宗則是以敘述者「我」，寄出信件給「去南方」的友人，作爲推進小說情節的發展敘事。

　　〈清秋〉的故事內容，講述耀勳（哥哥）是一位旅居東京十年後，剛回到台灣在家中等待開業的青年醫生。台灣故鄉的自然風土讓他感到「喜悅」而有活力，他平日伴隨在有傳統美德的祖父身邊，感受著孝親的傳統倫理之美。不過，耀勳心境上對自己將聽從父親的計畫在台灣開業，從而走向「穩定的」人生之路，其實有所掙扎。因爲，耀勳在獲知耀東（弟弟）決心前往「南方」時，心中對「南方」也懷抱著某種複雜而騷動的心思。呂赫若描述當時社會上瀰漫一股南進氣氛，即便是象徵漢民族文化傳統的祖父，也都曾在家人驚訝地聞及耀東的計畫後，說出了同意之語：「這樣不好嗎？而且，南方現在是能令年輕人熱血沸騰的地方」（頁 531）。呂赫若如此描寫了耀勳的心理：

> 聽到南方，耀勳對照一下友人和弟弟的臉。南方這個字眼，瞬間又使他的心充滿激動的血和緊張。感覺到似乎只有他被留下來的空曠無垠。愕然了一會兒。〔註65〕

呂赫若藉由耀勳表現時代青年對「去南方」感到心情澎湃而激動；還有無法成行者感到落寞和悵然的微妙情感。不過，若仔細閱讀小說可以發現耀勳也同樣認知到正要「去南方」的耀東（弟弟），其實出於北方的失落與對待的不平等，才會將自己的「前程」重新託付在不同地理方向之想法。這一點是解

〔註63〕呂赫若，〈清秋〉，《台灣時報》，1942 年 9 月 5 日。引文出處呂赫若著，林至潔譯，《呂赫若小說全集（下）》，台北：印刻出版社，2006 年 3 月。

〔註64〕龍瑛宗，〈死於南方〉，《台灣時報》，1942 年 9 月 5 日。引文出處《龍瑛宗全集（中文版）》（小說集，第 2 冊），台南：國立台灣文學館出版，2006 年 11 月。研究者王惠珍曾仔細校對龍瑛宗〈死於南方〉一篇的「原訂板」與「校樣板」，筆者使用的是收錄於《龍瑛宗全集（中文版）》中的「原訂版」，相關論述可參考王惠珍，〈殖民地文學的傷痕──論龍瑛宗《蓮霧的庭院》的禁刊問題〉，收錄於《戰鼓聲中的歌者──龍瑛宗及同時代東亞作家論文集》，2011 年 6 月，頁 123～162。

〔註65〕呂赫若，〈清秋〉，頁 553。

釋小說中人物「南方」憧憬時，非常關鍵的部分。呂赫若意圖藉由不同角色，包括耀東與同時代青年去「南方」的動機，表現出「南方」的吸引力，但是也巧妙透露出北方世界對台灣人造成壓抑或挫敗的事實。關於這一點，誠如研究者鍾美芳對呂赫若小說的分析所言：

> 出征到南方去的黃明金與小兒科醫生江有海，不論他們是志願亦或徵召的，背後其實都有因人而異的不得已因素，但是反抗既不可能只有順勢而行，這是台灣青年共同面對的非常時局。〔註66〕

將「去南方」視爲「次要選項」或「無法反抗」的選擇，更顯出呂赫若安排耀勳此一角色時，與眾不同的寓意。根據呂赫若 1943 年 8 月 7 日的日記，「晚上更新構思，開始寫〈清秋〉。想描寫當今的氣息，以明示本島知識份子的動向。」〔註67〕。小說結局，耀勳終究擺脫個人的傷感，當時他的心理想法表現出：「自己一個人不能再執於煩悶中，必須把自己現在所具備的能力發揮到淋漓盡致吧。」（頁 568）。他決定勇敢地面對自己的社會職份好好作爲一個村民需要的醫師，留守在當下台灣社會。顯然呂赫若對「去南方」的判斷，是以一種知識青年雖然受到南方憧憬的鼓勵，但是未必是最好的出路。因爲毋寧還有另一種選擇是將自己重新立定在當下身處的社會——台灣，期待意志重新揚起與奮發。

　　相對於呂赫若對南進幻景及守土之責的暗寓，那麼龍瑛宗〈死於南方〉又是如何表現的呢？小說，藉由敘述者「我」以書信方式對「去南方」的友人作回憶與心境表白。「我」本身是個對台灣文化狀態充滿批判意識的人，嫌惡本島人對物質主義的沉溺，並認爲「創造科學」的優異精神乃是追求文化提升的路徑。「我」在信中，表達出對於過去關心自己的「啓蒙者」〔註68〕，也就是友人不幸的哥哥之崇仰。從小說中，龍瑛宗特地鋪陳哥哥的行徑，可以看出龍瑛宗意圖塑造一位差別於村裏瀰漫在物質與金錢文化下，帶有「藝術家」特質的青年。但是，他卻是慘遭鄉里的人瞧不起與暴力對待，最後在不明原因底下發瘋了。

〔註66〕鍾美芳，〈呂赫若創作歷程初探——從〈石榴〉到〈清秋〉〉，發表於國立清華大學所舉辦的「賴和及其同時代的作家：日據時期台灣文學國際學術會議論文」，1994 年 11 月 25～27 日，頁 24～25。底線爲筆者所加。

〔註67〕呂赫若著、鍾美芳譯，《呂赫若日記 1942～1944》，台南市：國家台灣文學館，2004 年 12 月。

〔註68〕小說當中，友人的哥哥是一位勸勉「我」要提升精神文化，並積極地推出文學、哲學思想作品等文化養分給「我」的人。

　　那麼相對於被「我」認爲是「人生敗北者」的友人哥哥，友人又是什麼樣的形象？「我」回憶起這位友人，他是一位有著如同呂赫若所塑造的「耀東」那樣經歷的青年。也就是他和哥哥是從日本內地回來的知識份子，但是他們卻遇上社會的失業與村人的譏諷，友人和「我」甚至一度過著低迷墮落的日子，他們體會到的是生活原來是「更嚴重的幻滅」。但是，在「巨大的歷史變動」下，友人興起清算消費性的生活，選擇前往「南方」作通譯的決意。龍瑛宗塑造「我」單向從台灣寄信給他，而「我」只提到友人的回信「寫得過份簡單，到底情況如何，無法瞭解啊」（頁 22），藉此模糊掉交代「南方」的具體空間與經歷之必要。全文著墨最多的地方，在於「我」寄信時道出關心與在意著友人在「南方」歷經了一場瀕臨死亡的病症，以及友人如何以精神力或謂意志力戰勝病體一事。由於「我」也同樣發生類似的經驗，因此「我」特地反覆強調著來自德國哲學家尼采的啓示。「我」第一次道出自己接受到尼采的訊息，是來自於友人哥哥對他言及關於「超人意志」這樣的說法，而「我」回憶「自己」，從完全聽不懂尼采的印象，卻因爲在自身病癒後從閱讀中體悟這位哲人親身練習過的思想：

　　　　我閱讀了尼采的《查拉圖斯特拉如是說》〔註69〕，得到驚異的感動。
　　　　之後我又看了很多書。我說這些或許聽起來令人感到矛盾，其實我
　　　　是在頹廢的極點看出健康的。尼采的《看這個人》裡，有句很有趣
　　　　的話：「從病者的光學（觀點），看見更健全的概念或價值，再相反
　　　　地，看一看充溢豐富的生命和自信，到頹廢本能的寂靜的作用」這
　　　　是尼采長期練習過的。〔註70〕

這個健康與病者的「矛盾」之啓示，使「我」在得知到友人在躺臥瀕死的床上而浮出家鄉的思念，對自己的意志作下結論——「決意要活下去」，大受感動。而友人最後克服死亡的召喚重獲生命，也讓「我」發出：

　　　　你在那邊患了病的事，從另一方面來說並非徒然。對啦，再一次看

〔註69〕《查拉圖斯特拉如是說》（1883～1885）是德國哲學家尼采重要的著作，這本書以一名叫查拉圖斯特拉的人，在下山的途中不斷與他人對話或自我的表述中提出哲學觀點。綜合來說它集中的是尼采重要的哲學論點「超人」，所謂人的自己意志的超越，打破西方傳統中對宗教之神（如上帝）的依賴，也就是尼采並不相信上帝所帶來來世的希望，而認爲超人是以超越依靠虛假希望和信念而著實看重生活的人。相關論點可參考《尼采文集：查拉斯圖拉卷》，周國平等譯，青海人民出版社，1996 年 11 月，頁 1～10。

〔註70〕龍瑛宗，〈死於南方〉，頁 20。

尼采所説的「從病者的光學（觀點），看更健全的概念或價值」，也
是了不起的。〔註71〕

龍瑛宗在這篇小說中反覆提到精神力的啓示，來自於尼采的影響其實也十分
值得探討。相關尼采的研究中，不乏前人指出重要的觀點，在於尼采從其自
身終生患病的經驗，所得到的精神觀點。比如劉崎言：

尼采的終生患病和他對疾病的英雄式的反抗，在他的創造思想中，
佔有非常重要的地位。致使他將疾病提高到形而上的層次。他常常
告訴我們，他的病如何使他在明顯的、常規的生活意義之外追求特
殊的生活意義。疾病與健康不是對立的東西，而是不同的存在層次。
疾病提高賦有創造力的人的英雄氣慨，而這種英雄氣慨是產生偉大
事物的唯一條件。所以，尼采認爲疾病可以產生精神的健全，克服
疾病可以產生狂喜，而健康卻有滿足的趨勢，是使人不能認識生命
秘密的一種阻礙。〔註72〕

尼采相信人對自我內部精神意志的掌控，是 20 世紀重要的哲學思想論述。在
以國家爲意志的時代底下，龍瑛宗雖然反映出島內百姓受到時代的驅力而有
精神變化。不過，在國家意志以外，他也將內部的個人意志這一「權力」進
行了深化，是爲一種人探索或思考「內部自我」的精神象徵。尼采的《查拉
圖斯特拉如是說》，正是他給予世人關於「一種人對自我內部的權力意志的展
現」的重要著作。

西方文藝史上尼采是繼叔本華後，探討「意志」話題的哲學家，他賦予
意志的重心不只在於「求生」，而是在於個人對自己的「權力」。尼采討論的
是追溯到希臘悲劇時代的「希臘哲學」，藉此探討人的「命運」〔註73〕。討論
的是「人在『權力意志』中有一份主動，這主動源於意志主體在釋放其生命
的力時，本身即是在確立一種價值。」〔註74〕。龍瑛宗對尼采觀點重複的引
用在自己的論述當中，那個朝向個人內部的「自我克服」、精神內部的自我超
越，也就是以不健康的病體找到健全概念，並產生創造力，正是筆者主要看

〔註71〕龍瑛宗，〈死於南方〉，頁 20。
〔註72〕此段引文出於尼采著，劉崎譯（代譯序），《上帝之死、反基督》，新潮出版社，
　　　　1993 年 5 月，頁 15～16。
〔註73〕章安祺等著，《西方文藝理論史——從柏拉圖到尼采》，北京：中國人民大學，
　　　　2007 年，頁 442。
〔註74〕章安祺等著，《西方文藝理論史——從柏拉圖到尼采》，頁 442。

重龍瑛宗對尼采思想聯結的部分。也正因此,小說所呈現的精神問題,相較於於前行研究從政治立場或意識形態對此進行評析,以下將試著從小說內部來看待這個嚮往「南方」的問題。

筆者以爲除了從兩篇小說結局作爲評斷以外,其實可以從小說內部有關人物行爲及思想的刻劃部份進行思考,觀察兩位作家爲何不約而同地表現出主角關注本土社會與自我內心的問題;並且,將「南方」的出現,作爲主角爲瞭解決其所觀見的社會及個體內部存在的黑暗、敗亡、否定的現實,而作出的選擇。比如,呂赫若所形塑的耀勳,當他從東京回來後深深地被台灣風土所吸引;但是,由地方人組成的「文化」,卻讓他心生反感,包括他所要面對的傳統婚姻安排,或他在從事醫療工作時看見鄉里的惡風和人心的不善。耀勳正是因爲體認到台灣環境存在著一些令人感到無力感的現實,而心生「前往南方」作爲寄託。此外,耀勳自己搖擺不定,不斷地徘徊在「無法感到有何意義」的生活,直到望見當大家紛紛立志去到「南方」後,才相對地去除掉自己對社會生活及自我價值的懷疑。

> 黃明金爲了對自己盡情意,決定去南方。而江有海應徵召,把後續工作委託自己。這時已經不需要轉讓店鋪,也沒有反對開業的運動。必須回到與自己的決定完全對立、即原來的狀態。而且,讓自己採取這種姿態的,就是這兩個人,又是何等的諷刺啊。不過,不管是不是諷刺,此時都不是拒絕這件事的時候。正所謂必須把兩位出征者的心作爲自己的心。〔註75〕

小說設定「南方」作爲一個去向的出現,是讓知識份子內部「我」的思考角度產生了辯證關係,比如這一段突顯出對鄉里眾人抱持自我去向的盡心,以及相互期勉的意志。另外,耀勳也思考到期待他們出人頭地的父母,擔心弟弟去往「南方」多會被視爲「不孝」;但是,反過來看待自己如果決定開業卻沒有結果會不會也是一種「不孝」,從這當中凸顯自我內部的懷疑和否定的思索。最後,耀勳以「我所說的不平靜,也可以說是一切都不順利的緣故。不過,最主要的是對自己的生活根本就抱持著懷疑。無法感到有何意義。」(頁555)。呂赫若製造的是「選擇」這樣的意志,固然留在台灣是一種他欲要明確暗示的選擇,但是卻讓我們看到作家意圖用「南方」的相對性,其實要展現的是精神方面的個人意識。

〔註75〕呂赫若,〈清秋〉,頁568。

　　龍瑛宗小說的敘述者，「我」點出了那象徵沒有科學精神的鄉里村民，如何以其暴力與無知，「間接」加速了文化知識份子的人生黑暗與敗亡。但是，他也有知識份子面對內部自我的反省，因爲在「我」的眼中，內地回來的友人、哥哥和自己，都是「因爲年輕而把人生當『悅樂』」的人」（頁20），甚至造成「他人不幸」之錯誤的享樂者。「我」鞭辟著自己說：

> 首先，悅樂是什麼？沒有經過勞苦就能得到悅樂嗎？總之，所謂悅樂這個東西，是只有存在相對性才能思考的。悅樂的反面是勞苦，勞苦的反面是悅樂，這確實是奇妙的事實。可是人們，尤其是我們都不索求勞苦，只想索求悅樂。這本身就是一種奇態，不合邏輯。對不對，我們必須這樣瞭解。悅樂和勞苦是住在同一個地方，所以要索求悅樂就首先要勞苦，所以我們要辛勞痛苦才是。〔註76〕

「我」辯證的思考過去的自己是一種「不合邏輯」的奇態，其實也是否定三人過去的生活形式，若是以此來看，那麼現在的三人在小說當下的生活狀態，也就成了這個生活形式的承繼或超越的不同結果。顯然前者是小說中留在台灣的哥哥，但是其遭遇卻是被「我」視爲「不幸的人生敗北者」；後者，則是「我」在信件中不斷透露的友人，在「南方」的友人代表的是成爲他人生活精神依靠〔註77〕與人生勝利者，原因在於他雖然經歷病體痛苦，但卻也突破這個瀕臨死亡的界線，而獲得重生的蛻變。

　　因此，「南方」並非僅只於當作地理位置討論，至少兩方皆在辯證的關係中，去「南方」的人所形成的積極象徵意義，變成了啓發留守鄉土的主角思辨抉擇的契機。主角視線因爲朝向社會及自我的內部，從否定、猶疑、徘徊、檢討，到產生洞見、形成意志，最後新的自我終於獲得了據以安身立命的理由。「南方」促發作家藉由外部參照，產生對社會內部或個人精神凝視的新視角與新思維。這個例子正可以略略說明當時「南方」此一概念，對殖民地台灣人所具有的「非地理性」、「非空間性」意涵。

　　那麼，龍瑛宗小說中有關「南方」此一概念的特殊性，又在哪裡呢？筆者認爲，其特點在於：一、相對於呂赫若將「南方」設定在一個地理位置（昭

〔註76〕龍瑛宗，〈死於南方〉，頁19。

〔註77〕龍瑛宗，〈死於南方〉，頁13。小說一開始「我」就先以信表明去造訪友人家時，看著他們家的情形說：「父親（指友人）的觀念是你女兒成長過程中的精神糧食吧。同樣地，你在家人的觀念裡也是精神的糧食。實際上，家人們都依靠著你，不論在經濟上或精神上。」

南港的「馬來」）〔註78〕；龍瑛宗文章中未透露友人究竟前去南方何處的這個「南方」意象，更具漂浮和想像力的可能。二、「南方」這一未知的地域，是龍瑛宗因友人以其鍛鑄於南方的意志力，終於實現其新生願景的一個「重生的象徵」。小說中，龍瑛宗花費極大篇幅解釋精神與病體的關係，這一點除了前行研究的觀察以外〔註79〕，特別是在龍瑛宗的隨筆中，也可以看出他曾反覆地闡述相關概念，比如在〈有城堡的小鎮——憶作家梶井基次郎〉一文，他以作家梶井基次郎的生命經驗爲基調，曾言及：

> 從病學的光學觀點來更深入看健全的概念與價值，再逆向從充滿豐富的生命與自信中俯視頹廢生活者本能之悄悄的作用。……
>
> 從梶井基次郎簡略的年譜中也可以得知，他短暫的一生大半都在病中。那是一種非常棘手的胸部疾病。
>
> 因此他的任何一部作品都恰似從危險的肉體上燃燒出燐光。
>
> 不過，患病的肉體上未必就會產生病態不健全的作品。
>
> 的確是不可思議，竟然從生病的肉體開出異常端麗、健康的花。事實上，包含著健全的東西。
>
> 因此，讀梶井基次郎的作品之感覺，就是他在文學上可說是健全的小說。
>
> 這不是似是而非的說法。我們常常遭遇從健康中找出不健康的東西，以及從不健康中找出健康的東西之情。〔註80〕

由此可見，他並非只單純敘述戰事前線的角色情境，而是將之融入自己看待生命與思考人生反覆出現的命題。他不是以「去南方」即能獲得較好出路來看待此事，而是從「去南方」等同開展一場面對「死亡」、面對「疾病」的經

〔註78〕 呂赫若，〈清秋〉，頁518。在耀東寄回的家書中就已提及。

〔註79〕 相關論文可參考朱家慧，〈勁風中的野草——解讀龍瑛宗〉，《文學台灣》12期，高雄：文學台灣雜誌社，1994年10月5日，頁310～318。論者認爲龍瑛宗的不健康、口吃、客籍以上「三重壓迫」，使他保持和世界疏離的態度，也讓人從他的作品中感到冷眼觀看世界的距離。「冷然疏離的筆調」、「哀傷氣氛」、產生「自我分裂與掙扎」，或者形成小人物的掙扎、抵抗，求生機，又或者創造出小說內對立面的兩人彼此論爭與對話。

〔註80〕 龍瑛宗，〈有城堡的小鎮——憶作家梶井基次郎〉，《台灣新民報》，1940年2月。引文出處《龍瑛宗全集（中文版）》（評論集，第5冊），台南：國立台灣文學館出版，2006年11月，頁24。

歷，藉由「個人」病痛的狀態下有其「面死而生」的精神變化，使得頹廢者藉此求得了健全與重生的契機。而「南方」的未知性與非地理性，也就更帶有承載個人想像的象徵意義。

從龍瑛宗特地安排角色的經歷及其背後所象徵的問題來看，其小說中有關「南方」的背景或情節建構，乃是出於他觀察台灣現實社會問題後欲探尋解決之道而展開的一些思考，而書寫「南方」的存在之用意，在於使其成爲欲解決某些台灣人精神問題的投射。雖然龍瑛宗的描寫，對於「皇民化運動」等時局政策或議題表現出立場和曖昧的模糊性；但是，這正是我們切入作家「言與不言」的灰色地帶，思考其製造出的模糊，隱含了什麼思考特點的一個機會。因此，可知「南方」在當時並不只是一個從方位名詞上釋義的地理位置；而可以視作一向採取關心台灣內部各種問題的視角之台灣知識份子，在東亞戰爭乃至世界大戰之特殊歷史時期，所形成的一個特殊的相對視野、一個外部視角。

戰後成爲台灣文學重要評論家的葉石濤，曾如此評價呂赫若的〈清秋〉是一種「僞裝的皇民化謳歌」，值得我們思索背後小說家寄寓的時代背景。陳建忠曾從「戰時的人生哲學」，思考龍瑛宗這篇「南方」的書寫：

> 毋寧說龍氏與呂氏藉筆下的這些台灣青年迂迴地表達了一種突破殖
> 民主義綑綁的慾望，一種殖民地式的生存哲學，這裡更多的是個人
> 性地自我拯救，而不是集體性地爲國效死。〔註81〕

從「個人性地自我拯救」來看，以個人意志對抗戰時的效死，也反映了戰時台灣人一種精神的突圍。而研究者王惠珍也曾論及〈死於南方〉一文中，龍瑛宗表現出「『南方』對被殖民者而言，不再只是地理上的『南方』，在文本中已轉化成爲，承載帝國南進欲望和台灣人跳脫殖民歧視的欲望的『南方』」〔註82〕。「南方」的轉化來自於他對殖民地知識份子多重的象徵與意義，以上綜合了筆者作品內部分析與前行研究的見解，我們可以發現，所謂的「南方」，實含有殖民地作家反映大戰下的台灣人掙扎與求生意志之成份。讓人思考到殖民地知識份子「南方」論述的心靈結構與憧憬脈絡的可能性。

〔註81〕陳建忠，《日據時期台灣作家論：現代性、本土性、殖民性》，台北：五南圖書出版社，2004 年 8 月，頁 204～205。

〔註82〕王惠珍，〈殖民地文學的傷痕——論龍瑛宗《蓮霧的庭院》的禁刊問題〉，收錄於《戰鼓聲中的歌者——龍瑛宗及同時代東亞作家論文集》，2011 年 6 月，頁 137。

　　因此，若將「南方」作爲台灣人外部視角產生的精神維度，是作家思考殖民地人生存「機會性」的一個載體；那麼「南方憧憬」便帶有知識份子所產生的脫殖民的自我投射，而含有台灣人在時代激流的生存博鬥中、改換生存意志、安頓心靈挫折，不可忽視的某些心境、態度和角度。顯然台灣知識份子所認知到的「南方」已經不單純是複製戰爭宣傳底下的帝國「南進」意識。與此同時，依然有許多超越性的異聲與異想，可供探討。而這也使得「南方」原本具有明確的指涉關係，成爲更加模糊或者帶有貌合神離的論述空間。

四、小結

　　日治時期帝國日本的「南進論」，在台灣社會有不可忽視的影響力。「南方」除了時代特有的帝國主義政治性喻意之外，從「南方」帶給殖民地人民或知識份子外部視角的思考資源來看，它也是觀察殖民地知識份子心靈思考一個重要的切入點。龍瑛宗雖然有明顯承繼大歷史的敘事而書寫的「南方」，顯示出台灣人隸屬日人指導與控制的結構關係當中，反映接受到帝國論述式的地緣訊息。但是，分析呂赫若與龍瑛宗的小說可知，兩人皆把「南方」當作一個外部視角，藉此形成另一種反視自己（台灣）內部問題的參照；「南方」也因此成爲刺激知識份子自我觀察與辯證，形成新世界觀和人生觀的對象。「南方」，象徵著新的憧憬或意欲，承載突破現實的方案或夢想，是來自「我」累積台灣社會中的挫折與個人對自我反省、否定之後，所促發的一種超越現實與瓶頸的「精神投射」。龍瑛宗從未點出具體的「南方」，因此這篇小說的「南方」看似「呼應當下時局的色彩」的地緣空間，卻又帶有龍瑛宗「貫穿其向來思考人生的課題」的意義指涉，可見「南方」究竟是具體的空間，還是精神救贖的空間？其實存在著論述的開放性。若將這樣的「南方憧憬」作爲一個思考的契機，「南方」寄託著的並非只是一個地理的位置而已，其實也寄寓著一種精神象徵的台灣之實現。本書下一章便要以龍瑛宗爲中心，探問促使龍瑛宗帶有不同「南方」思考的原因何在？他對「南方」這一符號所「萌生想像的契機」，以及他筆下投射「憧憬」的符碼──「南方」，究竟有什麼具體的內涵？

附表一〔註83〕

時　間	南進論的政策方針 對台建設的影響	帝國的「南方」之重點地域
1895 年～1917 年 第一次世界大戰 結束	將台灣劃入日本的經濟圈，將既有的經濟條件進行整編，統一在以總督府為中央集權體制底下。排除其他國家在台灣的勢力與貿易關係。此時以整編台灣內部經濟、交通條件為主。	相對於「北進論」，以經濟、商業性質為主。地域空間是以南支那（福建、廈門）為目標。並意圖借由台灣與當時南支那一衣帶水的文化社會關係，繼續尋求經濟交涉的重要命脈。
1917 年～1930 年	扮演南洋與日本各種間接性的角色，如「轉口貿易」，或在台設立「情報機關」取得南洋情報來源。擴大台灣企業負責辦理日本對南洋與華南等的貿易活動，如「華南銀行」。	1919 年成為委任統治領土，是為「內南洋」。帝國先是以亞細亞主義建立起金融經濟的「南方共榮圈」。 1930 年代的南進論，還不具「國策」色彩，對南洋的重點在於調查產業、制度、社會、培養經營南洋的專業人才。
1930 年以後	政治軍事改造日本經濟體制，欲達成由日本主控的東亞經濟圈。台灣原是以米糖強調「自給自足」，1930 年代轉而發展農產品加工（軍需工業）。日本帝國以新重商主義，強調對於圈內經濟徹底的控制，藉由發動戰爭將經濟上的工業化和行政權的擴張結合，也就是「軍財官複合體制」。	1936 年，「南進論」更確立為「國策之基準」。台灣成為日本國境的邊防。「南進」轉而以「南洋」為主，包括今日太平洋群島。 而在帝國的視線中，廣義的「南方」，包括 1939 年日人獲得「新南」（南沙）群島做為殖民地，1940 年的海南島、新加坡（便是以昭南島命名）。佔領南方以南的位置，也使得不斷發展的「南進論」推進到了地域範圍與解釋性的極限。廣義的南方，是指包括菲律賓、佛印、泰國、蘭印、佛領紐西蘭、香港、英領北婆羅洲、澳洲、新加坡、英領印度、馬來半島、爪哇等、廣東、汕頭、廈門、海南島等。

〔註83〕表格整理，參考林繼文著，《日本據台末期（1930～1945）戰爭動員體系之研究》，台北：稻鄉出版社，1996 年 3 月。中村孝志著，卞鳳奎譯，《中村孝志教授論文集：日本南進政策與台灣》，台北：稻鄉出版社，2002 年。

第三章　龍瑛宗「南方憧憬」的文化思考

　　前一章我們討論日本帝國所推動的「南進論」歷史背景，繼而討論同時代的兩位重要作家呂赫若與龍瑛宗小說中相關「南方」的主題。提出「南方」帶有知識份子在檢討台灣內部的文化和個人內部的精神問題後，對期許自身精神內涵提升的投射。本章試圖指出，龍瑛宗對「南方」的憧憬，是一種認知台灣「文化」的模式。這個思考模式是以文學為本位，並且期以文學作為「媒介物」，思考台灣一地成為文化社會的想像。

　　首先，本文探討為何龍瑛宗會將自身思考「文化」與符號「南方」作結合。目前學界不乏研究帝國日本當時基於政治目的，而在文藝政策方面鼓吹或散佈「建設南方」的口號，這個語境是研究龍瑛宗思想模式的重要基礎。其次，學界已有林巾力、蔣淑貞兩人分別提出龍瑛宗的「南方觀」。本文除了與兩位前行研究的累積對話，還將提出龍瑛宗的「南方」，包涵受到當時重要的藝術評論家——丹納（Hippolyte Taine，1828～1893 年）的「藝術哲學」之啟發，藉此解讀他以創作者的立場作為前題，表現個人作品中的「南方想像」，亦即是其「南方憧憬」的「再現」。

第一節　「南方憧憬」的思考：談龍瑛宗的「文化觀」

　　本小節將藉由前行研究者的討論，探討「南方」這一符號在時代歷史背景的政治意涵與象徵意義。基於帝國主張「振興地方文化」的政策，龍瑛宗個人也曾發抒出對提升「南方文化」的認同。可以說符號化的「南方」，其背後帶有一股知識份子對建設抽象的「台灣文化」之理想。特別的是龍瑛宗不

僅以廣泛的「文化」作訴求，他也以一種認識「文化」的原理作爲基礎，因此「南方」雖然是被「理想化」、「未來化」、「憧憬化」的「台灣」，但是，卻也是具有一種內涵架構與思維脈絡的「台灣」，以下將予以具體說明。

一、戰爭期「南方」的語境與「文化」的思考模式

南進論甚囂塵上的社會背景下，1940 年代台灣文壇進入一個新階段〔註1〕。根據柳書琴在〈帝國空間重塑、近衛新體制與台灣「地方文化」〉一文〔註2〕，指出 1940 年代存在於台灣文壇背後的角力，包括「大政翼贊運動所主導的『地方文化振興運動』、1930 年代中期以後浮現的在台日人文化意識，以及挪用翼贊文化論述而獲得生機的本土文化運動，三者交相促進的結果。」，可以說戰爭期的台灣文壇，在官方文化政策與民間文化人理念交互競合的作用力當中，興起一股「地方文化」論述，帶動了本土文學之復甦〔註3〕。

有關這股復甦現象研究者指出，帝國由於戰事擴張，而逐步地意識到需要對殖民地人力進行編制，使得「帝國──殖民地」位階縮小的效應。帝國承認台灣的「外地化」，而台灣也因此淡化了「殖民地」的邊緣關係。這影響到戰時台灣作家或文化工作者在參照作爲「帝國下的一個地方主體」，重新想像「台灣」在「大東亞」中的位階。在地緣的概念下以「特殊的地方──南方」，作爲重新認知台灣在帝國日本國境的重要位置。研究者認爲在這樣官方文化政策與民間文化人理念交互競合的作用力當中，「台灣」不再是歷史語境認同的依歸，在此時期「地方」、「南方」成爲「大政翼贊運動」推動下「台灣」的另一種命名〔註4〕。

誠如柳書琴所言，正因爲這時「大政翼贊運動」對殖民地文化政策有了

〔註 1〕 相關戰爭期台灣文壇的論述，可參考論文：柳書琴，《戰爭與文壇──日據末期台灣的文學活動（1937.7～1945.8）》，台灣大學歷史系碩士論文，1994 年 6 月。井手勇，《決戰時期台灣的日人作家與「皇民文學」》，台南：台南市立圖書館，2001 年 12 月。李文卿，《共榮的想像──帝國日本與大東亞文學圈（1937～1945）》，台北：稻鄉出版社，2010 年 6 月。

〔註 2〕 柳書琴，〈帝國空間重塑、近衛新體制與台灣「地方文化」〉，收錄於吳密察策劃，柳書琴等人著，《帝國裡的「地方文化」──皇民化時期台灣文化狀況》，高雄：播種者出版有限公司，2008 年 12 月，頁 1～25。

〔註 3〕 柳書琴，〈帝國空間重塑、近衛新體制與台灣「地方文化」〉，頁 3。

〔註 4〕 柳書琴，〈帝國空間重塑、近衛新體制與台灣「地方文化」〉，頁 13。

開口，因此，「台灣」、「地方」或「南方」這些符號的意義，承載了不同空間立足點與地緣關係的視線。我們也可以說，解析這些符碼如何在多重視野產生和存在，便能指出龍瑛宗以「南方」之名登場相關觀念性的「台灣」或謂「台灣性」的思考。

　　若是翻看戰爭期台灣的重要報紙，如《台灣日日新報》、《台灣時報》等，可以發現「南方」作為一個醒目的字眼和符號，散佈在各種訊息、情報、新聞資料的書面當中。從文藝活動的面向來看，「建設南方文化」的聲浪也成為同時代特殊的「關鍵詞」。比如，北原政吉發表〈芝山巖精神——南方文化建設之道〉一文〔註5〕，全文主要介紹的是日本領台初期，同伊澤修二來台興辦教育的老師們——「六氏先生」〔註6〕，以他們為殖民地教育事業而殉身的事蹟，以此寄望台灣人能夠成為日本以教育同化的「國民」，共同朝向所謂「興亞新秩序上的一致協力，往南方文化邁進」，在台日人汲取帝國以教育推動殖民地的「現代化」的經驗，作為合理化帝國南進欲望與動機。此外，1940年代第一本集結島內日、台作家的雜誌《文藝台灣》其創刊號的「後記」，也特別標榜：「和台灣的島民各位與共，以真摯的鑽研態度有決心以期邁向南方文化的建設。」〔註7〕。這些都可以看出1940年代初期，「南方文化」的聲浪是關於以島內的情境與文藝推動為主，並且也吸引到過去鮮少注目台灣島內文學發展的在台日人文學家。邱雅芳〔註8〕曾以「南方系譜」研究在台日人對「南方的想像地理」，她指出「沒有台灣，就沒有南方」，對帝國而言這是一個以日本為中心的座標，逐漸貼近日本帝國主義論述下的各種類型。而以日人為主的文本當中，符號的「南方」更是權力的敘事展現。

〔註5〕　北原政吉，〈芝山巖精神——南方文化建設之道〉，《台灣日日新報》，1940年2月1日。

〔註6〕　六氏先生是指日本初期領有台灣時，當時日人伊澤修二被任命來台辦理初期「同化」方針的教育政策，當時一同前往的六位老師。不過，在1896年1月1日這六位日本籍小學老師在台北芝山岩附近遭台北兵勇殺害。之後，於1929年日人興建芝山巖神社祭祀該六位老師，並於每年二月一日舉行祭典。

〔註7〕　〈後記〉，《文藝台灣》第1卷第1號（創刊號），1940年1月1日。相關研究請參考林慧君，〈「南方文化」的理念與實踐——《文藝台灣》作品研究〉，《台灣文學學報》，第19期，2011年12月。研究者考察1940年代以來《文藝台灣》共38期的編輯理念與作品，認為該雜誌在帝國日本南方文化政策下，其「南方」侷限在「台灣」，但是其標榜的「台灣的文化」，並非是台灣的本土文化，而是作為帝國版圖中南方區域的文藝而存在。

〔註8〕　邱雅芳，《南方作為帝國慾望：日治時期日人作家的台灣書寫》，國立政治大學中國文學研究所博士論文，2008年。

> 台灣與日本的關係，原本就是權力、支配和殖民者系統的複雜交錯
> 關係。他們的南方敘事都是日本對台灣權力施展的符號展現。不論
> 是 1910 年代的竹越與三郎、中村古峽，1920 年代的佐藤春夫，或
> 者 1930 年代的中村地平、眞杉靜枝，都以內地作家的身分留下具有
> 繁複意象的南方敘事，……在西川滿陰柔美的文學表現下，南方也
> 成爲一個頹廢而充滿魅力的所在。必須要到戰爭期之後，西川滿才
> 著手進行戰爭文學的書寫計畫。1940 年代由西川滿主導的《文藝台
> 灣》，成爲外地文學的實踐場域。〔註9〕

文學書寫以外，論者也提醒我們在決戰期之後，日本帝國論述所指涉的「南方」，
在日本人心中成爲一個鮮明的「戰爭符號」。無論是作品中以描寫「南方」爲一
種浪漫的情調、歷史的敘述，若從「後殖民批判」的立場來看，其實都與帝國
南進論高度的重疊，是爲「帝國的強大意志」的一部分，而在地理的意義上「南
方」則是歷來的日人，在繼海外台灣後，「漫漶」的帝國疆界之想像〔註10〕。

那麼身處台灣的本島人知識份子，又對「南方」進行什麼樣論述的想像？
李文卿從「大東亞共榮圈」的歷史背景切入，指出此時期該體制產生具有超
越種族而組合台灣等亞洲各國的共同體架構，減弱了日本獨大的印象，在文
化方面，台灣知識份子產生了在日本東亞框架底下的台灣之「文化想像」：

> 即台灣可有從邊緣的南方一隅之存在往帝國中心流動的可能性，藉
> 著可能在大東亞建造的空間裡展示台灣，與亞洲各國，各處形成一
> 種新組合，上承古典的東亞文化思維，包括了漢字、儒教、律法等
> 從中國傳至東亞的各種共同文化，下啓未來的東亞開創任務，作爲
> 南進基礎，完備「大東亞共榮圈」的需求。〔註11〕

可以理解的是這種「共同文化」，所銜接的無非也是各種藝術途徑與「台灣文
化」振興的關係，本身是殖民地台灣出身的龍瑛宗，也曾多次疾呼「建設南
方文化」的期待，「愛好南方文化者一致希求上述各雜誌能夠在質上資助南方

〔註 9〕 邱雅芳，《南方作爲帝國慾望：日治時期日人作家的台灣書寫》，頁 302。

〔註10〕 同上註，論者研究中多次指出對日本帝國而言「南方」所涵蓋的範圍，原本
是模糊未明。到了明治中期至大正時期則是以台灣爲主，而昭和時期以降，
中日戰爭爆發後逐漸開始膨脹。決戰時期的南方概念，「**已經不再是點或線的
單獨地區，而是向外張開的大東亞版圖**」，也因此是爲一種作家對帝國疆界一
種「地理想像的漫漶」。

〔註11〕 李文卿，《共榮的想像——帝國日本與大東亞文學圈（1937～1945）》，台北：
稻鄉出版社，2010 年 6 月，頁 126。

文化，且使其能夠正常發展」〔註12〕、「共同為『南方文化』努力」〔註13〕、「我熾烈的希望，能有個具有更深人格和學識的才士出現，並為台灣、為台灣的文化、顯揚燦然南方文化真價值。」〔註14〕。「南方」扣合在「為台灣的文化」思索，明顯是作者對「台灣」在時空重塑下的一種別名，其呼告展示著意欲提升文化在地化的發展。

不過，文化與戰爭目的，有不容忽視的意識型態關連性。研究者陳偉智的論文〈戰爭、文化與世界史：從吳新榮〈獻給決戰〉一詩探討新時間空間化的論述系譜〉一文，提到日治時期兩次大戰作為世界史的重要事件，皆觸發台灣知識人對戰爭的思考，並且「以作為『世界史的』歷史性時刻，在這樣的歷史契機中，思索著台灣在歷史當下的狀態。」，「文化」在當時成為一個相對於政治、經濟等其它社會基本範疇的獨立領域，而能突破這樣歷史狀態的嘗試。但他以吳新榮的詩作為例，提到他將「戰爭開啓的歷史契機跟『新文化的創造』聯結在一起，進一步顯示『文化』不單只是戰爭動員的手段，更是戰爭的目的，一個具有時間意識自覺的新歷史階段的創造。」〔註15〕，雖然筆者在第二章曾強調本書要特別聚焦在龍瑛宗的文學目的，但是不可否認龍瑛宗對時局的發言中，也出現強調文化與戰爭的關係，在〈台灣文學展望〉〔註16〕一文中，他提到：

> 曾有戰爭會使文化荒廢的說法，這已經只不過是舊的一種觀念。或許，戰爭消滅了舊文化，但它同時也誕生了新文化。尤其戰爭的本身在進化，武力戰雖為主體的地位，但還包含了經濟、宣傳、文化

〔註12〕龍瑛宗，〈一段回憶－文運再起〉，《台灣新民報》，1940 年 1 月 7 日。引文出處《龍瑛宗全集（中文版）》（評論集，第 5 冊），台南：國立台灣文學館出版，2006 年 11 月，頁 20～22。

〔註13〕龍瑛宗，〈對台灣文化界的待望〉，《台灣藝術》第 2 卷第 1 號，1941 年 1 月。引文出處《龍瑛宗全集（中文版）》（評論集，第 5 冊），台南：國立台灣文學館出版，2006 年 11 月，頁 75。

〔註14〕龍瑛宗，〈道義文化的優位〉，《台灣文學》1943 年 1 月 31 日。引文出處《龍瑛宗全集（中文版）》（評論集，第 5 冊），台南：國立台灣文學館出版，頁 112。

〔註15〕陳偉智，〈戰爭、文化與世界史：從吳新榮〈獻給決戰〉一詩探討新時間空間化的論述系譜〉，韓國臺灣比較文化研究會著，柳書琴編，《戰爭與分界：「總力戰」下臺灣・韓國的主體重塑與文化政治》，聯經出版社，2011 年 3 月，頁 9～10。

〔註16〕龍瑛宗，〈台灣文學的展望〉，《大阪朝日新聞》，1941 年 2 月 2 日。引文出處《龍瑛宗全集（中文版）》（評論集，第 5 冊），台南：國立台灣文學館出版，2006 年 11 月，頁 79～81。

等，文化並非無用的長物。甚而由於現代戰的特質是科學戰，而且
科學的地盤是廣泛的文化，故必須提升一般文化。〔註17〕

龍瑛宗思考戰爭對人類或社會發展的辯證性，認爲戰爭是消滅舊文化與創造
新文化的契機，而對於戰爭「本身」的理解，龍瑛宗卻也出現既是手段又是
目的的利用。正如在 1942 年龍瑛宗發表〈新文化的建設〉〔註18〕一文，在當
時政治氣氛濃厚的時局，龍瑛宗對文化的憧憬帶有以日本爲主唱的「一體精
神」，強調的是民族結合而爲一，同甘共苦，否定英美文化，宣誓了「新亞細
亞文化」的復興。從下列這段話可以看出：

全亞細亞的作家，在文化的部門上非宣揚八紘一宇之精神不可。並
且要把八紘一宇的精神光被（按：披）全世界不可。何以故？因爲
以日本爲主體的亞細亞民族，就是要指導今後世界的民族。

亞細亞民族的動向，將會左右今後的世界史。所以亞細亞民族的動
向總是帶有世界史之意義。問題的重點就在那裡。〔註19〕

在文化的範疇底下，龍瑛宗在文學的領域又強調「文化有頹廢的文化與健康
的文化」，一來顯示了「文化」的雙面性，二來糾正了「外地文學」的異國
情調，強調台灣應該有的是「拋開非生活性，朝向健康生活者之文學前進」
（〈台灣文學展望〉，頁 81）。龍瑛宗實際的發言與批評，呈現了他在文學的
位置上，對台灣文化提出展望，並以文學面對台灣在「時空重塑的機會下」
突破歷史狀態。在無法否認有官方設定的論述參雜下，本文試圖從「一個光
譜的位置」提出龍瑛宗對台灣文化的思考。光譜的兩端，一端是帝國設定「亞
細亞主義文化」藍圖的論述，<u>一端則是龍瑛宗個人從本身既有的認知脈絡，
將台灣文化（既有的與未來的）作一客體化的理解，並且描摹其個人對「文
化是什麼」的藍圖想像與冀求願景</u>。而後者毋寧是我們的論述目標。

二、失落與憧憬的「南方」：談龍瑛宗的「文化」概念

龍瑛宗曾在 1937 年發表〈台灣與南支那〉〔註20〕一文，認爲台灣「文

〔註17〕龍瑛宗，〈台灣文學的展望〉，頁 79
〔註18〕龍瑛宗，〈新文化的建設〉，《文藝台灣》第 5 卷第 3 期，1942 年 12 月 25 日。
　　　　引文出處《龍瑛宗全集（中文版）》（詩・劇本・隨筆集，第 6 冊），台南：國
　　　　立台灣文學館出版，頁 222～223。
〔註19〕龍瑛宗，〈新文化的建設〉，頁 223。
〔註20〕龍瑛宗，〈台灣與南支那〉，《改造》（南方支那號），1937 年 12 月 16 日。引文

化」乃相對於「日本」和「南支那」主要原因是日本統治的殖民歷史，早已使本島的年輕人對其祖輩的「原鄉」，有了不同於全然漢文化或漢人集團的群體關係，出現時間和空間脈絡認知的變化。比如，在空間上，他認為對殖民地的人民而言，原本一衣帶水的原鄉（福建、廣州）交通，因為不再容易出入而有所隔閡。原本祖父輩生活的原鄉空間之特色，包括風俗、習慣、語言等等，在台灣有了適應或改變，進而成為當下台灣可辨識的傳統文化。另外，在時間上，他認為本島人原本繼承血源的歷史時間，但本島人的「文化繼承」或說文化發展卻已不得不承認乃是受到日本文化的培育而來，並且足以產生接軌當時西方國家藝術發展脈絡的成就。尤其他以美術（包括繪畫、雕刻）已能夠參加帝展、以及音樂上有如江文也，進入世界文化的表現成就和當下台灣學校教育的現況，思考到本島人可以創造出「以富於台灣鄉土味的作品」（頁 125），立足於當時內地或世界舞台為例。不得不詬病的是龍瑛宗在這篇文章中，缺乏了批判日本帝國對台灣「殖民地」進行政治、教育、文化等自主性的扼殺，從殖民近代性的角度，成了一種「政治無意識」的認知。但是，從本島人的「特殊性」來看，龍瑛宗的認知，卻產生一種時間和空間重新被架空與裝置的「本島人」。所謂的「本島人」在於歷史時間與地理空間的經緯，與「南支那」的關係因為歷史現實（殖民地統治）而無法再完全連接當下（台灣）社會集體或文化發展的關聯；而「日本」又因地理的「氣候風土」之差別，因而無法成為客觀上與台灣環境連體的關係。在文化時間的脈絡（斷裂）與實體空間的連體（差異），產生認知「本島」、「台灣」乃是一個發展出「獨特性」、「相對性」的「時空之存在」，並且自有其發展的趨向，他言：

> 台灣具有不同於日本，也不同於南支那也沒有的台灣獨特的氣候風土；這在使台灣逐漸脫離南支那樣式的同時，另一方面，或許在孕育台灣自然條件的獨自性格之下，台灣的生活樣式或文化，都會在時代裡被整頓而趨向合理化下去吧。〔註21〕

龍瑛宗從台灣空間具有的生活樣式、地理條件與殖民地統治思考的判斷，認知到台灣相對於南支那和日本的獨特「文化」發展。不過，「氣候風土的特殊性」也同樣地影響到龍瑛宗解釋台灣「文化」的概念，這個部分前行研究者

出處《龍瑛宗全集（中文版）》（詩·劇本·隨筆集，第 6 冊），台南：國立台灣文學館出版，頁 119～126。
〔註21〕龍瑛宗，〈台灣與南支那〉，頁 125。

林巾力和蔣淑貞都有其各自探討的地方。

　　林巾力以龍瑛宗單篇評論〈熱帶的椅子〉（1941.4）一文爲例認爲龍瑛宗具體的「南方」觀點是一種「現代文明分佈圖」。

> 他將「自然」與「文化」進行概念上的對立二分，並且以地理方位的「南」與「北」作爲文化榮枯更迭的座標。龍瑛宗認爲，「南方」雖然曾爲文化的發源地，但現今已被「北方」取代，而成爲文化落後的區域。〔註22〕

林巾力在此架構，認爲龍瑛宗加以解釋的台灣是一處讓人印象豐饒自然的「南方」，卻也是令「非南方」的作家，前來尋找藝術題材之地，因此龍瑛宗以「南方」自喻下「則是更形突顯出『南方』主體性的闕如」。此外，她認爲龍瑛宗可能是受到孟德斯鳩等西方「風土」論述的思潮影響，對「熱帶」這一個地理條件感到悲觀〔註23〕。研究者蔣淑貞提到龍瑛宗的「南方」具有兩面性〔註24〕：一、是它代表豐潤的生命場所、也是人類的起源，但卻在文明的進程中，被標誌爲落後，而要急起超越。；二、「南方」是龍瑛宗心中美麗的世外桃源，他嚮往著那裏有一種「未知的幸福」。而兩個南方觀，則又似乎顯示了龍瑛宗並存著「藝術爲人生」與「藝術爲美」的文學觀。兩位前行研究者皆點出，龍瑛宗對台灣在地文化的發展，有一種身處「南方」＝「熱帶」的焦慮和悲觀，不過，他在隱晦地批判政治黑暗下，仍是以積極的「期望發展」與「創造文化」期勉「南方」的文化發展與生產。

　　因此，結合時代的政治語境與前行研究對龍瑛宗「文化」概念的分析，可以發現龍瑛宗對「南方」的憧憬，具有時代中知識份子以「提升文化」進入世界的思想模式，也有其認知台灣本身「地理方位」所象徵的條件。簡言之，龍瑛宗同時思考著理想的文化狀態與落後的文化狀態。龍瑛宗從客觀的風土條件，認知台灣有其「獨特」的自我位置，可以辨識台灣與日本、南支

〔註22〕林巾力，〈南方·異國情調──以西川滿與龍瑛宗的詩作爲討論中心〉，《戰鼓聲中的歌者──龍瑛宗及同時代東亞作家論文集》，2011年6月，頁67。

〔註23〕林巾力，〈南方·異國情調──以西川滿與龍瑛宗的詩作爲討論中心〉，頁73。論者認爲：「在龍瑛宗的隨筆當中，『南方』──或更具體的來說是『台灣』──就像一把『熱帶的椅子』，那是一把惰性的安樂椅，使肉體陷入，讓精神荒廢。儘管在『南方』的沃土裏『自然』永遠像女人一般的豐美，但『文化』卻是在處在永恆命定的衰頹與無力之中。」。

〔註24〕蔣淑貞，〈龍瑛宗的「南方」觀〉，《戰鼓聲中的歌者──龍瑛宗及同時代東亞作家論文集》，2011年6月，頁30。

那有其「差異」；此外，又在主觀的「理想狀態」的有無，認定台灣乃是「落後」於現代文明中的「他者」，以此判斷台灣與文明的代表——北方日本或西方文明的「差距」。顯然，龍瑛宗所理解的「台灣」乃是存在於以「文化」為前提，但是將「台灣」放置在不同條件（地理位置座標、理想文化有無）的相對性，加以觀察。因此，使得「南方」是為抽象且因不同參照條件而有所變化，成為至少有二種認知路徑的「台灣」。1、是因自認有差異於（他者）的獨特條件而感到（南方）有被實現特殊性的「憧憬」；2、是因他者而辨識自身（南方）有差距感而認定自身的「落後」。而從龍瑛宗在〈熱帶的椅子〉一文呼告地說：「應該朝向文化，這是當然的，但沒有文化的高揚就沒有生產方式的改革，生產方式停滯意謂著文化的停滯不前」（頁 185）、「就算我們周遭悲觀論很多，有苛酷的條件，我們還是得一邊苦悶著，一邊去創造新文化。」（頁 187）。龍瑛宗一來思索創作環境條件，二則以態度追求理想實現的過程，或許正是一種以「差異性」作為創造台灣文化的條件，且企圖以提昇文化的創作與世界接軌，並且改變差距的概念。

此外，這個「理想的憧憬」雖然是相對於「北方」而來，象徵當時西方文明，以及學習歐陸文化的日本，但是並不代表龍瑛宗將北方視為「文化」絕對的宗主國，龍瑛宗自 1939 年就秉持著「不能只是作為內地詩壇的追隨者，詩人必須擁有各自的獨特風格，希望能夠致力於可稱為台灣處女地的文學資源之開發。」〔註25〕。本書第二章已先行介紹龍瑛宗的文學目的，正是他創造台灣文學在不失特殊性，又能以觀念性的內涵接軌於當時世界的文化思想脈絡。那麼如何理解這裡面憧憬「南方」以及實現憧憬的狀態，筆者以為需要從他的思想資源和各種實踐找到理解的路徑，以下便具體提出「南方」的架構與內涵。

三、龍瑛宗的台灣「文化」：一個「認識論」的角度

綜觀龍瑛宗的評論，他曾提問過「台灣文化是什麼？」，在〈作家與讀者〉〔註26〕一文中他曾言：

〔註25〕 龍瑛宗，〈台灣詩人協會——兩三個希望〉，《台灣新民報》，1939 年 9 月 13
　　　　日。引文出處《龍瑛宗全集（中文版）》（評論集，第 5 冊），台南：國立台灣
　　　　文學館出版，2006 年 11 月，頁 18～19。

〔註26〕 龍瑛宗，〈作家與讀者〉，《台灣藝術》，第 4 卷第 10 期，1943 年 10 月 1 日。
　　　　引文出處同上。引文出處《龍瑛宗全集（中文版）》（評論集，第 5 冊），台南：

> 迄今，台灣到底有沒有文化或文學呢？如果有的話，已發展到什麼
> 階段呢？到底「何謂文化？」「何謂文明？」這些問題必須回歸到普
> 遍性、根本的問題上，從那裡再出發，然後追溯到台灣這個特殊的
> 問題上。〔註27〕

關於台灣文化的問題，龍瑛宗回到了更「普遍性」、「根本」的提問，他所呈現的認知型態，可以分作兩點：一、是他以「認識論」思考「文化」的原理，二、是他思考構成「文化」的原理之條件，也就是「人」在「文化」中的角色。關於第一點，他以閱讀康德著作的《純粹理性批判》之觀點做闡述，他說：

> 吾人並非認識物其自身存在，只不過是認識了透過名叫時空的主觀
> 之媒介物而出現在吾人面前之物。吾人所認識的，並非是物自體，
> 而是現象。〔註28〕

他思索的是從康德以前的哲學家，以超越人類所擁有的時間性與空間性，「嘗試去認識物的自體＝亦即本體」（頁 125）。他以「文學」作爲例子，視具體的文學經典作品是爲「文化」具有實存的本體，且以日本紫式部的《源氏物語》與德國歌德的《浮士德》堪稱兩國重要的文學經典爲例，認爲它們的「存在」是所謂「時空的主觀之媒介物」，其各自繼承了一地「所謂文化傳統時間性與所謂文化社會的空間性」（頁 126）。龍瑛宗以認知這兩本著作體現的「現象」，是所謂帶有作品的存有／傳統的時間性／社會的空間性這三項所構成。換句話說，龍瑛宗認爲有物質本體的「文學作品」，乃是貫穿「時空」的媒介物，在抽象的「時空」進而累積爲一地社會的文化傳統，並且發酵爲「（低或高的）文化」誕生〔註29〕，而他也強調文化有低或高的變化進程。龍瑛宗說：「（文化）這個東西是累積時間與空間性而產生的。而且高水準的文化，需要永久的時間性與高密度的空間性來發酵。」（頁 126）。

從「時間性」來看，龍瑛宗以康德的著書《純粹理性批判》作爲「現象」的例子。首先，他認爲此書是「繼承」傳統的文化時間，也就是繼承於哲學的發揚地——德國而來的著作；這個作品的流傳，則需要「因循、繼承前人的學

國立台灣文學館出版，2006 年 11 月，頁 124～128。

〔註27〕龍瑛宗，〈作家與讀者〉，頁 124。

〔註28〕龍瑛宗，〈作家與讀者〉，頁 125。

〔註29〕龍瑛宗，〈作家與讀者〉，頁 127。龍瑛宗原文寫「在文化程度低的地方，就創造出文化價值低的作品。而在文化價值高的地方，就創造出文化價值高的作品。」

說，或給予否定或肯定，祖述發展」（頁 126）。也就是說，這本書的誕生是創作者（作家）身上有一個傳統社會的「繼承」。使創作在對傳統的辯證、否定或肯定後，得到前人祖述發展的「因循」；除此之外，此書還必須要作為時間現象的「延續」，簡言之就是對一地社會具備累積、發酵「文化」的媒介作用。意謂著，龍瑛宗特別關注的是，理想的「作品」是其自身帶有所謂「文化」時間性上帶有包括過去、現在、未來的狀況，是為（作家）繼承前面文化而生，並作為一個受（讀者）閱讀的本體，進而成為一種延續（文化）傳統的存在。從「空間性」，他強調的是社會主體或說閱讀環境的主體乃是「讀者」，讀者是需要與作家、社會共同作為文化創造的有機體之模式〔註30〕。這個機制的可行，在於印刷術傳遞了文字記錄，他在〈回顧與內省〉〔註31〕一文中，曾言：

> 也就是為了記錄行為、傳達行為，人類才需要語言，才創造了語言。
> 為了擴大並確保那些用來表達人類行為的時間性和空間性，才有文字的必要，才創作了文字；加之為了擴大強化文字的空間性才產生了印刷術。〔註32〕

文學作品因為印刷術，得以成為實體並且「超越時空」而存有，這也是我們可以理解到文學作為「一個時空的媒介物」之意思。而在原文〈作家與讀者〉的文章中，龍瑛宗討論的是這個本體可被閱讀的存在，他強調的是一地時間也是空間的讀者——社會主體的存在，作為文化創造的有機體之模式〔註33〕。他以讀者、作家、社會（尤其是讀者）作為能夠具備文化教養而促進文學作品誕生的對象。換句話說，是以「文學」作為接觸的有機關係，組成一可以超越時間與空間的文化體。他期勉空間中的讀者是以自我提升、自我修

〔註30〕龍瑛宗，〈作家與讀者〉，頁 126。
〔註31〕龍瑛宗，〈回顧與內省〉，《台灣藝術》，第 4 卷第 12 期，1943 年 12 月 1 日。引文出處《龍瑛宗全集（中文版）》（評論集，第 5 冊），台南：國立台灣文學館出版，2006 年 11 月，頁 136～141。這篇文章開頭以先肯定後否定的方式，訴諸自己對報導文的「感動」，並非來自表面的報導。而是對於在於文章背後的行動而「感動」，這個地方可以看出龍瑛宗的目的是為了討論「作家」本身的養成與「教育自己」，龍瑛宗反對為美辭學而美辭學的文章，認為作家若是不進行個人反省、克服為人的苦惱，那麼即是一位「不管他寫出的東西如何煞有其事、如何羅列英勇事蹟，也不會讓很多讀者得到感動的吧。」筆者認為這篇帶有時局之語的文章，其實也透露著龍瑛宗不斷以「作家」誠實的面對文學的履行，思考文學真正的涵意。
〔註32〕龍瑛宗，〈回顧與內省〉，頁 136。
〔註33〕龍瑛宗，〈作家與讀者〉，頁 126。

養、批判地閱讀等，作爲累積文化與擔當「創造文化」的承繼者。這樣的思考使我們看到龍瑛宗將「文化」的想像，非常具體的放置在以文學作品爲媒介而得到時間、空間的人與物，「相互關係」下的「文化」構成與理想。

此外，「創造」作爲龍瑛宗對文學的期許，正是一個對「憧憬」所投射的時間觀。以龍瑛宗曾在〈文學應有的狀態〉〔註34〕一文來看，在戰爭氣氛底下他強調的是「未來」作爲塡補過去的失落，他言:「所謂的未來，是過去與現在穩定的發展及繼承」，並且這個「現在」是未來的一切母體，他也說:

> 因爲現在是未來的母體。名叫「現在」的母體，藉由肚臍這根紐帶，
>
> 與名叫「未來」的胎兒繫著。紐帶内血脈相通。〔註35〕

龍瑛宗對文學的信念是一個「存在」的時間，亦即創造附有未來性的「現在」，以此作爲未來的「過去」，文學必須要提供，予以社會時間性、空間性發酵的意義，以此累積作爲「未來的文化」之「過去的傳統」。在這當中龍瑛宗的「歷史」也就產生在「現在與未來的聯繫關係」，他言:

> 要談論未來，就要談論現在。
>
> 因此，問題在於如何創造更美好的現在。
>
> 如果將問題限定在文學上，那如何爲現在創造出更美好的文學，就變成我們的重點。爲現在創造出更美好的文學，就是爲未來創造出更美好的文學。
>
> 它可說是因果法則與歷史法則吧。因爲現在與未來之間流著歷史的血液。〔註36〕

以上論述可供我們認識龍瑛宗文學朝向一種「創造文化」的時間價值，是一種創造作品帶有標幟一地文化的社會其具有「過去、當下、未來」循環的時間意義。雖然，龍瑛宗曾在〈時間的嬉戲〉〔註37〕一文中說:「宇宙根本就沒

〔註34〕龍瑛宗，〈文學應有的狀態〉，《台灣婦人界》，第 10 卷第 10 期，1943 年 10 月 1 日。引文出處《龍瑛宗全集（中文版）》，台南:國立台灣文學館出版，2006 年 11 月。（評論集，第 5 册），頁 129～131。

〔註35〕龍瑛宗，〈文學應有的狀態〉，頁 129。

〔註36〕龍瑛宗，〈文學應有的狀態〉，頁 130。底線爲筆者所加。

〔註37〕龍瑛宗，〈時間的嬉戲〉，《文藝台灣》第 4 卷第 1 期，1942 年 4 月 20 日。引文出處《龍瑛宗全集（中文版）》（詩・劇本・隨筆集，第 6 册），台南:國立台灣文學館出版，2006 年 11 月，頁 219～221。原文他說:「所謂小説家就是以時間之絲來刺繡人生和社會的。／歸根詰底，人生是時間的嬉戲。由肉體和精神的堆積產生社會，而把時間賦予它的話，歷史就產生了。／所以如果

有時間」，甚至是一個人類優異的謊言，他認為社會是由會「生成、發展、衰滅」的肉體與附著在此的精神所組成，他說「肉體是在時間之中生成、發展而要衰滅的，同時附著於肉體的精神也是要在時間之中生成，發展而衰滅的。」（頁220）；但是，龍瑛宗個人的觀念並沒有使他「虛無化」，反而讓他在實踐「文學」與「文化」的承繼與延續關係上，思考時間的意義，那就是文學作品作為空間性的媒介物，本身即有時間的意義可以作為同宇宙無止盡的「時間性」。作品既是一個時代的時間，也是一個不同時代相對的時間，時間使得不同時代中的讀者成為建立在「文化」的集體關係。筆者以為，其實也是一種以創作一地「文化」帶有「永恆」的時間價值。

此外，龍瑛宗並不認為所有「文化」的存在是無差別，他談到文化程度高的社會產生文化價值高的社會，反之（低者）亦同。以此他提倡的是讀者需要以文化教養進行閱讀與批判，予以未來的「本體」有其作為社會關係的繼承。龍瑛宗將文學的創作視為一個文化體的「祖述」，並且助益發酵一個更未來而受惠的「本體」，實現一個繼承關係下，共有一文化累積與祖述傳統的「文化社會」。時間與空間這兩者的實現，得以作為一地社會以「文化」在那超越個體有限的肉體時空當中，被不斷存有的人類所承認。

龍瑛宗從一地「文化」具體的時間性與空間性來考量，他所思考的是具體的「文化社會」之實現，是從文學本身的作品生產與文學內涵的時間（永恆）意義作為延續一地文化傳統的認知，也藉由社會的人類進行此繼往開來的一體關係。而這樣的具體關係，使我們不僅是由口號上的「文化提升」來確認龍瑛宗思考的動機，也包含內部龍瑛宗如何「創造」文化，或說思索作者生產與一地社會讀者和繼起人類相互之間有永恆意義的文學。

四、小結

1940 年台灣文壇由於官方推動「地方文化」的政策，島內出現一股地方文化復甦的契機。「南方」由於帶有台灣知識份子感受到「時空重塑」的背景，是為台灣能夠擺脫以殖民地臣屬於帝國底下的屬性，並且以「文化」的模式思考未來台灣文化的出口。筆者將「南方」作為一種角度構思龍瑛宗思考文學與認知「台灣」的時空架構。學界既有的前行研究，林巾力與蔣淑貞不約

斗膽地說：歷史也不過是時間的嬉戲罷了。」。

而同地從「文化」概念提出龍瑛宗的「南方概念」，兩人對龍瑛宗可能從「風土」論述與西方文明的進程，思考關於台灣身處熱帶地理位置，因而有「文化落後」的失落感；雖然如此，卻又表現出以「文化提升」、「追求文化」作爲理想。兩人的概念對筆者的思考啓發甚多，本文則再具體提出龍瑛宗以「文學」作爲累積「文化」，並以語言符號作爲時空「媒介物」之特質。強調文學作品應利用文字的印刷術，以涵蓋祖述的繼承、社會（讀者）辯證的揚棄、思考當下與未來之創作等三個要素，成爲一地過去與未來的人，共同創造的有機體。龍瑛宗曾有批評「台灣沒有文化的傳統」這一認知的侷限性，不過從創造文化這點來看，他所架構的時空卻不失爲立足在一地空間社會，而期盼一個以「創造文學」累積文化祖述傳統的「南方」理想。以下繼續深入龍瑛宗文學觀中關於創作的思想內涵。

第二節 「創造文化」的憧憬：談龍瑛宗的「文學觀」

龍瑛宗在戰爭期對台灣文化的思考充滿積極度，「南方憧憬」更代表龍瑛宗在主觀心理的認知當中期待與想像「台灣」，成爲一個文化社會的模式。龍瑛宗在戰爭期最爲具體的文化實踐，無非是其文學。1940 年代龍瑛宗雖側身在以在台日人爲主的文藝集團，對文學仍有自身的觀念，本小節將以兩點做釐清：一、龍瑛宗的「文學體」想像；二、論龍瑛宗文學觀中的「美」。

一、龍瑛宗的「文學體」想像

戰爭時期「台灣文學」由於時間的斷裂與文壇的重組，有不得忽視的變異。研究日治時代台灣文學史的蔡美俐曾認爲「如果説『命名』是一種身份的確認，那麼『命名』的過程就是台灣文學主體建構的歷史。」〔註38〕。從這點來看，在 1941 年 5 月以張文環爲主所凝聚的《台灣文學》則別具歷史的意義，他使得自 1930 年代以來，「台灣文學」的發展得以再有一個共同的園地，並且繼續獲得深耕。所謂的深耕，有如 1941 年 9 月黃得時在此發表的〈台灣文壇建設論〉〔註39〕一文強調台灣作爲「地方文化」的發揚，他以

〔註38〕 蔡美俐，《未竟的志業：日治世代的台灣文學史書寫》，國立清華大學台灣文學研究所碩士論文，2008 年，頁 38。

〔註39〕 黃得時，葉蓁蓁譯，〈台灣文壇建設論〉，《台灣文學》，1941 年 9 月。引文出處《日治時期台灣文藝評論集（第 3 冊）》，黃英哲主編，台南：國家台灣文

廣泛的「提昇發展台灣的全般文化」（頁164）作爲訴求，強調：

> 文化機構的重新組成，涉及科學、宗教、道德等範圍甚爲廣泛，其
> 方法更是複雜多樣的，但是其根本的嚴肅理念，必須絕不是遊戲性
> 的，而是建設性的，不是消費性的，而是生產性的，不是個人的，
> 而是國民的，不是中央集權的，而是地方分散的。所謂文化的地方
> 分散，換句話說就是地方文化的確立。〔註40〕

黃得時其後關心〈輓近台灣文學運動史〉與書寫「台灣文學史」的動向〔註41〕，
可以看到他已經採用「史」，試圖連結台灣文學運動的脈絡，誠如蔡美俐所言
是「以台灣爲文學場域、以本土作家爲主體」，以「加法」的關係融入外來的
「他者」，再加以辨識他們在「台灣文學史」的程度〔註42〕。相形之下，龍瑛
宗因爲工作調度而離開島都台北去往花蓮的時機，正是以台灣人爲主的《台
灣文學》（1941.5）成立與創刊的時期。因此，他對「台灣文學」的思考又是
如何呢？

　　龍瑛宗在1940年以〈《文藝台灣》作家論〉〔註43〕一文中，不分內地與
本島人的身份，以「作家」、「評論家」、「詩人」等作爲文學觀察的對象進行
思考。從後設的角度來看，龍瑛宗毋寧是以文學作爲本體，而融入的是日本
作家的加入與中央文壇的文學體。此外，從龍瑛宗個人對「台灣文學」理解
的座標來看：

學館籌備處出版，2006年10月，頁162。

〔註40〕同上註，頁162。

〔註41〕黃得時於1942年寫〈輓近台灣文學運動史〉（《台灣文學》，1942.10.19），後
續在1943年開始寫〈台灣文學史序說〉（《台灣文學》，1943.7.31）、〈台灣文
學史（二）〉（《台灣文學》，1943.12.25）、〈台灣文學史（三）〉（《台灣文學》，
1943.12.25）。

〔註42〕蔡美俐，《未竟的志業：日治世代的台灣文學史書寫》，頁106。「黃得時翻轉
觀看的視野，他是『以台灣爲文學場域、以本土作家爲主體』將所有外來者
視爲『他者』，但是並不輕視『他者』，而是視其在台灣的時間長短、文學活
動的重要性，兼容納入台灣文學史。不過這裡我們也要注意，黃得時對書寫
對象的選擇雖然是採取『加法』而不是減法，但他是有主從、輕重之分，對
於第三、四、五類作者是『限於有必要時提他們的程度』，他們絕不會成爲『台
灣文學史』的主體，也不會成爲主要對象。」，論者強調的是黃得時對書寫入
台灣文學史的主體有其性質的區分。

〔註43〕龍瑛宗，〈《文藝台灣》作家論〉，《文藝台灣》，第1卷第4期，1940年10月
1日。引文出處《龍瑛宗全集（中文版）》（評論集，第5冊），台南：國立台
灣文學館出版，2006年11月，頁63～67。

所謂傑出的文學作品，並非是在與文化隔絕的眞空中產生的；若説它是背負長久傳統的作家，潛入傳統中吸取過去作品的果汁之產物，那麼要在像台灣這樣的文化沙漠中栽培出有其獨自風格的台灣文學，可謂困難重重。

<u>我們大多數都是受到日本文學、西歐文學影響的人。但要將其直接栽種在這塊土地上是不可能的。另一方面，台灣的過去中沒有值得一顧的文學，亦無祖述發展得以依靠。</u>

加上來自氣候、風土的影響，以及與內地相較之下本地強烈的政治色彩、作家們的生活條件等稍加列入考慮的話，這也不能説單只是牢騷。

要培養獨立的台灣文學，時間上的堆積是必要的。然而，我們總算能稱得上是草創時代，所以我等之文學要有好的出發，就必須廣邀島內知識份子的支持，以及獲得內地中央文壇之理解與援助。〔註44〕

顯然龍瑛宗在時間的觀點上，對於台灣的文化時間脈絡有「去歷史」、「去傳統」的時間觀，對他而言台灣是一個文化沙漠，台灣文學則是一個「草創」、「出發」的階段，而不是一個帶有祖述累積的承續關係。龍瑛宗的理由是「我們大多數都是受到日本文學、西歐文學影響的人」，從這邊可以看出龍瑛宗乃是以精神文化作爲一種「文化」論的觀點，如何能以培養、創造的方式追求「獨立的台灣文學」成爲他對台灣「文化」需要出發，並且累積自身歷史的觀點與訴求。

這點我們可以從龍瑛宗對西川滿的評價來看，龍瑛宗以西川滿爲例，認爲他因爲身處「南方」而帶有不同於日本文壇當時文學主流的現實感，使他避免走向黑暗的光景。關於西川滿的「南方」，其實也是龍瑛宗眼裡的「南方」之一，他認爲西川滿是一位「南方的浪漫主義者」〔註45〕，「以道德的眼光來讀〈梨花夫人〉的讀者或許會感到失望，但瞭解藝術的人則可藉由〈梨花夫人〉盡情地享受南方豐豔的浪漫。」〔註46〕、「說起來西川應該專心致力的推

〔註44〕龍瑛宗，〈《文藝台灣》作家論〉，頁63。

〔註45〕龍瑛宗，〈南方的誘惑〉，《台灣新民報》，1941年1月1日。引文出處，《龍瑛宗全集（中文版）》（詩‧劇本‧隨筆集，第6冊），台南：國立台灣文學館出版，2006年11月，頁178。

〔註46〕龍瑛宗，〈美的使徒——西川滿《梨花夫人》〉，《文藝台灣》，1940年12月10

行其作品中『浪漫』傾向。像那樣具南方風采、明亮的藝術感是與生俱來的。」〔註 47〕。但是，龍瑛宗認為台灣文化是「文學的荒蕪環境」使他走向僵化，而他個人則是「是為無法跌坐於人生之地弄得一身泥濘」的作家。

　　戰時龍瑛宗，相較於以張文環創辦的《台灣文學》團體，乃是以在台日人為主的《文藝台灣》為其文學活動的據點。但是，上文也顯示出無法以集團的民族性或承繼精神，定義龍瑛宗的歸屬，因為他一來不同於《台灣文學》集團中所帶有的歷史脈絡，主觀地思考台灣乃是一片荒蕪的文學環境而影響作家表現；二來他與側身所屬的文藝團體《文藝台灣》所為「南方文學」的目的，並不完全追從，反而以檢視作家是否寫出於人生，而帶有近乎價值觀的反省。

　　那麼龍瑛宗投射「提升文化」於「文學」的意欲內涵究竟是什麼？龍瑛宗曾認為「文學是嚴肅地探求生活的問題」、「文學的正統就是生活的文學」，可比政治、經濟、科學、倫理一樣，因此以下試圖再從文化、藝術的面向探討龍瑛宗的「文學觀」。

二、論龍瑛宗文學觀中的「美」

　　文學本身是藝術的範疇，這裡需要先談的是龍瑛宗對藝術創作的方法，與文學作為藝術一脈需要以「美」為基調的想法。第一點，可以觀察他對必須使用日語的思辨。日治時期的「國語」（日文）絕對是殖民地知識份子身上深刻的刻痕，反應在生活的精神狀態無非也是干擾著知識份子的思考方式。龍瑛宗在〈給想創作的朋友〉〔註 48〕中他說，「音樂、繪畫不用藉著媒體，就能直接把其內涵傳達給我們。而文學卻背負著難纏的東西。亦即，將話語化成文字，以其為媒體來傳達給我們。」（頁 34）語言作為完成藝術品的表徵是龍瑛宗選擇的方式，也是殖民地知識份子選擇的一種「工具」，正如周婉窈認

　　　　日。引文出處，《龍瑛宗全集（中文版）》（評論集，第 5 冊），台南：國立台灣文學館出版，2006 年 11 月，頁 74。

〔註 47〕龍瑛宗，〈南方的作家們〉，《文藝台灣》第 3 卷第 6 期，1942 年 3 月 20 日。引文出處，《龍瑛宗全集（中文版）》（評論集，第 5 冊），台南：國立台灣文學館出版，2006 年 11 月，頁 103。

〔註 48〕龍瑛宗，〈給想創作的朋友〉，《台灣藝術》第 3 卷第 1 期，1940 年 5 月 1 日。引文出處《龍瑛宗全集（中文版）》（評論集，第 5 冊），台南：國立台灣文學館出版，2006 年 11 月，頁 31～35。

語言帶給台灣知識份子的處境所言：

> 即使使用統治者的語言、文化模式，仍然無法改變被殖民的命運，
> 因此這些作家皆在創作上謹愼的經營，藉由「家族」或「民俗」等
> 議題來抵抗強大的殖民勢力。……然而認同符號的確立並不等於眞
> 正的認同，語言僅是作家們的表述工具，「共時性」的符碼的運用，
> 有助於溝通與傳述，對於台灣作家而言，這才是其目的。〔註49〕

文學的媒介無非需要語言來作爲表現，但創作經營的議題，或者達到溝通與
傳述「共時性」的符碼，也是語言符號不僅只代表認同而具有「工具性」的
一面。筆者以爲第二章第一節談及龍瑛宗文學目的的關鍵詞──「幸福」兩
個字的出現，正是有此解讀空間（以下再申論）。第二點，本文想談的是龍瑛
宗所認知文學的「美」是什麼，這部分可以從〈何謂文學〉、〈給想創作的朋
友〉得到相關提示。首先，龍瑛宗在〈何謂文學〉〔註50〕中一文，曾言：

> 科學改變物質的位置，文學則是轉換人類精神的位置。倘若如此，
> 偉大的文學必須同時是「眞」，是「善」，是「美」，而且終究要以「美」
> 爲基調。〔註51〕

對龍瑛宗而言藝術範疇的文學，需要追求的是形象美和精神美。「美」作爲龍
瑛宗文學觀的核心，目前有兩位前行研究者討論過。蔡鈺淩以龍瑛宗小說內
部參照大量的西方文學形式和實驗，認同龍瑛宗進行文學內部的追求是爲有
「純粹藝術美學觀」。研究者將此「美」相對於殖民地的「暗」（個人的不平、
不滿足、被壓抑感），認爲龍瑛宗觀點是「以爲可用文學／藝術的『美』對抗
現實生活中無力、醜陋與缺憾這種純粹藝術美學觀」，因此「美」成爲解讀龍
瑛宗通向現代主義內部精神的特徵，但卻成了他自身強調文學要有「現實觀」
的自我「悖論」〔註52〕。蔣淑貞曾以黑格爾的「美學民主」，認爲龍瑛宗追求
的文學「是爲了人生（政治生活）、也爲了美（美學生活）而存在」。而又指
的是龍瑛宗描寫的庶民當中，有一種期待以「政治民主」而改變原來受剝削

〔註49〕 周婉窈，《海行兮的年代：日本殖民統治末期台灣史論集》，台北：允晨文化
出版社，2003年。

〔註50〕 龍瑛宗，〈何謂文學〉，《台灣日日新報》，1941年7月9～10日。引文出處《龍
瑛宗全集（中文版）》（評論集，第5冊），台南：國立台灣文學館出版，2006
年11月，頁96～98。

〔註51〕 龍瑛宗，〈何謂文學〉，頁97。

〔註52〕 蔡鈺淩，《文學的救贖：龍瑛宗與爵青小說比較研究（1932～1945）》，頁22。

的生活的「期待心境」。小人物以「告別衝撞的力量」和放棄「歷史『進步』的時刻中得到讚揚」〔註 53〕，甚至會承受自我設定的目標在結局的崩毀，來預設一個可以爭取到原本排他（排拒庶民）的領域〔註 54〕，並且也能夠進而得到「表達激烈的情感和夢幻的閒情」、「體驗悠閒的經驗」。

前行研究多探討的是龍瑛宗出於內部世界與外部世界的「矛盾」而尋求適應的關係，因此，雖然認同龍瑛宗意識到「文學」是需要反映社會問題；但是，卻又因為龍瑛宗小說中所反映的社會問題，並非具有直接揭示「殖民地」的結構或權力關係的「寫實」，而評論這樣的「美」是一種純粹個人欲逃離殖民地不幸的靈魂世界。但是，本文則是將龍瑛宗的「美」視為藝術當中「純粹性」的客觀，是所謂「追求客體的純粹性」。筆者以為，如果「美」是個概念的客體，那麼必然也就開放不同「相對性」的主體有不同趨近的目的與方式進行追求。每一個創作者所通向自身對「美」的慾望路徑必然不同，而辨識其差異，也是我們理解藝術家的追求目的與其可以評斷的價值。這個說法也更能掌握到，龍瑛宗認為現實主義與浪漫主義，都是能作為藝術家的實踐之路徑：

> 那樣的美讓我們的生活何其豐饒潤澤；讓我們領悟到生命的美好、愉悅與尊嚴；為人類的前途照亮光明；並幫助社會的進展啊！而且藉由揭發社會生活的黑暗面，謀求人類的反省；藉由描寫崇高的行為，提昇世人的品性。前者之類的否定文學，多見於「現實主義」（realism）文學中；後者之類的肯定文學則見於「浪漫主義」（romantism）文學中。〔註 55〕

筆者認為，龍瑛宗所謂的「美」，是一種文學為求藝術世界有所謂「客體」價值，換句話說，也是如同「真理」一樣包括「純粹」、「善良」、「真實」等純粹可追求的理想，這一客觀是使創作者解消掉主觀的認定，有所謂「美」是

〔註 53〕 蔣淑貞，〈龍瑛宗的「南方」觀探究〉，論者曾認為關於這樣的庶民產生在龍瑛宗的作品中，是如〈植有木瓜樹的小鎮〉裡的林杏南長子、〈貘〉裡的徐青松、〈黃家〉裡的黃若麗。發表於清華大學台灣文學所所主辦，「戰鼓聲中的歌者——龍瑛宗及同時代東亞作家（百年冥誕紀念國際學術研討會）」（會議論文），2010 年 9 月 24〜25 日。

〔註 54〕 蔣淑貞，〈龍瑛宗的「南方」觀探究〉，頁 18。

〔註 55〕 龍瑛宗，〈何謂文學〉，《台灣日日新報》，1941 年 7 月 9〜10 日。引文出處《龍瑛宗全集（中文版）》（評論集，第 5 冊），台南：國立台灣文學館出版，2006 年 11 月，頁 97〜98。

什麼樣的絕對性。不過,由於他也強調形式與精神,本文不再從定義「美」出發,而是探究龍瑛宗對於文學創作的形式與精神的相關想法,並以此接近作品核心:關於形式,可從龍瑛宗所寫〈給想創作的朋友〉〔註56〕一文提出自己思考「藝術為何?」並且自問自答來談。這篇文章起緣於龍氏閱讀一本名為《特異兒童作品集》〔註57〕的畫冊,這本畫冊是轟動日本昭和界的「特異兒童」——山下清的作品。龍瑛宗對這本畫冊的存在,認為這是「一種偶然的美,宛如蜘蛛網呈現一種偶然的巧緻與美麗……」(頁31),文章中,龍瑛宗引以為思的是「藝術」無非是個「須經過思考與思想的過程,那是一個有組織有構造的世界。」(頁31)。他藉此提出作家需要為作品思想準備、觀察、構思等,以「知性」並有「秩序」的思考路徑,作為創作過程,趨向藝術家追求的「目的」。他說:「藝術的呈現是因人類的追求所致。不過,如果沒有社會的話,一切都無法想像。亦即是藝術是在探求人類與社會的關係或接觸等。」(頁32)。

　　前文第二章有先交代龍瑛宗有個明確的文學目的,不嫌冗贅的在介紹一次,〈何謂文學〉〔註58〕一文中他以集體人類是政治性的集團,並非孤立者的「關係」與「文學」進行思考,他認為:

> 因此,創造人類的宇宙,雖然沒有目的性,但是人類在生存經營上,「必須要有因應人類本身所需的目的」。
>
> 那是什麼呢?即是追求「生活幸福。如同個人的生存在於追求個人的幸福,社會的生存係在追求社會的幸福,而國家的生存也在追求

〔註56〕龍瑛宗,〈給想創作的朋友〉,頁31~35。

〔註57〕相關這本畫冊引起的同時代知識份子的流通,可以參考鄭世璠,〈山下清的生平趣事及畫作〉,《星帆漫筆集》,新竹市立文化中心,1995年6月,頁73~84。鄭世璠指出山下清是一位三歲就被判斷因為環境與先天體質,被判斷為精神薄弱的兒童,從山下清的日記可以感到他脆弱的心靈帶有恐怖與畏懼。而沒有特定的美術基礎或專門訓練的他,卻能在不懂任何理論下,以「貼畫」的方式,憑記憶打底將各種材料的碎紙當做材料盒,拼貼做畫。而他的作品,也被人感到訝異的是有「西歐長久歷史傳統產生出來的技巧和調子相同的結果」。1937年,年底在早稻田大學禮堂舉辦「八幡學院特異兒童作品展覽」,展出其畫並轟動日本全畫界。翌年,請當時日本權威畫家安井曾太郎精選,出版《特異兒童作品集》,收紙畫作品25幅。戰後,以他為名日本曾拍攝電影《裸體大將》,是以他脫逃精神病院寫得日記為背景改編,曾造成一股「山下清熱潮」。鄭世璠也說過這本畫冊引起廣泛的討論現象,除了日本畫界以外,也風行於當時台灣。

〔註58〕龍瑛宗,〈何謂文學〉,頁96。

國家的幸福。」〔註59〕

龍瑛宗思考「人類」是爲無目的的降生，但其生存，卻有必須尋找的「目的」。在文句中，他將「追求幸福」作爲人生的「目的」，可以看出龍瑛宗視「文學」爲一種意圖「再現」某種普世性「價值觀」的思考，正與前所討論龍瑛宗的「美」作爲一種理想、純粹的價值觀有所疊合。而接續筆者要帶大家注意的便是龍瑛宗如何「構思」這樣普遍性概念的「再現」，以及創造了什麼樣的形式與精神主題，在經過構思與實踐的作品當中。

三、小結

　　1940 年代的台灣文壇，已經不同於 1930 年代以本島人作家爲主的狀況，龍瑛宗在其發表的〈《文藝台灣》作家論〉一文中，表達出對「台灣文學」多種面向的個人看法，其中包括作家群體的組成乃是台日作家爲主，而當他思考台灣文學的時間軸時，卻也思考到文化養分背景的不同，認爲台灣過去是「文化沙漠」而意圖栽種的是不以其它中心爲宗主，在吸收養分下自立的「台灣文學」。相較於《台灣文學》陣營的作家曾參與或承繼發軔於三〇年代台灣文學的精神意志，龍瑛宗此時所言的「文學觀」，顯然帶著不同的變異觀點。另外，從文學內部來看龍瑛宗對文學有一種「純粹價值」的追求。他認爲「美」有「爲人生」，並且結合「精神美與形式美」的概念。筆者以爲，從他個人的文學目的來看，即是創造以探究追求幸福這一目的的內涵，而追求精神與形式的文學。接下來將以另一小節說明龍瑛宗創作觀與「南方」想像再現的關聯爲何？以及，在第四章將以具體的文學作品，找到「再現」的可能。

第三節　「文學」的憧憬：談龍瑛宗的「創作觀」

　　本文將從丹納的「藝術哲學」之脈絡，作一探討。近代文藝思潮之一丹納的「藝術哲學」，其學說提供我們從「創作觀」的角度理解龍瑛宗符號「南方」的脈絡。本文主要指出，龍瑛宗的「南方憧憬」，雖然不免有與西方視線底下，作家嚮往南歐氣息的「南方憧憬」之思索；但是，從創作觀中的「主題」、「觀念」，也是丹納所謂的藝術品的「特徵」來判斷，則能發現龍瑛宗針對台灣風土與人物精神所特定的主題，可歸納有：（光與影）／觀念（不幸的

〔註59〕龍瑛宗，〈何謂文學〉，頁 96。

人生與追求幸福的人），這些主題更是後續分析龍瑛宗小說的重要線索。

一、藝術化的「南方」：以丹納的「藝術哲學」爲方法

（一）丹納的「藝術哲學」與龍瑛宗

丹納（Hippolyte Taine，1828～1893 年）是 19 世紀近代法國著名的文學、藝術、哲學多有涉略的學者，他最著名的論述是在《英國文學史》提出，種族（la race）、環境（le milieu）、時代（le moment）是決定藝術家精神氣質的三大要素。丹納與日治時期台灣文壇的知識份子有頗深的思潮淵源，比如 1943 年黃得時所寫的〈台灣文學史序說〉，便是以「環境、時代、種族」作爲論述與考察的重要架構〔註 60〕。相較於前人提及丹納的《英國文學史·〈序言〉》對台灣知識份子的影響，丹納另一個著作《藝術哲學》〔註 61〕學說較未受到重視。而這本書，則被公認爲是同黑格爾的《美學》一書共同奠定了近代文藝論述。

> 丹納與黑格爾不同的是，他認爲藝術在於表現事物的某個突出而顯著的特徵。他把藝術的興衰與社會因素結合起來，認爲「藝術品的產生取決於時代精神和周圍的風俗」，由此提出決定文明的三大要素——種族、環境、時代，並且提出衡量藝術作品的價值標準。〔註62〕

〔註60〕 關於丹納（Taine）的《英國文學史·序言》與日治時期從事台灣文學研究的知識份子的關係，可以參考林巾力，《「鄉土」的尋索：台灣文學場域中的「鄉土」論述研究》，成功大學台灣文學研究所博士論文，2008 年。林巾力的論文中指出，日治時期的劉捷、楊雲萍、巫永福、黃得時等等都曾引用或參考丹納的論述。葉石濤曾指出「**黃得時雖然採用了泰納（丹納）的理論，但是多以台灣爲主體而論述，並沒有忽略原住民、外來統治者、台灣特殊的大自然景觀等許多影響台灣文學的重要思考**」。另外，吳叡人，〈重層土著化下的歷史意識：日治後期黃得時與島田謹二的文學史論述之初步比較分析〉，《台灣史研究》，第 16 卷 3 期，2009 年 9 月，頁 149～150。研究者認爲黃得時受到丹納啓發，在書寫台灣文學史中預設「台灣」作爲文學史的主體，以此產生「民族文學論」，並以「土著化」與「種族融合」，這兩個過程作爲台灣文學史開展的主導動機（leitmotif）。蔡美俐，《未竟的志業：日治世代的台灣文學史書寫》，前揭書。也曾提及丹納論述對日治時期台灣知識份子的影響，「泰納（丹納）的理論提供了一個良好的指引，他們透過探索台灣人共同的民族特性，反求自我的存在意義，發現自我與他者的不同，進而建構集體的歷史記憶，尋找民族的出路」，頁 54～55。

〔註61〕 丹納（Taine）（法 1828～1893）著，曾令先、李群編譯，《藝術哲學》，重慶出版社，2006 年 8 月，頁 1。

〔註62〕 〈編譯者語〉全文中，提到「黑格爾對藝術哲學最重要的貢獻是把辯證法應

龍瑛宗曾在戰後不久在〈左拉的實驗小說論〉〔註63〕一文中，將丹納與左拉一起介紹。他道：

> 作為小說左拉雖導入了科學，但當時 Taine 卻把科學導入了藝術論裡面。讀了 Taine 的值得紀念的著作《藝術哲學》的人，一定會聯想到左拉的《實驗小說論》。如同在於左拉遺傳或氣質是很重要，在於 Taine 氣候或風土也成為重要的東西。這些書籍儘管是具有各種缺陷，但可說它們完成了近代文藝的作為先驅的使命。〔註64〕

龍瑛宗原文的論點，主要是質疑左拉太以「科學化」、追求法則的方式寫小說。相較於左拉「科學化」的條件是遺傳和氣質，顯然龍瑛宗注意到丹納以「氣候或風土」作為科學條件導入「藝術論」。此外，他在日治時期曾引用丹納的認知來介紹巴爾札克〔註65〕，可見戰爭期他和丹納思潮學說並非無緣〔註66〕。

（二）丹納的藝術哲學與龍瑛宗的創作觀

丹納（Taine）（法 1828～1893）的《藝術哲學》一書中，共有五大章〔註67〕。

用到美學研究領域，為美學建立了全新的歷史分析方法。丹納則把黑格爾的絕對精神轉化為具體的藝術鑑賞和創作方法，豐富了文藝理論的庫藏。黑格爾在《美學》一書中，分別對藝術的性質、特徵、藝術發展的歷史類型及藝術門類、體系進行了分析。他把藝術現象同人與自然、人與社會與人與文化環境相聯繫，以此考察藝術發展的一般規律，提出了『美』是理念的感性顯現這一著名命題。……丹納與黑格爾不同的是，他認為藝術在於表現事物的某個突出而顯著的特徵。他把藝術的興衰與社會因素結合起來，認為『藝術品的產生取決於時代精神和周圍的風俗』，由此提出決定文明的三大要素——種族、環境、時代，並且提出衡量藝術作品的價值標準。」底線為筆者所加，筆者認為這段話能夠凸顯出「種族、環境、時代」並不是只有文學史的角度，放置在藝術論述的角度也同樣可以成立。

〔註63〕 龍瑛宗，〈左拉的實驗小說論〉，《龍安文藝》第 1 卷第 1 期，1949 年 5 月 2 日。引文出處，《龍瑛宗全集（中文版）》（評論集，第 5 冊），台南：國立台灣文學館出版，2006 年 11 月，頁 315～320。

〔註64〕 龍瑛宗，〈左拉的實驗小說論〉，頁 318。

〔註65〕 龍瑛宗，〈名叫巴爾札克的男人〉，《台灣藝術》第 2 卷第 4 期，1941 年 4 月 1 日。引文出處，《龍瑛宗全集（中文版）》（評論集，第 5 冊），台南：國立台灣文學館出版，2006 年 11 月，頁 89。

〔註66〕 「三人座談——濱田隼雄、龍瑛宗、西川滿」，《文藝台灣》第 4 卷第 3 期，1942 年 6 月 20 日。引文出處，《龍瑛宗全集（中文版）》（文獻集，第 8 冊），台南：國立台灣文學館出版，2006 年 11 月，頁 133。龍瑛宗也曾經針對西川滿在座談會上一再強調台灣特殊性的「陽光」中，戲謔的答到「這要問起丹納才知道」。

〔註67〕 《藝術哲學》全文的三章主要是「義大利文藝復興時期的繪畫」、「尼德蘭的

以下介紹的是「第一章、藝術品的本質及其產生」、「第五章、藝術中的理想」。
本文強調的是丹納針對藝術品可供人以科學的方式研究，也就是從他所歸納
的「普遍性」論點來進行。其他三章是丹納以歐洲地域作爲對象所進行的研
究，本文不擬多談。

　　丹納掌握的是「藝術品」這個被創造的結果來看，他首先是這麼思考藝
術家這個創作者。他認爲藝術家必然是隸屬於一個總體的「人」談起，「藝術
家不是孤立的人，藝術家生活在實際社會中，社會的風俗習慣與時代精神對
群眾和藝術家都是相同的」（頁 4）。藝術家必然隸屬於社會，而他認爲有所謂
的精神（氣候），文中是指一個人繼承社會的「風俗和時代精神」（頁 13）。丹
納舉例認爲，如同氣候條件影響果物一樣。從北方到南方產生的物種並不相
同，植物會因爲地理氣候的變換。因此，<u>藝術品有其因地而異的「必然性」，
是（藝術家）受到地理氣候或精神氣候的影響，產生創造藝術品供人觀察與
區辨的差異</u>。而這個差異，對於創作者而言便是創造「特徵」。

　　丹納一方面認爲藝術品先是創作者對現實的「模仿」，他認爲「藝術追求
形似的地方，是對象的某些部分而非全部，這個需要模仿的部分，是『各個
部份之間的關係與相互依賴』」（頁 13）；一方面他又強調藝術家藉由反映「主
要特徵」，提供我們「特徵被表現的相互關係」。

> 「主要特徵」，就是哲學家所說的事物的「本質」，哲學家說藝術的
> 目的就是表現事物的本質。「本質」是一個專用名詞，我們可以不用，
> <u>我們說藝術的目的就是要表現事物的主要特徵，或者說藝術的目的
> 就是表現事物的某個顯著屬性或某個重要觀點</u>。〔註68〕

關於「特徵」與創作，丹納以尼德蘭的主要特徵是「沖積土」當作範例。
他認爲「沖積土」不僅是尼德蘭地理天然的環境外貌，還與當地人逐漸培
養各種相互「關係」，比如腐土適合居民發展畜牧業，會養成特定的產物，
這些生產又會使居民發展一地的生活規律，並且逐步成爲生活種種樣式的

　　繪畫」、「希臘的雕塑」，這三章是以歐洲大陸作爲觀察對象，是丹納對於自己
　　的論述進行研究對象的實證與舉例。筆者認爲，丹納的認知帶有「環境本質
　　論」的概念，從藝術品誕生於藝術家隸屬的環境觀點上，他以歐洲大陸爲例
　　認爲歐洲的多種族，存在著因爲環境、風俗精神而差異的「南、北」之分。
　　他將義大利繪畫、尼德蘭繪畫、希臘雕塑作爲三個環境條件相異的民族，產
　　生其藝術品的特徵。

〔註68〕 丹納〔法〕，《藝術哲學》，頁 16。

特色等等。這個例子說明的是，之於尼德蘭，其環境特定的「土壤」性質便是一地的主要特徵。丹納認為藝術品便是要「表現主要特徵」、「發明關於（特徵的）屬性」，而特徵的用處，也正是「藝術」在現實社會被人需要或發明的原因。

> 在現實生活中，特徵不過是居於次要地位，而藝術卻要讓特徵支配一切。在現實生活中，特徵雖然能對實物進行加工，但是還不夠充分。特徵的行動受著其他因素的牽制和阻礙，不能深入事物內部給人留下一個深刻而鮮明的印記。人們發現了這個缺陷，於是，就發明藝術加以彌補。〔註69〕

「特徵」，使大家透過藝術品可以深入事物內部的探索。筆者認為，從環境（地理條件）思考特徵，這並非指一地環境的作家有某種必然的同質性，而是思考對創作者而言，「環境」本身就是可供作品題材取源的條件，作家或藝術家利用這些條件，進行「特徵」的創作與發明，使其表現出深入事物內部的藝術，影響人們感知或思索社會關係的構成，達成讓人們以藝術為管道，更了解「現實」的完整面目。那麼「特徵」又是以什麼樣的方式出現呢？丹納認為「特徵經過作家或藝術家的頭腦，從現實世界過渡到理想世界。」，還必須以觀念的方式處理。丹納說：

> 藝術家按照自己的觀念把事物加以「再現」出來，使事物與藝術家的觀念相符，因而更理想；他分辨出事物的主要特徵，改變事物各部分的關係，使特徵更突出。這就是藝術家按照自己的觀念改變事物。〔註70〕

可以說，丹納認為事物都有特徵，而藝術家分辨出這個特徵並加以表現以外，特徵的作用在於承載「一個藝術家追求某種事物更理想觀念」，也就是：把握作品「特徵」，亦即找到藝術家的對象，也是辨識藝術家追求觀念化的「理想」。我們已經知道龍瑛宗的文學目的帶有「追求幸福」這一觀念，那麼他如何將這個概念加以「特徵化」，如何表現「追求幸福」在文學實踐裡達到理想的觀念化，或說「南方」以文學實踐達到的藝術化呢？以下再從龍瑛宗創造的特徵與觀念繼續探討。

〔註69〕丹納〔法〕，《藝術哲學》，頁 18。
〔註70〕丹納〔法〕，《藝術哲學》，頁 219。

二、龍瑛宗藝術化的「南方」與其特徵

龍瑛宗在 1940 年 5 月以連載的方式在《台灣新民報》發表〈果戈里及其作品〉〔註 71〕，對台灣本島作家提出了相關如何追求「文學之道」的觀點。龍瑛宗一開始便假設的提問，「如要理解作家的藝術，就必須調查環繞著該位作家的環境。」龍瑛宗具體的例子是烏克蘭的作家果戈里（Nikolay Vasilevich Gogol，1809～1852 年）〔註 72〕，他特別強調的是相對「北方俄羅斯」的「南方烏克蘭」作家，他認爲果戈里的寫作帶有特殊於俄羅斯的特色，不論是宗教、氣候、人種、傳說、敘事詩、教會觀點、男女關係等等，都是果戈里加以運用而展示出「烏克蘭」的風情。他說：「這種環境的特質終其一生，貫穿了他的作品」，龍瑛宗認爲果戈里所處的環境對其創作有必然的影響關係，他也說果戈里帶有烏克蘭「亮麗的南方晴空」下的「明亮」特質，是相比於俄羅斯北方的「黑暗」的都會生活。龍瑛宗將果戈里身上地理相對關係下的「南方」，作爲一種提供作家思考「台灣」的方式，他說：

> 反過來想與台灣的作家們談談的是，我們台灣依舊有南國碧綠的青空、綠油油美麗的田園，這些都足以與不只是詩趣洋溢的烏克蘭鄉土媲美。再者，突出、巍峨、紫藍色的峻嶺截斷南方的天際線。
>
> 台灣的歷史雖說只有數百年，遠自荷蘭的劫力入侵，山脈今日尚有褐色肌膚的高砂族攀登其間，隨之而來的高砂族與本島人之交涉

〔註71〕 龍瑛宗，〈果戈里及其作品〉，《台灣新民報》，1940 年 5 月 31 日～6 年 14 日。引文出處，《龍瑛宗全集（中文版）》（評論集，第 5 冊），台南：國立台灣文學館出版，2006 年 11 月，頁 36～57。這篇文章共分爲三個部分，包括一緒論、二傳記、三作品。龍瑛宗主要是介紹烏克蘭作家果戈里，其出生的位置與相關作品的故事，並且鼓勵台灣有志創作者以此爲思考對象。不過，龍瑛宗也自認這並不是理論的介紹，因而他在從具體作家果戈里的經驗作提示，果戈里的作家生命走向神祕主義的瘋狂，龍瑛宗言：「這不正是藝術家淒絕的苦悶嗎？」。最後，龍瑛宗推薦包括果戈里、普希金象徵俄羅斯「近代文學」的作品，與魯迅的散文爲結束。

〔註72〕 果戈里（Nikolay Vasilevich Gogol，1809～1852 年），1809 年 3 月 20 日出生於烏克蘭，是小說家、戲劇家、評論家。19 歲前果戈里曾到俄羅斯首都彼得堡生活，發現到當時文藝圈對烏克蘭的興趣濃厚，包括普希金在內多少都在作品中加入烏克蘭或地理的描寫。在 22～23 歲時寫下其代表作烏克蘭傳說的故事集《迪卡尼卡附近鄉村夜談》。深受普希金讚賞「有鮮活純真的歡愉、美麗的詩意和可貴的感受性」與批評家伯林斯基的讚賞「這才是清新、香醇、如接吻一般甜美的青春之歌」。相關介紹可參考，果戈里著，李映荻等譯，《狂人日記》（序言），台北：志文出版社，1977 年，頁 2。

史，即使遠古傳說已湮滅，各地應該依然有口口相傳的傳說。例如，
以北部來說，應該有縈繞著茶葉產地的採茶女之哀切或婉美的羅曼
史。

使這片鄉土化爲文學的話，應該就會產生清新獨特的台灣版《迪卡
尼卡附近鄉村夜談》〔註73〕或《密爾戈羅德》吧。因此，我認爲這
些作品可供我等有志作家參考。

龍瑛宗欣賞果戈里的同時，在創作觀上提出環境對作家影響的必然性與作品
取材的可行性，除了對鄉土風物的自信外，也認同環境影響藝術創作且可能
因爲作家、藝術家的取材，而成爲某種創作內部專屬台灣的特殊性。此外，
他觀察到世界文學家或藝術家們生平的蹤跡，發現對歐洲大陸內部的人而言
相對性的「南方」，正是象徵藝術的美好溫床，比如「南歐義大利」，他言：

義大利！義大利是古代藝術的溫床、也是故鄉。因此，幾多浪漫主
義者憧憬著橄欖森林的亮光、清澈的清空、南方的碧海等，都是不
無道理吧。歌德也寫嚮往義大利、也寫義大利旅行記，海涅也寫義
大利……在烏克蘭明亮的陽光下孕育出的果戈里孺慕義大利，亦不
無道理吧。

義大利是爲歐洲藝術家如海涅、歌德等的「南方」，果戈里則是「南方」的文
學家。龍瑛宗眼裡不僅疊合在世界性的文學家所憧憬的「南方」，也望向一位
相對於俄羅斯的「南方」之烏克蘭作家，這些相互關係，啓示著龍瑛宗對台
灣的一種想像。這種想像不是憧憬他者的「南方」，而是憧憬自己所身處的「南
方」，「南方」也就是台灣，又如藝術的「理想鄉」，讓龍氏身處其中而憧憬著。
不論是，自喻「南方」或從其他「南方」作家看出地理環境對作家的影響，
都顯示出龍瑛宗的「南方」是出於一種藝術家的欣賞，而以符號化「南方」
創造指涉「台灣」的象徵意義。但是，龍瑛宗也曾分析果戈里的小說指出，
這看似明朗化、活潑化「南方」出身的作家，實際上在作爲典範的文學作品，

〔註73〕相關介紹可參考，《狄康卡近郊夜話》（同《迪卡尼卡附近鄉村夜談》），果戈
里著，白春仁譯，安徽文藝出版社，1996 年 6 月。「《迪卡尼卡附近鄉村夜談》
是一組歌頌青春與英雄、充滿詩意與趣味的故事，也是果戈里聲譽文壇的成
名作。故事的內容多取決於烏克蘭民間傳說，充盈著毫不做作的歡樂情調，
自然純樸的眞誠情感，以及樸實而狡點札波羅什式的幽默，被稱爲是『開採
了小俄羅斯傳說和俏皮話寶藏』，它的面世，標幟著一個『藝術的笑的天才』
的誕生」。

表現出藝術家共同的苦悶,「但在南方的明亮深處飄著一脈的苦澀。」(頁51)。
「南方」雖是藝術的理想境地,但除了發掘「南方」明亮的自然特徵以外,
該地也有其非明亮性的心靈特徵,在藝術家身心上共存。上述這些觀點有關
果戈里對龍瑛宗的啓發和「南方」明亮性中抽象的苦澀。這兩點,前者可以
連結到的是「鄉土」與「風土」的討論。研究日治時期台灣鄉土文學論戰的
林巾力〔註74〕,歸納出自1930年代起延伸於鄉土文學論戰的兩個思考「鄉土」
的軸線:

> 一是從「人民」的内部——也就是從民間文學去尋找台灣特殊性的
> 具體内容;另一則是以「風土」爲思考依據,也就是以台灣的時間
> 與空間爲座標來爲自身的文化描繪出邊界。〔註75〕

研究者認爲前者開啓對民眾的集體想像,後者則將台灣帶進多元文化的視野
之中,並透過自我與他者的辯證尋求台灣有其主體。林巾力對「風土」的歸
納,強調「大自然」與「人爲內在」的文化論述,是爲相對於,「鄉土」以(歷
史時間)政治性因素強調保持文化差異性與維持自我特色;「風土」是以強調
「描述集體民眾所共同擁有的生活環境,並用來解釋其對於文化形塑的重要
影響力」〔註76〕。這個「文化形塑」和創作觀點的結合,我們可以從巫永福
在1934年代發表〈我們創作的問題〉〔註77〕一文來看,文章中他也提到丹納,
而「風土氣候」的觀點更與丹納頗爲相似,他認爲:

> 而說到風土氣候會影響一個人,又是怎麼影響的呢?出生在平靜風
> 光中的人,一開始就擁有和它相應的感情、生活意欲、能力;相反
> 的,出生在荒蕪風景中的人,就會有猛烈剛強的情感、生活意欲和

〔註74〕 林巾力,《「鄉土」的尋索:台灣文學場域中的「鄉土」論述研究》,成功大學
台灣文學研究所博士論文,2008年。林巾力認爲1930年代知識份子起於「台
灣話文論戰」下,以參與論戰或個人意見等方式表達有關「鄉土」這一詞彙
的思考。這當中包括承認自己與帝國(他者)的邊緣位置,與同時不放棄以
「所屬」與「差異性」來爲文學找到可能性。是爲知識份子欲加以掙脫於相
對地理結構下的日本、中國;和時間觀念的「現代」下,保有以地爲主體
特有「差異性」、「特殊性」符號。

〔註75〕 林巾力,《「鄉土」的尋索:台灣文學場域中的「鄉土」論述研究》,頁23。

〔註76〕 林巾力,《「鄉土」的尋索:台灣文學場域中的「鄉土」論述研究》,頁135。

〔註77〕 巫永福,〈我們創作的問題〉《台灣文藝》,1934年11月5日。引文出處黃英
哲主編,涂翠花譯,《日治時期台灣文藝評論集(第1冊)》,台南:國家台灣
文學館籌備處出版,2006年10月,頁106〜109。

習性。植物會被風土氣候左右，人也會受到它的影響。這也是很自
然的。〔註78〕

我們可以解讀的是巫永福認為氣候與風土，是為創作者條件的「自然影響」，
而作品，正是呈現出環境某些客觀特徵表現。他引丹納的論點說：「這些因素
作用在我們身上的關係，和職業、地位、住所作用在一個人身上的關係是一
樣的。」（頁107）。巫永福從風土思考在台灣的「文學」創作，他從「創作的
意圖」思考「延續精神史」的特徵。

現在我們的語言有本島語、日本語和支那語，錯綜複雜。是我們的
時代、環境和我們是台灣人等緣故，讓我們走到這種地步的。我們
處在所有的影響之中，我們要小心至上。我們的行為像台灣人，感
覺像台灣人，這是很自然的。這是應該多加注意的事。如果把這個
理論加以衍生，我們就有我們的鄉土文學。〔註79〕

巫永福把握語言、環境、時代，認知到「台灣人」這個概念的可行，已經讓
人感到帶有「種族」之意〔註80〕。此外，他也將「鄉土文學」的創作觀加以
解釋說：「我們的心理法則直接成為我們表達感情的方法，所以描寫得很感人
的作品就具有文學性。如果這個效用完美無缺，它的價值就會增加。」（頁108）
巫永福認為外在的事物，對「人」會產生「心理法則」有所影響，而文學也
因而將誕生於集體性的法則。

顯然龍瑛宗和巫永福，多少都接受「環境影響作家創作觀」思考這樣的觀
點。至於龍瑛宗如何以文學符號化台灣的環境資源，與添充「南方」成為對藝
術（家）而言理想的環境。本文將於第四章以詩作為主做開展。這裡我們必須
先回到原文〈果戈里及其作品〉，畢竟「環境」對於作家的影響，也並非龍瑛
宗強調的唯一關係〔註81〕。龍瑛宗以更大的篇幅將作家果戈里、魯迅、莫泊桑、
福樓拜的文學處境，作為相互的參照，藉此闡述了他所謂「文學之道」的觀點。

〔註78〕巫永福，〈我們創作的問題〉，頁107。
〔註79〕巫永福，〈我們創作的問題〉，頁107。
〔註80〕相關論述可參考林巾力，《「鄉土」的尋索：台灣文學場域中的「鄉土」論述
研究》，頁136。林巾力認為巫永福認同丹納的學說概念，思考到人類分成不
同族群，不同的人類族群都各自具有生物遺傳、道德或智力方面的「共性」，
也就是「種族特性」，而自然環境則成了決定種族共性的因素之一。
〔註81〕龍瑛宗，〈果戈里及其作品〉，頁44。「不過，並非說一切都要模仿果戈里的怪
誕、幻想、與諷刺等，我們只要擷取來作為一個提示即可。現在我稍為深入
作家生活的內部，寫出其創作的動機與為了寫作所必須作的準備。」

這些作家處境的介紹，不無讓人看出在明亮性環境中「苦澀」的原因。

　　這個闡述的觀點若和另外一篇評論〈兩種狂人日記〉一文〔註82〕相結合能夠分析的更清楚。在〈兩種狂人日記〉一文中，龍瑛宗首先肯定果戈里與魯迅兩位寫出〈狂人日記〉的作者，龍氏認爲他們擅長以諷刺的手法在文章中表達對社會的關心，而成爲影響一地文學史的寫實主義之鼻祖〔註83〕。但是，最重要的是龍瑛宗在這篇文章中，反映了一個他理解作家與自身文學創作的關係。他強調了一個觀點：無論是果戈里、福樓拜、魯迅都被他認爲帶有身陷一個共通命運的思想與衝動，那就是「面對絕望」，是所謂「偉大作家的共通命運」。

　　　　果戈里的作品能提高到詩的領域。那是激烈的悲哀、是絕望的斷念。

　　　　果戈里宣洩方法，就是逃離社會的邊緣，跳進幻想樂園。即所謂的逃避現實。那裡正是果戈里身陷神祕主義的地盤。……有趣的是福樓拜與魯迅都同樣身陷於思想與衝動之中。即偉大作家的共通命運。福樓拜絕望中寫出《薩郎波》，魯迅邊抗議邊寫《狂人日記》。

龍瑛宗認爲果戈里沒有獲得「科學教養」，於是在藝術家的苦悶中，逃離社會的邊緣而跳進幻想樂園。果戈里讓龍瑛宗警惕的是藝術家跳進神祕主義，也就是以「宗教」道德的方式逃離了現實。他曾經引用，俄羅斯文藝家別林斯基的話來形容果戈里：「宗教的歡喜殺死了偉大的藝術家，甚至使他變成瘋子。」（〈果戈里及其作品〉，頁54）。相對於果戈里的神祕主義，在〈果戈里及其作品〉一文中，他加入了闡述自然主義的莫泊桑作對照。「福樓拜的弟子，而且闡述福樓拜的自然主義之莫泊桑，以徹底科學的方法來創作。但其追求科學的結果，被逼入厭世的絕境」（頁56）。果戈里和莫泊桑兩人在龍瑛宗的眼裡，反應了兩種面對「絕望」的落敗，他形容：

　　　　一個走神祕主義路線，另一個走科學主義的路線，結果都步上同一條道路。眞是令人感慨萬千啊。果戈里最後說的話是「給我梯子！給我梯子！」。莫泊桑最後說的話是「很暗。啊！眞的很暗。」〔註84〕

〔註82〕龍瑛宗，〈兩種狂人日記〉，《文藝首都》，第8卷第10期，1940年12月。引文出處，《龍瑛宗全集（中文版）》（評論集，第5冊），台南：國立台灣文學館出版，2006年11月，頁58～62。

〔註83〕龍瑛宗認爲果戈里的藝術是有始點與終點的，以故鄉烏克蘭爲背景完成的《迪卡尼卡附近鄉村夜談》是起點，而《狂人日記》、《外套》、《死魂靈》則是終點，而認爲魯迅是從其終點開始。

〔註84〕龍瑛宗，〈果戈里及其作品〉，頁56。

龍瑛宗這段話點出，果戈里是放棄了文學而尋求宗教家般的天堂，變成「宗教家的俘虜」；而莫泊桑雖然追求科學以解決，但是最後苦於自身的幻覺。相較之下，龍瑛宗言：「福樓拜與魯迅都親身與現實對決」視其為另一組對照。龍瑛宗對作家「面對絕望」的思考顯然有其觀察，他認為「絕望」是「所謂絕望，就是不認為有未來；所以抗議，就是為了企圖相信未來而不捨棄希望。」（〈兩種狂人日記〉，頁61）。在眾多小說家的思考中，他是這樣形容魯迅「面對絕望」的身影，「魯迅的深深悲哀，在文學中變成鞭子。」而龍瑛宗指出魯迅無法在對現實社會懷抱著憂慮的焦躁感下完成長篇的作品，因而以短文警世著世人。他仍肯定這是魯迅接觸社會的方式言：

> 魯迅小說的在政論性與在藝術上沒有豐醇的生硬性，非但沒有銷毀
> 身為人類的偉大，反而悲劇式地粉飾了他的一生。……面對著殘酷的
> 現實，一直到死亡的前刻，始終過著非妥協的、悽愴的生涯〔註85〕。

這些言論表明龍瑛宗對作家一種寫作所帶有的觀念，關於「絕望」的現實以及面對絕望的態度。或許，更適合的是說，龍瑛宗並不相信一位文學家能夠用自身的文學作品，將眼裡的「絕望」完全擺脫。這個「否定」，是指我們可以注意到龍瑛宗對「文學」的看法乃是，「文學」並不是為了去除眼裡必然的絕望與黑暗而來，而是正因為它的必然，而以文學作出什麼。這是龍瑛宗展示個人對文學的認知，無非也正是表達思考文學與藝術給予世人的意義「企圖相信未來而不捨棄希望。」。

　　研究魯迅思想的重要思想家竹內好，曾以魯迅在《《自選集》的自序》裡提過「絕望之為虛妄，正與希望相同」〔註86〕，當作魯迅文學的「象徵性語言」，他將此話與魯迅的〈狂人日記〉加以解釋，他說：

> 人可以說明「絕望」和「希望」，卻無法說明獲得了自覺的人。因為
> 這是一種態度的緣故。賦予這種態度的是〈狂人日記〉。〈狂人日記〉
> 之所以開闢了近代文學的道路，並不是因為這篇作品為白話爭得了
> 自由，也並不是因為它使作品世界成為可能，更不是因為它具有打
> 破封建思想的意義。我認為這篇稚拙作品的價值就在於，作者通過
> 它把握到了某種根底上的態度。由於這個緣故，〈狂人日記〉的作者
> 不僅沒發展成小說家，無寧說它不得不通過疏遠小說而抵償自己的

〔註85〕龍瑛宗，〈兩種狂人日記〉，頁61。
〔註86〕這句話原出於匈牙利詩人裴多菲・山多爾（1823～1849）著名的作品《希望之歌》。

作品。「路漫漫其修遠兮」也。〔註87〕

龍瑛宗顯然從果戈里、莫泊桑、福樓拜、魯迅這些作家身上，看到一種作家對於現實抱持絕望感的處境。不過，雖然龍瑛宗以創作者的立場對「絕望」的判斷有作家命運的認同感，但是他保持一種個人重要的領悟與自覺。而這個觀念如何再被表達，筆者認為則必須要和龍瑛宗思考「現實」中的「人」的想法作結合，以此闡述龍瑛宗眼裡的「絕望」與「對抗絕望」的觀念。

龍瑛宗的「絕望」是什麼？殖民地的成長經驗與知識份子苦悶的精神無非表達在龍瑛宗處女作〈植有木瓜樹的小鎮〉〔註88〕一文。小說敘述立志尋求工作努力達成青雲之志的青年——「陳有三」來到一處被比喻為受地勢制約，「患病的小鎮」、「邋遢的小鎮」。前行研究者〔註89〕不乏分析過「陳有三」象徵殖民地底下知識份子的遭遇，比如，王惠珍〈殖民地文本的光與影：以「植有木瓜樹的小鎮」為例〉一文，曾仔細從創作動機、讀者的設定及題材選定，討論這篇小說的創作意圖，他指出龍瑛宗對於「在工業資本社會中，人的勞力與價值皆由『薪資』換算而成，生活在日漸資本化的台灣社會中的知識份子所感受到的社會性的歧視與經濟性的差別待遇特別深刻。」，從小說特定鋪陳多種數算的薪資、生活費、聘金的金額等經濟條件，除了彰顯龍瑛宗敏感地觀察著台灣小鎮在資本化的過程中，人的社會價值不斷地以「貨幣」被衡量和台灣社會經濟體制的轉變；更反應了殖民地的小知識份子承受資本換算與以貨幣為一切價值衡量知識無用的絕望感與苦悶，除此之外，龍氏也寫到封建社會常見的陋習之「聘金制度」、「早婚」、「婚姻買賣」等，這些細節都聯繫在主角陳有三的身上，他代表一個遭到時代氣氛與傳統陋俗之雙重打擊，而感到各種生活的追求都幻滅的人。小說形容他的狀態是「沒有倚靠的生活漂泊於絕望的虛無中」：

〔註87〕竹內好（日），李冬木等譯，〈關於作品〉《近代的超克》，北京市：三聯書店，2007 年 3 月，頁 79。

〔註88〕龍瑛宗，〈植有木瓜樹的小鎮〉，《改造》，第 19 卷第 4 期，1937 年 4 月 1 日。引文出處《龍瑛宗全集（中文版）》（小說集，第 1 冊），台南：國立台灣文學館出版，2006 年 11 月，頁 1～48。

〔註89〕相關〈植有木瓜樹的小鎮〉的知識份子形象論述，可以參考陳建忠，〈殖民地小知識份子的惡夢與脫出——龍瑛宗小說〈黃家〉析論〉，《文學台灣》第 23 期，1997 年 7 月 5 日。葉笛，〈中外小說上「多餘的人」系譜之探索——龍瑛宗的《植有木瓜樹的小鎮》和《羅亭》《貴族之家》《奧勃洛莫夫》《浮雲》的比較〉，《文學台灣》第 33 期，2000 年 1 月 5 日。

> 抽掉青春和知識之後，沒有倚靠的生活漂泊於絕望的虛無中，而感
> 受著飛散的生活目標和意志，像脫了殼一般一直坐在竹床上的現象
> 多了起來。〔註90〕

不過，諸多研究者也觀察到龍瑛宗設計一個林杏南的長子，談述著以嚴正的
科學思維，以追求「眞實」的意志面對社會發展是朝「絕望」或「希望」的
判斷。林杏南的長子言：

> 也許我的生命已經危在旦夕了。不過，直到我的肉體和精神消失於
> 永恆的虛無的瞬間之前，我都要追求眞實，我不會放棄我的希望。
> 橫阻在我們眼前的黑暗絕望時代會永遠那個樣子嗎？還是我們以爲
> 的烏托邦的快樂社會將會以其必然性出現呢？這只有不挾雜感傷和
> 空想的嚴正科學思維才能給予我們明確的答案吧。也許眞實的知識
> 要解釋現象時，會把我們拖向深沈的痛苦，不過我認爲一切現象就
> 是歷史法則顯示的姿態，是不該詛咒的。幸福沒有痛苦和努力是無
> 法達成的吧。〔註91〕

而林杏南長子這個在「絕望」前思考一切都是歷史法則，但是必須要「追求
幸福」的小人物，也讓楊逵說：

> 你喜歡的林杏南的長子死去，這件事確實是令人覺得黯淡可悲，不
> 過，像這樣的人即使死去，我以爲也會在什麼地方留下精神的。我
> 想所謂有希望的作品，就是在這麼虛無的現實裡，仍會在什麼地方
> 留下希望的種子，不會看丟這種要素的作品。〔註92〕

林杏南長子的言談比較接近是龍瑛宗投射自身欣賞的人物精神，但是小說的
主角陳有三卻是一個生活各種追求意志（金錢的、工作的、愛情的、立志的）
都無法完成或再抱希望的人，在結局呈現的是一位無有任何未來指向的人。
陳有三的無力與無所適從的結局處境，以及林杏南長子精神思維無法以身體
做延續，都讓人感到殖民地的台灣（人），意志結合行動的絕望感。此外，筆
者認爲，龍瑛宗反映了殖民地現實的「絕望」以外，也能從另一個脈絡思考
龍瑛宗對「現實」的看法，以及「絕望」的思索。1936 年，龍瑛宗寫給家人

〔註90〕龍瑛宗，〈植有木瓜樹的小鎮〉，頁 32。
〔註91〕龍瑛宗，〈植有木瓜樹的小鎮〉，頁 42。
〔註92〕《談台灣文學——〈植有木瓜樹的小鎮〉及其他》，《日本學藝新聞》第 35 號，
　　　　1937 年 7 月 10 日。引文出處《龍瑛宗全集（中文版）》（文獻集，第 8 冊），
　　　　台南：國立台灣文學館出版，2006 年 11 月，頁 116。

的書信中曾吐露，自己以「人」作爲悲憫的對象，他的觀點在於：

> 我的想法是這兩三年要充分地用功，再多擴展自己的識見。來到南
> 投，並沒有感到留戀故鄉或不習慣。但對於語言不通，讓我有點畏
> 縮。……爲了要獲得麵包，人類是以血淚描繪著，而且不得不過著寂
> 寞的雙重生活（對哥哥來說，也是一樣的）。我相信人生絕不是幸福
> 的，人不是因爲幸福才生下來的。人生像是痛苦鐵鍊的鍊鎖，因此我
> 也盡可能地忍耐著，我也知道，也許還會有更辛酸痛苦的人。〔註93〕

龍瑛宗對普世的「人」有高度的悲憫，但卻不僅只是「同」情之心，還包括
我們可以試圖抽象的理解爲，是一種人生於世間的「現實觀」，這種「現實」
是龍瑛宗以抽象的痛苦與鎖鏈關係，認知與形容人的「不幸」。若是從龍瑛宗
的際遇來看，不論是殖民地作家的政治身份讓殖民地出身的龍瑛宗探討「人」
尤其是在知識份子身上的「絕望感」，又或者龍瑛宗以個人的意識，同樣對「人」
有一種普遍性的「不幸」之現實觀，都宛如是爲一種「絕望感」的重疊。從
小說和家書中，可以觀察到體察社會的苦悶、共感個體人生的不幸，不僅是
龍瑛宗想探究的眞實，更是他把「幸福」當做欲求的前提。

　　本文在前一章分析到龍瑛宗有「爲人生而藝術」的文學觀，他除了認知
到無目的性的「人之降生」以外，卻也保有一種價值觀是「追求幸福」。換句
話說，龍瑛宗即是將「不幸」、「絕望」當作一種具體而普遍存在集體人類當
中的「現實觀」。但是，卻將一個抵抗與超越的「態度」，作爲文學的追求。
筆者以爲可以將龍瑛宗帶有一種絕望中尋找希望的觀念，扣連在思考龍瑛宗
有「在相信人生於世乃是絕望的不幸中，而抱持追求幸福」的思考，而這也
是我們後續探討龍瑛宗小說的重要線索。

　　接下來要具體提出龍瑛宗作品兩個重要的特徵，第一個，他所描寫的環
境特徵，那就是「南國風光」，尤其是「光（熱）與影」。而第二個，則是觀
念的「特徵」，也就是對「面對絕望的領悟」這一觀念進行「特徵化」之「在
相信人生於世乃是絕望的不幸中，而抱持追求幸福」。以下先探討「光（熱）
與影」的部分。

三、龍瑛宗「南方」的「特徵」：「光（熱）與影」

〔註93〕此段落出於龍瑛宗給與家人的家書，收錄於「劉榮宗給劉榮瑞的信」，《龍瑛
宗全集（中文版）》（文獻集，第 8 冊），台南：國立台灣文學館出版，2006
年 11 月，頁 42。

　　台灣由於與日本的緯度相距明顯，呈現南方熱帶與北方溫帶這一客觀的
地理相對關係。日治時期「光與熱」的印象，對日人作家而言是一種典型的
「南國特徵」〔註94〕。1937 年龍瑛宗重要的作品〈植有木瓜樹的小鎮〉，「光
與熱」作爲特徵極爲明顯，而又若再加入「影」，更可以說明龍瑛宗不斷發展
的藝術化特徵。

　　關於龍瑛宗此篇小說對自然環境的描寫，下村作次郎曾以龍瑛宗經營糖
廠的風景，藉以「白色城堡」、「白色城廓」以及形容「巨大」、「閃閃白光」
顯示，象徵近代產業底下台灣地方都市的典型景象〔註95〕。王惠珍則提出「木
瓜」這個典型的熱帶物產水果貫穿在小說情節，使得原本本島人知識份子眼
中日、台分明的生活環境，有了一種空間的暗示，論者言：

> 木瓜樹最初雖然出現在令人稱羨的空間日人住宅的牆垣之內，但之
> 後的木瓜樹、果實、葉的各個場景描寫中，隱含著作者的寓意，最
> 後，「木瓜樹」仍回歸南國豐饒的土地，公園內綠意依舊的木瓜樹台
> 灣的原生風景，撫慰著陳有三幻滅絕望的心情。總之，「木瓜」在小
> 鎮的生活空間中，果實纍纍地被配置在其中，打破殖民地空間國別
> 與階級的差異，挺立其中繁茂依然。〔註96〕

〔註94〕 比如，濱田隼雄和西川滿都曾在座談會上這樣相談他們對台灣的印象。濱田
　　　隼雄言：「台灣是光明的，應該出現南方的明亮的幽默的文學才對。……」引
　　　文出處「文藝龍門陣座談會」，《台灣藝術》第 2 卷第 3 期，1941 年 3 月 5 日。
　　　參考《龍瑛宗全集（中文版）》（文獻集，第 8 冊），頁 121。西川滿曾受到恩
　　　師吉江喬松的勉勵，有心以「地方文學」致力在台灣的文學活動，恩師對他
　　　臨別的贈詩，即是南方與光的印象：「南方，是光的泉源，賦予我們秩序，歡
　　　喜與華麗」。他還曾言：「拿我來說，要是寫取材於居住在內地時代爲主題，
　　　就很容易寫成私小說式的，可是在這裡就無意要寫出那種東西。第一那麼明
　　　亮、眩目的陽光，這種現象勢必和北方的反省性成爲對照。風土和私小說的
　　　關係，是台灣文藝評論價很好的主題呢。」引文出處「三人座談——濱田隼
　　　雄、龍瑛宗、西川滿」，《文藝台灣》第 4 卷第 3 期，1942 年 6 月 20 日。參考
　　　《龍瑛宗全集（中文版）》（文獻集，第 8 冊），台南：國立台灣文學館出版，
　　　2006 年 11 月，頁 133。

〔註95〕 下村作次郎，〈戰前台灣文學的風景之變遷——試論龍瑛宗的〈植有木瓜樹的
　　　小鎮〉〉，紀念孫中山誕辰 130 週年暨「孫文與華僑」國際學術研討會，1996
　　　年 11 月 29～30 日，頁 20。此外，胡紅波，則曾以另一篇作品〈黃家〉分析
　　　龍瑛宗小說向來有「畫面」的光影敏銳度，可參考〈龍瑛宗筆下的寒村和枇
　　　杷莊風情畫〉，《成大中文學報》第 12 期，2005 年 7 月，頁 65～80。

〔註96〕 王惠珍，〈殖民地文本的光與影：以〈植有木瓜樹的小鎮〉爲例〉，《台灣文學
　　　學報》第 13 期，2008 年 12 月，頁 215。

另外，廖炳惠從濕與熱的角度，討論龍瑛宗氣候中濕與熱的知覺，形成殖民地的另一種隱喻，他言：

> 陳有三把天氣、汗水、馬路上所蒸發的熱氣，與自己的無奈和鄙意，種種心態合在一起，這樣的作品可以說非常細膩地曝陳出殖民者的肉體，與肉體所產生地意識和南國想像，在怠惰而又充滿生命力的這種南國肉體的朦朧之美，有相當有趣的反諷與隱含一種細膩的描寫。〔註97〕

前行研究多已指出龍瑛宗小說中環境的佈置，利用大自然的物產呈現出小鎮的隱喻，也就是殖民地周圍顯示的黯淡與自然對人心的安慰。筆者在第二章第一節已解釋「小鎮」象徵的概念，這裡則從「藝術哲學」談起，可以發現「光與熱」在「特徵的關係之改變」中，被龍瑛宗展示出可以解釋的意涵。首先，我們知道龍瑛宗對「光與熱」有多處的描寫，但是，卻是充滿各種「關係變化」的描繪：

> 下午二點左右，陳有三到達這個小鎮。／說來是九月末，卻還非常熱。在製糖會社經營的小火車搖晃了將近兩個小時，一走出小站，赫赫燃燒著的太陽閃晃得眼睛都要痛了。街上闃寂不見人影。／僕僕地走在乾透而龜裂的路上，汗珠微溫地爬滿臉上。／街上骯髒、發暗、亭子腳的柱子發黑，被白蟻蛀蝕得快要倒了下去。爲著要避開強烈的陽光，每家屋簷都張著用粗筆濃墨寫上──老合成、金泰和──等行號的布蓬。／一進小巷櫛比的房屋就更加雜亂骯髒，因風雨剝落的土角牆狹窄地向胸膛壓迫過來，大概是陽光照不到的緣故，小路濕潮潮的；孩子們拉的屎尿等的臭味，宛如蒸騰著的熱氣鬱悶地磅礴著。〔註98〕

在這一段文字中，各種看似背離的屬性皆發生在這一處小鎮「環境」的開場中，這個全知的視角，小鎮因「光與熱」的屬性而有多處共存的各種面目，包括相生出濕與乾、亮與暗、豐饒與雜亂等屬性的變化。而這個變化，也在環境中的「人」身上變化著。在陳有三的生理，我們可以看到「光與熱」被特徵化爲「人」身處於「南國」式的感覺結構。「馬口鐵皮屋頂吸收的熱氣熱

〔註97〕廖炳惠，〈氣候變遷與殖民統治：溼熱與現代性〉，《「交界與游移」──近現代東亞的文化傳譯與知識生產國際學術研討會》（會議論文，台灣大學主辦，2009年9月11日），頁54～55。

〔註98〕龍瑛宗，〈植有木瓜樹的小鎮〉，頁1。

得絞緊全身。陳有三被曬成褐色的臉上汗粘粘的發光，從敞開衣服的身上眼看著大顆汗珠不斷滴落似地一湧出來馬上就流下去。」〔註99〕。陳有三的肉體因勞頓而被印象化為一種光與熱的悶緊和濕意。但是，同樣是光與熱卻也是勞動者肉體身上美麗的景緻：

> 一出外面，正午的太陽要烤焦腦頂一般強烈地照著。街上洋溢著白
> 光。路上，只看見一個從山裡出來的年輕女人挑著連扁擔都壓彎了的
> 一擔柴走去。穿著短黑褲仔和淡藍色上衣，她褐色的臉上汗珠淋漓，
> 像燃燒一般發紅成玫瑰色，讓幽微的疲憊美麗地留駐在臉頰。〔註100〕

光與熱，被龍瑛宗透過各種身體感知的方式、物質的狀態，以語言達到某種瞬間的美感或印象的凝聚。這種「再現」不將熱與光的屬性，推向某種特徵的主觀概念，而是藉由創造「屬性」與人或物之間「關係」，通向文學印象化「光、熱」複數的各種面目，是作家積極尋找人作為時空的交織者，在共同的（歷史）殖民地社會外，與（空間）台灣「南方」地理條件的群體關係，創造感覺「南國」的方式。如文化地理學認為，人文對地理的思考是一種「人的智慧如何能將這樣的美景表述於抽象的概念」〔註101〕，使作品描述成為「小說的真實是一種超越簡單事實的真實。這種真實可能超越或是包含了比日常生活所能體現的更多的真實」〔註102〕。龍瑛宗將「光與熱」作為元素，不斷地轉化「關係」與改變其作用在人事物的面目形成「光與熱」特徵化的過程。而光的特徵化以外，龍瑛宗還搭配了「影」。這個部分我們可以看到，光與影同時作用的是木瓜樹。它是「光與熱」的產物，也是陳有三心象「變化狀態」的顯影。第一次「木瓜樹」出現方式是包圍在內地人的舒暢住宅。

> 走到靠近街口，右邊被連翹的籬笆圍著的內地人住宅舒暢地排列
> 著，周遭有很多木瓜樹，在沈穩的綠色大葉子下的樹幹上，纍纍重
> 疊著的長橢圓形果實，被那時的夕陽微弱的茜色抹上光彩。（頁6）

熱帶木瓜能以豐滿的姿態「纍纍重疊」的條件無非是充足的光照，而茜色之光，由內而外飽實且光鮮有潤澤的外觀，更讓它增添成熟色彩的美麗。此時，小說主人公之一的（洪天送）懷抱著對生活晉升的盼望，日人典型住宅與南

〔註99〕龍瑛宗，〈植有木瓜樹的小鎮〉，頁2。
〔註100〕龍瑛宗，〈植有木瓜樹的小鎮〉，頁4。
〔註101〕Mike Crang，楊淑華、宋慧敏譯，《文化地理學》，南京：南京大學出版社，2005年，頁42。
〔註102〕Mike Crang，《文化地理學》，頁42。

國風光的象徵彷彿是風景中的一種相互映襯的美好搭配。但是,當陳有三開始體會到本島人真實的生活樣態時,也就是幾乎被本島人結婚習俗(早婚)而拖垮生活的蘇德芳家後,風景也產生了變化。

> 公園裡熱帶樹亭亭地聳立著。一坐在長凳上,恰如森林一般的靜寂
> 便逼上來。長凳後面,橡樹叢生著形成強韌的黑暗。腳下的小路發
> 白彎彎曲曲的,終於為黑闇所吞沒。前面草坪旁邊一片木瓜樹靜靜
> 地吸取著這時中天弦月的光芒,把薄薄的樹影投射在地上。(頁9)

這是在陳有三離開被生活經濟拖垮而貧窮困窘的青年蘇德芳家後,經過的風景,這裡呈現出的夜彷彿是黑暗向外張口,無窮盡般強韌的黑暗正伺服著。而這時木瓜成了「吸收」著月夜的光芒,「光」不是添色木瓜飽實的內外姿態,而是使其映照出了一黑影。而當最後一幕,陳有三的生活已經過了一個寒暑,在用功的意志與愛情的憧憬雙雙落敗而消沉下,他望見林杏南發瘋的樣子。此時,龍瑛宗描繪著「城鎮和樹木形成淡血色的夕陽長影」。而小鎮有木瓜樹的風景則如下:

> 又來訪的南國初秋──十一月末的一個黃昏,陳有三坐在公園的長
> 條凳上,透過淡淡發黃的美麗木瓜樹綠葉,凝望著無窮的逐漸深邃
> 的青磁色天空,心蕩神馳。
>
> 這個豐饒的自然不同於往常,把溫和的陰影投映於人心上。(頁47)

生命彷彿都在經歷寒暑的輪替,木瓜樹只剩綠葉,但也讓人聯想接續而來的會是另一串纍纍生命承受著光與熱的飽實。但是,豐饒的自然卻也不僅是受惠著光與熱的成熟結果,反讓人看到它也照成暗影,形成光的暗影來源而投映在人心上。

不過,雖然這時陳有三看到了發瘋的林杏南,但更重要的是陳有三眼裡已經不再只是黑暗的黑暗。這個意志的脆弱感,與黑暗洞窟一般的心上,裝進了另一幕的風景,那是白光的幻像,「陳有三落寞的醉眼裡浮上了淡白色幻象,那死去的長子的話語,在黑暗洞枯一般的心上,颯地吹進一陣微寒的風……」(頁48)。

「光與熱」或「影」的「特徵」,除了寄寓著龍瑛宗風土的觀察以外,更重要的是反映心境的風景。以南國富饒風光的自然生命,對照著殖民地黑暗的社會青年,而以木瓜受著光與影的變化,顯示出光的另一種相生相隨的「遮影」。筆者認為,「光與影」這樣富有象徵的「特徵」,在〈植有木瓜樹的小鎮〉

的成就後，龍瑛宗仍不乏將「光」的另外一面「影」作為象徵表現在作品當中，也成為一種南國風光的印象裡，一抹如他在果戈里介紹所言在活潑的、明朗的南方底下「飄著一脈的苦澀」。在龍瑛宗許多作品，都強調一明一暗的出現，相互之間讓人看見龍瑛宗留下的是黑暗的無窮盡與光亮的永恆瞬間的並置和複合，以此道出藝術創造環境當中各種矛盾相對性的存在與相互作用，成為文學作品暗示人心的意象。

　　再從小說〈黃家〉來看，這篇作品是龍瑛宗以北埔的家鄉作為據點，描繪出一對兄弟若麗（兄）、若彰（弟），兩位有意成為藝術家的青年。若麗活在嚮往東京風景的藝術天地，他追求以嚴肅性而「殉身」方式對「純粹藝術」的追求。他懂得欣賞小人物的真誠，卻無法面對自己慘敗的生活；此外，也對弟弟帶有務實觀點的藝術觀，感到俗不可耐。相形之下，若彰同樣有尋找幻想地帶的想法，但是龍瑛宗在刻劃兩人的心思中，卻彰顯出若彰同時能看見村莊存在「美好的永恆瞬間」，以及同時眼裡，望向更具體的是一種「絕望的永恆現實」是為藝術家心境上的雙重風景。比如，龍瑛宗用一趟若彰為了找尋哥哥的路徑，將若彰「眼裡」的一切南方鄉里的空間表現出來，他先用「最悲哀的街景」來形容這麼一處村莊，走在「貧弱的，令人感覺像一個小迷宮的街」，沿途的黑夜讓一切都是「頹鄙的」、「破爛的」、「發黑的」、「黑暗的」的字眼，來交代身處物景的殘敗感〔註103〕。但是，若麗的心思，卻可以短暫的飄向一個曾經「在這個疲憊鎮上，令人覺得很不可思議」的「夕陽」的心象：

> 那是黃昏的事，森林以及街道都潤濕在血潮般的夕陽裡，不斷迴響在各家屋頂上的蟬鳴，小巷都受濕氣陰翳著，在小路的彎角遇到了一位十二、三歲的少女，黃色的頭髮跟夕陽在玩耍而微微顫抖著。細小的臉看起來，非常純潔，淡薄的睫毛下眼神很澄清。蒼白的美麗少女，似乎不是現世的存在，令人覺得像是從遙遠的傳說世界裡跳躍出來的少女。〔註104〕

龍瑛宗形容這樣的風景存在是一種再也沒有看見的「幻象之花」。接連著，若

〔註103〕龍瑛宗〈黃家〉，《文藝》，第8卷第11期，1940年11月1日。引文出處《龍瑛宗全集（中文版）》（小說集，第1冊），台南：國立台灣文學館出版，2006年11月，頁177。

〔註104〕龍瑛宗〈黃家〉，頁178。

彰又回想，或者說他心存的還是一幕人性最悲傷而狼狽，且小人物悲劇般，哭喊天地的風景。他想到那是在某天這個小鎮下著雨，看見一名極其悲痛的母親，手裡抱著因爲土牆崩潰而被壓死的孩子，受盡委屈的場景，將其對比來看可以發現龍瑛宗的小說中不斷地以這樣的強調出光與影、光與暗的心象作爲人物的記憶、印象，使他的小說中產生的是「地方可以感受的氣韻」與「小人物在眼裡反映出的悲傷」，筆者以爲龍瑛宗特地以這樣的交互的反襯，凸顯的是一種將「光與暗」不斷表達出他特徵屬性的相對性意涵，目的無非就是讓特徵擁有各種文學隱喻與其象徵。而在象徵藝術心靈的視線底下，「光」是讓人相信存在美好的永恆瞬間，但是，眼裡往往也有「陰翳」是一種絕望的永恆現實，而這兩種「永恆」的並存，與帶有什麼樣的心境持續地看著暗與影，又以什麼樣的心境面對光，則正是龍瑛宗給我們一種風土的特徵與特徵觀念的意義之連貫。

　　特徵不斷被印象化的意義所在，也是複雜矛盾的心靈痕跡。比如我們可以看到龍瑛宗的一首詩〈夜晚與早晨之歌〉〔註105〕：

於薔薇和葦麻的褥子／長久地／我在臥著／到了薄暮／南方的烏鴉／落腳於我的肋骨／散吐出了／不吉叫聲／我的淒涼的青春／推移了黑暗的夕影

戴著黑色頭巾的幻想／蹲在我的傍邊／我的思念　潰瘍了／終夜流淚了　斯時　慈祥的月光　上昇來

悲哀的詩人呦／人生之酒　雖然如何的辛酸／但到了明月（按：天）／美麗的太陽會照耀／諾　休息吧／然而　啊　我被月亮擁抱著／好像幸福的情人一樣假寐了／有誰　敲了我的肩膀／那就是陽光／清晨了　起床吧／陽光　摟著青春來了／一位友人來訪／我是夜以繼夜的喝酒／但是　新的清晨來了／走了／友人　向陽光朦朧的南方去了／亦有一個友人來訪／我是夜以繼夜的調戲娼婦／但是　新的清晨來了走了／友人　向陽光朦朧的南方去了

啊　青春的波濤的那邊／歷史吵鬧著／陽光　陽光　陽光　陽光

這首詩表達出一位在南方的「悲哀的詩人」倒躺在淒慘、心酸的黑暗之夜，

〔註105〕龍瑛宗，〈夜晚和早晨之歌〉，《文藝台灣》第4卷5期，1942年8月20日。者引用龍瑛宗自譯版本，引文出處《龍瑛宗全集（中文版）》（詩・劇本・隨筆集，第6冊），頁56～58。

潰傷的身體衰弱著，正想要休息的假寐時，卻被「陽光」給喚醒著，帶來另一種青春的造訪。但是，即使陽光有意拜訪，「我」卻是不斷在一次次「夜以繼夜」過著繼續頹鄙的生活。喝酒，調戲娼婦的「南方詩人」，「我」只能看著拜訪的人來來去去。「我」雖然像是朝向光的期盼，尤其是詩的結尾連用四個「陽光」作心境的象徵；但是，龍瑛宗暗示著那是一個歷史吵鬧的「南方」，也是一個「我」看著「朦朧」的南方。龍瑛宗用光與夜的方式表達兩種極端的心靈世界，一面可能是希望一面可能是落寞，但是卻又望向著陽光的需要，只是那卻是一個詩人眼裡同樣看不清楚的「光」，而詩人唯一可以認知的是還在原地暗傷中的自己。

這種經營「光」與「暗影」、「夜晚」並存的意象，也使我們可以從特徵中把握到概念的成份，也就是龍瑛宗除了將「光」描寫出的各種變化與象徵的作用以外，也亟欲把握另一個對立關係的存在「暗」作為同時的意象加以經營。而這種光與「影」的相生，也正是我們理解龍瑛宗思考的價值觀中一種連帶性的想像關係，絕望中的希望、不幸中的幸福、失落中的憧憬、永恆中的瞬間、現實中的幻象，這種看似矛盾、對立，但是卻又以一體關係展示其能並置的存在或思考的角度，成為一個相互關聯的價值觀在龍瑛宗的思想中。而在強調明朗書寫的時局，龍瑛宗反而退去了「南國風光」的「光」與「明亮」的書寫，在作品中佈置一種光／影乃是相生的存在，正是一種將「特徵」予以各種「關係變化」的手法。而若再仔細觀察可以發現，「影」也是另一個重要的主題反覆地出現在龍瑛宗其它的小說作品當中被賦與寓意。

四、小結

本小節討論龍瑛宗的創作觀，探討龍瑛宗受到世界不同的藝術家或文學家生平印象的啓發，產生自己就是身處「南方」，卻又憧憬將「南方」的風土資源或社會題材特徵化，使南方出現偉大藝術創作者或作品；另外，他也揭示「南方」雖然往往讓人因地理位置緣故，聯想到相對北方的明亮之印象，但龍瑛宗提醒創作者，需要認眞看待文學以及反思歷史上文學家們面對絕望的處境，亦即南方仍舊有一種創作者心靈的苦澀或面對絕望的態度，需要引以爲借鏡。而筆者以爲，龍瑛宗接觸過的丹納「藝術哲學」之觀點，可以解釋他作品的特色。比如，在他的小說中出現了以「光與熱」、「光與影」作爲特徵，讓人思考到，「影」作爲一種光受到遮蔽下的現象在小說中被書寫出來

的各種映象。而筆者以為，龍瑛宗是以瞬間與永恆的相互關係在獲取創作中藝術對各種看似矛盾、對立的面向，卻有一種融合的把握方式，將其並置呈現。而「影」向來給人負面與黑暗的隱喻，也在龍瑛宗後續的作品中有了其它的「特徵化」（容筆者第四章第二節再述）。

第四章　龍瑛宗「南方想像」的文學實踐

　　「南方憧憬」是龍瑛宗在已有的文化認知下，個人同時感到一種對台灣現實的失落感，以及一種對未來台灣文化有所寄予之願景。在這兩種情緒相互的激盪中，文學，是龍瑛宗貢獻自己於台灣文化的傳統累積的創造，以及不斷提升其層次的方式。內涵一種台灣在地文化特殊性的具體突圍和追求。本章將以實際的文本結合前面所分析龍瑛宗的文學觀和創作觀等想法作一一的探討。第一節，將從龍瑛宗以南方相關詩作為中心，探討詩作品中寄寓著什麼樣的「南方想像」，及描繪與內涵如何？第二節，討論龍瑛宗的小說，研究其小說作品內部創造的特徵，以及特徵與其文學目的之「追求幸福」的關係。第三節，從小說「杜南遠」一系列的作品談起，提出龍瑛宗創造出文字符號可視的「南方」與「在南方的人」。

第一節　龍瑛宗的「南方想像」與創作：以詩作為中心

　　戰後龍瑛宗曾記下翻看自己日治時期日文詩的感觸，他感慨著寫道文學價值的真諦是「人生短促藝術長久」，他言：

> 文學諸分野中，詩歌是燃燒生命最高的晶體。……因之當時的文學、新詩等多受政治的干擾，我的新詩也蒙上了政治的陰影，雖然如此，我想有一天將日文詩一字不改地翻譯出來，公諸於社會，甘受弄文者的責任。我的詩，乃是產生於戰爭時期的作品，還是寄予依依的懷念〔註1〕。

〔註 1〕 龍瑛宗，〈身邊集記片片〉，《民眾日報》，1979 年 3 月 23 日。引文出處《龍瑛

走過戰爭期的龍瑛宗反省著自己在時代的洪流中,曾經蒙上的政治陰影。從曾馨霈、林巾力的論文中,都曾提過龍瑛宗的「南方」意象,有逐漸傾向戰爭語境的時局色彩〔註2〕。陳芳明則從龍瑛宗作品整體的表現提出評論,他認爲「一位作家在那個時代寫出他的感覺,無論是出於自願或被迫,都是歷史的證詞。掩蓋這些文字書寫,無疑是在遮蔽歷史眞相。」〔註3〕。不論是作家後來的自省或前述研究者的檢討,都讓人思考到解讀文學作品時,必須面臨的是作家隱藏其中的心靈複雜層次。龍瑛宗所緬懷的詩必然有其當時藝術與感情的投入,絕非僅是作品中被戰爭或政治驅策的刻痕。那麼我們除了在正、反面的解釋以外,龍瑛宗的詩,詩人這樣的實踐或具體作品,還能夠提供我們什麼樣的研究切入點?筆者認爲,那便是詩人的「理想價值」與面對理想的態度。

一、「悲哀的浪漫主義者」與「新歷史龐大的浪漫」

　　1940 年 3 月,龍瑛宗曾在詩作〈杜甫之夜〉〔註4〕中形容自己是「悲哀的浪漫主義者」,學界對於龍瑛宗也不乏以「浪漫」、「唯美」、「詩意」作爲其文字風格。日治時期龍瑛宗身處於《文藝台灣》雜誌,他曾標榜欣賞以「藝術至上」爲創作觀的西川滿,並且稱他是「南方的浪漫主義者」。因此,「浪漫」在龍瑛宗的註解裡,多是指向其一種隱匿於社會現實的「逃避」姿態。不過,龍瑛宗曾經在戰後回憶自己戰爭期受到工藤好美的文學指點,而理解到文學中的「寫實主義與浪漫主義」。尤其是「浪漫主義」背後有關新時代轉換期帶來的衝擊或契機:

> 寫實主義文學在發生於社會體制的政治安定和經濟繁榮的時期,而
> 浪漫主義就發生於一個時代的初期和末期,那個時候,人們的理想
> 與現實就有很大的乖離,人們就有精神上的苦悶〔註5〕。

宗全集(中文版)》(詩・劇本・隨筆集,第6冊),台南:國立台灣文學館出版,2006 年 11 月,頁 328～329。

〔註2〕 請參考論文第一章先行研究探討。

〔註3〕 陳芳明,〈戰時寄回的遺書〉,《昨夜雪深幾許》,台北:印刻文學出版社,2008 年,頁 153。

〔註4〕 龍瑛宗,〈杜甫之夜〉,《文藝台灣》第 1 卷 2 期,1940 年 3 月 1 日。

〔註5〕 龍瑛宗,〈文藝評論家的任務——讀夏先生的作品選讀有感〉,未刊稿,1978 年 12 月 20 日。引文出處《龍瑛宗全集(中文版)》(評論集,第 5 冊),台南:國立台灣文學館出版,2006 年 11 月,頁 335。這篇文章分作四大項,(一)「扶

另外，他也說：

> 一個社會體制的初期即勃興期，其浪漫主義文學的主流為懷希望、光
> 明，而且建設性的，歌頌新時代的來臨，尤其是詩人們最為敏感。反
> 之，一個時代末期的浪漫主義就詠嘆無望、灰色、頹廢的。詩人們也
> 逃避現實了，逃到無有出路的晦澀的超現實主義叢林裡去。〔註6〕

龍瑛宗文學觀中特別是「詩觀」與「詩人情操」的思考特點，也就根植於這
種「新時代」、「浪漫主義」、「詩人」的相互關係之中。這一點還可以從日本
文壇荻原朔太郎〔註7〕《詩的原理》提出之「詩底精神」，來進一步理解。荻
原朔太郎認為：

> 詩底精神之本質，第一是「向著非所有的憧憬」，是揭出某種主觀上
> 之意欲的追求。其次，應解明的是，凡給人以詩底感動的東西，在
> 本質上，都有「感情的意味」。〔註8〕

那麼，什麼又是這種精神本質上「非所有的憧憬」之可能呢？他曾如此寫道：

> 宗教、道德、科學、人生價值的一切東西，其本質皆是詩，皆可認
> 為詩底精神之所在。實際，在其本質上的意味，詩是人生的「普遍
> 價值」，一切文明由此出發，以此為基調的實體。至少，沒有詩底精
> 神的基調，不能感到人的生活的意義。這時是使生活成為其生活，
> 人成為其人，使人迥迥於真、善，美之高貴的人性的本源。詩底精
> 神本質就是人性（humanity）〔註9〕。

分析荻原朔太郎的詩觀，可以理解他所謂的「詩底精神」，是出於一種憧憬人
性普遍價值（如「真、善、美」）的存在。而當文學家在創作的精神上，抱持
著主觀明知「（價值）非所有」而依然加以努力追求時，則成為一種「詩人」
的文學姿態。荻原朔太郎認為詩人的本質「向著非所有的憧憬」。他認為這可
以區分出詩人與小說家在創作意識上的差異。簡言之，他認為詩人是「浪漫

翼之殷勤」，廣泛地思考「文學評論」、「評論家的類型」；（二）「佛書與聖書」，
回憶自己的閱讀經驗與日治時期的經歷；（三）「詩經與唐詩」，談論相關東西
方的文學讀本；（四）「伯樂與駿馬」，談文藝評論家的重要性。這段話是出於
第二段，龍瑛宗回憶自己在戰爭末期受到工藤好美的指點，並且思考社會中
寫實主義與浪漫主義如何發生。

〔註6〕 龍瑛宗，〈文藝評論家的任務——讀夏先生的作品選讀有感〉，頁335。
〔註7〕 荻原朔太郎，徐復觀譯，《詩的原理》，台北：台灣學生書局，1989年1月。
〔註8〕 荻原朔太郎，《詩的原理》，頁52。
〔註9〕 荻原朔太郎，《詩的原理》，頁335。

的主觀者」，是以「憧憬」為主觀目的，在生活中尋找「人生普遍性價值」加以「表現」著，這種感情近乎「呼喚」、「祈禱」。相較之下，「小說家」是「自然的客觀者」〔註10〕，小說家觀察人類生活之實情，研究社會之風俗，是以「學習生活的藝術」來代替主觀的呼喚、祈禱。

　　龍瑛宗的〈圖南的翅膀〉一詩，若以我們前面所思考的文化「契機」與對文化的「憧憬」來看的話，則清楚的顯示了龍瑛宗對時代的感受，及其浪漫主義的理想特質：

> 龐大的浪漫　沐浴著黑潮的飛沫／叼著光芒在巷子裏誕生了新歷史
>
> 在文明的原野／無歷史的歷史蹲在懶惰的雲端裡
>
> 無情熱的情熱的陰影於漏夜裏／你們繼續著無徘徊的徘徊
>
> 無數光芒的夜晚長久的夜晚／
>
> 文明的落伍者群呦／交通會使文化將之水平／文化會追蹤時間
>
> 圖南的翅膀淋了意欲　振翅　南方頌歌被／風吹著　飛翔於青青的廣茫撒了綺麗的文化
>
> 好比南海的濤聲／筆尖與墨水是輕快的音樂

——〈圖南的翅膀〉〔註11〕

第一段即可以看出龍瑛宗的「圖南」，欲要帶出的是「新歷史」時間。第二段則以主題「光芒」相對於「夜晚」，呈現出這個契機是在擺脫掉既有的「徘徊」、「懶惰」、「無情熱」的「文明落伍者」。緊接著第三段，「南方」的頌歌被揚起的是「綺麗的」、「青春的」的傳唱，龍瑛宗在詩的表現上，以筆尖和墨水這樣生產「文字」符號性的書寫型態轉換成抽象性的音符傳唱，形容音樂與文學結合般的藝術文化事業，點明其圖南的翅膀真正的展翅意欲。從這個「南方」的意欲可以看出龍瑛宗對時代的敏感度。

　　觀察龍瑛宗的文學世界，日本近代詩的發展與作品的吸收，是不容忽視

〔註10〕荻原朔太郎，《詩的原理》，頁84。關於荻原朔太郎區分「詩人」與「小說家」中，他認為「詩人沒有真的藝術底學習與工作。藝術之對於詩人是「祈禱」；既不是什麼『工作』，也不是什麼『學習』。詩人是真正的『為生活的藝術家』。而小說家則是把藝術當作畢生志業的學習，因此是真正『為藝術的藝術家』。

〔註11〕龍瑛宗，〈圖南的翅膀〉，《文藝台灣》第2卷2號，1941年5月。引文出處《龍瑛宗全集（中文版）》（詩・劇本・隨筆集，第6冊），台南：國立台灣文學館出版，2006年11月，頁42～43。

的一部分。龍瑛宗曾說過「詩，並非悲哀的玩具」，並且對 1940 年前夕島內
文壇台、日詩人重要集結之「台灣詩人協會」，有如下期待：

> 詩在人們的生活上看似斷絕了，但實則根深蒂固，某位權威的文學
> 家敘述未來因科學的緣故，詩將會滅絕。但依我的看法，人類如此
> 純粹的鄉愁，恐怕和人類乃是生命共同體吧。〔註12〕

「純粹的鄉愁」、「和人類乃是生命共同體」正說明龍瑛宗所認為的詩帶有某
種特定的價值，是繼往開來不斷有新生命的人類集體的「鄉愁」。而鄉愁是帶
著「純粹的」的本質，無非是一種如荻原朔太郎所指出的「人性」，出於人類
為了「追求人類的本源」而認同的普遍價值。可以說，龍瑛宗對於詩的精神
是為了追求他所認同的價值而誕生。

　　1940 年代台灣文壇在官方、在台日人角力進駐後，龍瑛宗以「悲哀」和
「浪漫」形容自己，心境上無非懷著又是失落的悵然、又是盼求的期許。可
以推測的是，龍瑛宗對不分日、台知識份子所組成的建設台灣文化之「機會」，
保持著情緒的拉鋸感。這個張力在於，在理想與懷疑之間，龍瑛宗是必須要
拋卻掉自己原本的既有價值（如暫放殖民地的差異對待，成為「東洋之子」），
但是卻又寄予著以自己的詩作，在文學世界不斷地發揚人性價值，也就是對
「詩底精神」和「向著非所有的憧憬」進行追求的認同與以詩作完成精神價
值認同的具體再現。

　　龍瑛宗對於「憧憬」與「理想」，放置在「浪漫主義」的詩人來看，難免
有讓人感到「烏托邦」意味。不過，作為詩人龍瑛宗憧憬與藝術脈絡的關係，
我們不妨從藝術對「烏托邦」這一關鍵詞的演繹來看。研究者高千惠〔註13〕
指出，正統的「烏托邦」本身不應該只有「樂園」的意義〔註14〕，「烏托邦」
可以「是觀念，是時間、空間，也是形式。是故，烏托邦可以是有形的空間，
也可以只是無形的思想。」（頁6～7）。「烏托邦」作為一個可以演繹的觀念，
其人文脈絡包含從柏拉圖的《共和國》、荷馬的《奧德賽》、格列佛的《小人

〔註12〕 龍瑛宗，〈台灣詩人協會──兩三個希望〉，《台灣新民報》，1939 年 9 月 13
　　　　日。引文出處，《龍瑛宗全集（中文版）》（評論集，第 5 冊），頁 18。
〔註13〕 高千惠，《移動的地平線：藝文烏托邦簡史》，台北：藝術家出版社，2009 年。
〔註14〕 研究者將「烏托邦」作為一種藝術觀點並有其發展史的研究來看：「正統的『烏托
　　　　邦』不是一個樂園，它講究行為規範、生活一致、謹守公民分際，降低物
　　　　慾，崇尚簡樸。然而，『烏托邦』已不斷被演繹、扭曲，它的代名詞越來越多，
　　　　在同義和歧異之間換化無窮。」

國遊記》、梭羅的《瓦爾登湖》等各種文藝類型的表現，貫穿某種文學家、藝術家將理想完成在作品內涵的關係。她說：

> 不管是「爲社會而藝術」、「爲藝術而藝術」、「爲個人而政治」或「爲群體而政治」，認識「烏托邦史」，將讓人探索到個人行爲準則和理想替代空間的距離，並面對現實和夢想之間的共有荒謬性。〔註15〕

所謂的「荒謬性」，來自於「烏托邦」雖然是一個可被期待的追求，但是也隱含創作者出於不滿的追求中，有其意識於兩者「之間」保持既期待，但也是批判的作用：

> 在當代思潮裡，「現代性」的另一面鏡照也可以稱爲「烏托邦意識」。從歷史的現代性到文化的現代性，乃至藝術的現代性，中間有一座想像的過渡之橋，那是同樣在「對現代性永遠不滿的追求」下產生的文藝世界。這個介於現實和想像之間，屬於批判也屬其期待的領域，被泛稱爲烏托邦。〔註16〕

此外，論者也認爲這個「烏托邦意識」帶有「現代性」的特質：

> 同屬於對不確定狀態或未來的追求，烏托邦意識亦呈現出「現代性」的一些特質。一般而言，「現代性」與「烏托邦」的關係，來自於新舊社會的交會、過渡，乃至所發生的種種矛盾，尤其這兩個領域之肇始，均產生在地理大發現的15世紀之後。而兩者不同的是，現代性是現實歷史的演進，烏托邦則是超現實的未來歷史想像。〔註17〕

這種「未來歷史想像」的關係，正與龍瑛宗的時間觀有所貼近。而論者也指出柏拉圖的著作《共和國》是爲第一個提出「烏托邦」：

> 柏拉圖的《共和國》是第一部以政治哲學作爲烏托邦架構的城邦藍圖，也是早期西方公民社會的理想藍圖。從共和國、理想國到烏托邦，在個人與體制之間，此名詞逐漸象徵爲一些社群理想的共處或自存方式。〔註18〕

這個象徵的存在，使我們在評價詩人的理想上有了藝術與現實的思考關係，需要重視的除了是各種目的的藝術實踐以外，所謂「理想替代空間的距離」這一思考也扣連著我們對於「非所有的憧憬」的詩人特質。筆者以爲，「理想」

〔註15〕高千惠，《移動的地平線：藝文烏托邦簡史》，頁6～7。
〔註16〕高千惠，《移動的地平線：藝文烏托邦簡史》，頁8。
〔註17〕高千惠，《移動的地平線：藝文烏托邦簡史》，頁8。
〔註18〕高千惠，《移動的地平線：藝文烏托邦簡史》，頁25。

本身就帶有「非所有」的時空維度，但是，人的精神可以思考、想像並自力的追求未來的進程與實現這樣精神維度的時空，而文藝作為媒介正是以各種實現的手法追求這個「距離」的靠近。雖然，現實與夢想不免也是另一種批評與荒謬的所在，不過，筆者以為龍瑛宗向來從人類與社會的關係思考，台灣需要「創造文化」除了帶有這樣的思考方向的特徵，也不乏實踐的內涵。因此作為一種價值的內涵，更是值得我們以正面的思考即使是憧憬如「烏托邦」的結果，但卻是願景能夠被主體想像與追求其具體完成的「再現」面目。

二、人類永恆的鄉愁：「根植於世界」的藝術心靈

　　「南方」作為一種「烏托邦」，隱喻尋找人類集體普遍價值的地方，其實在龍瑛宗〈南方的誘惑〉〔註 19〕一篇就有他思考的線索。這篇文章一開始就提到「南方」：

> 藍海、綠色的島嶼、以及滿溢的陽光，南方是人類的故鄉，是鄉愁拍擊岸邊的地方。
>
> 三年前，生於北部的我，和黃得時君第一次休憩於鵝鸞鼻，短暫地享受了南方的幻想。
>
> 在深藍地流動著巴士海峽的遙遠彼岸，在陽光裡發暈著的呂宋島、爪哇島、以及那東邊的巴里島。豐饒的大自然，絢麗的土產品，椰樹林的大月亮，煽情的音樂，浪漫的夜晚。我想起伊梵·哥爾的《馬來之歌》，和保羅·高更的《大溪地紀行》。〔註20〕

從這些話來解讀，龍瑛宗的「南方」顯然已經有三種不一樣的「空間」指涉。首先被鄉愁拍打的海岸的島嶼究竟是哪裡？龍瑛宗曾形容過詩是「人類最純粹的鄉愁」、並且是人類「生命的共同體」〔註21〕。因此不妨可視作是一處寄託著詩人嚮往美好價值的境地，也就是正面如願景般的烏托邦。這個鄉愁的「南方」可以視如前面提及詩精神嚮往「非所有的憧憬」。

〔註19〕龍瑛宗，〈南方的誘惑〉，《台灣新民報》，1941 年 1 月 1 日。引文出處《龍瑛宗全集（中文版）》（詩·劇本·隨筆集，第 6 冊），台南：國立台灣文學館出版，2006 年 11 月，頁 177。

〔註20〕龍瑛宗，〈南方的誘惑〉，頁 177。

〔註21〕龍瑛宗，〈台灣詩人協會——兩三個希望〉，《台灣新民報》，1939 年 9 月 13 日。引文出處《龍瑛宗全集（中文版）》（評論集，第 5 冊），台南：國立台灣文學館出版，2006 年 11 月，頁 18。

其次，台灣的南端——鵝鸞鼻是一處讓龍瑛宗可以作爲享受「南方」幻想的地帶。觀察龍瑛宗那趟旅程的記錄〈台灣一週旅行〉〔註22〕一文，便可以明瞭這個享受的具體指涉與印象。這篇文章中，龍瑛宗展現詩人的心思與觀察，細膩的描繪台灣風景特色，包括人、物產、光線、季風、景觀等等，從內文來看處處流露龍瑛宗對台灣自然地理風情的觀察與讚嘆，在鵝鸞鼻他形容著「恆春——是光線的鎮，沒有冬天的鎮，是我國最南的鎮」。可以說「光」、「熱帶」、「地理物產」、「島嶼的風情」等等，便是龍瑛宗幻想的對象。可以說台灣讓他有了具體的「南方」作爲價值境地，也有自然地理特徵的聯想。

不過，龍瑛宗的「南方」存在什麼樣的對象？事物？龍瑛宗在巴士海峽遙遠的彼岸找到「南方」的代表，那是一處處有具體地理位置的「南方」——呂宋島、爪哇島、東邊的巴里島以外。更重要的是這些島嶼讓他所聯想到的身影，也就是在「南方的人」，那是伊梵・哥爾的《馬來之歌》，和保羅・高更的《大溪地紀行》。

從以上三句分析，可以歸結龍瑛宗的「南方」有著不一樣的空間維度與相互重疊的理解層次：「詩憧憬的南方／地理自然的南方／人文的南方」，又可以說「精神上無形空間的南方／風景空間的南方／有在地藝術家身影的南方」，「南方」作爲一種想像的符號有其發散，並無法用一統涉的說法得到它完整的內涵。此外，前二者的結合更成爲一種後者具體與抽象的形式。

但是，回到原文來看，龍瑛宗特別以「高更」，這一位在西方美術史中「典型」的去往南方的藝術家，吐露他對「南方」所投射的心思，他寫道：

　　——南方和東方輕輕的微風喲。你們糾纏在一起嬉戲著，輕撫我的

　　臉頰。你們一同吹向那島上去，那島上可愛的樹蔭裡，有我拋棄的

　　人在休憩。請你告訴她，說你看見哭成淚人兒的我吧——

　　保羅・高更的這種感傷，衰老於文明的人們也許會嘲笑，然而，無

　　可置疑的，這是青春的語言。

　　在南方是沒有衰老的。它恆常地只有綠色的青春而已。〔註23〕

──────────

〔註22〕龍瑛宗，〈台灣一週旅行〉，《大陸》，第 2 卷第 5 期，1939 年 5 月 1 日。引文
　　　　出處，《龍瑛宗全集（中文版）》（詩・劇本・隨筆集，第 6 冊），台南：國立
　　　　台灣文學館出版，2006 年 11 月，頁 150～158。龍瑛宗詳細描繪那一趟旅行
　　　　行程，他們從台南（安平）出發，一路南下、高雄、屏東（潮州、恆春、鵝
　　　　鸞鼻、四重溪、車城），再繞往台東後北上花蓮、宜蘭。

〔註23〕龍瑛宗，〈南方的誘惑〉，頁 177。

在象徵的語言中，龍瑛宗嚮往的「南方」，並非只是物質的自然環境，還包括一種藝術家精神嚮往，和對歷來藝術家南方想像之共鳴。在現今的美術研究中，可以得知保羅・高更（1848～1903）是一位廣爲人知去到當時法國殖民地之一「大溪地」，並完成自己藝術巔峰之作的畫家。高更出身於巴黎，在1889年興起前往大溪地的念頭，高更在世時並沒有因爲自身畫作的藝術價值，嚐到被肯定成就的滋味，在當時甚至受到「文明者的嘲笑」。但是，他以描繪大溪地表現對自然原始的憧憬，以此擺脫文明的世俗性並刻意遠離「殖民土」的中心，後世將他作爲對文明者的反叛之表徵，並給予美術史上高度評價。可以說，高更給了龍瑛宗一種藝術家「在南方」、「對南方」的思考啓示，他藉此思考著藝術家的精神，並以高更的身影仰慕著「南方」的藝術家們，以及「南方」的文明特質與象徵性。而這也顯示出，筆者分析龍瑛宗的符號中「南方」包涵「詩憧憬的南方／地理自然的南方／人文的南方」，尤其最後者乃是「人文的南方」亦即「一處在地位置及有在地藝術家身影的南方」。我們可以看見，龍瑛宗的「南方憧憬」乃是疊合地理觀、人文觀、藝術觀的並置。

　　此外，龍瑛宗並沒有耽溺在高更的哀傷，他還是具體回到現實中，將藝術家、南方與文學在台灣的現狀作了聯結。他把「南方」連結到「文學」的想像，並且將「南方文學」加以具體化，他說：

> 我認爲南方文學也應該如此地美麗，如此地氣質高尚。然而，我們棲棲於陽光之中，竟顯得多麼寒碜消瘦呀。
>
> 我們非奪回失去的青春不可。我們要給南方文學以健康的陽光。
>
> 公共巴士開出潮州，鑽過木麻黃的長長隧道，不久沿著海岸駛著，在那青色的風光裡，我一直思想著南方的好處，不斷地思索著南方文學的事情。〔註24〕

龍瑛宗感慨在台灣的文學貧瘠，乃出於他看待台灣島體特有的「內／外」雙重視線。他從熱帶陽光及物景的展現，從外部思考「南方」的美麗；又同時從青春和文學等內部性思考「南方」的貧乏和消瘦。換句話說，熱帶的強韌與豐饒是龍瑛宗看到台灣環境面及物質面的外在條件，而島內文學、藝術等文化的發展則是讓龍瑛宗感到可以開發、挖掘和使之強健發展的文化內在。這個思考中，龍瑛宗所投射的是，在「南方」既有物產的豐饒、自然的條件

〔註24〕龍瑛宗，〈南方的誘惑〉，頁177。

之外，存在著獨具特色的文化與藝術的沃野。那麼透過象徵著「在南方的藝術家」之高更，咀嚼其生命歷程與藝術價值之餘，在「南方」的龍瑛宗尋找與體會到的「藝術追求者」的身影，又何在呢？「南方文學」體現龍瑛宗現實的判斷與理想的憧憬之夾雜，既有盼望又有失落。他個人所謂的「南方文學」，混和著三種不同空間的想像維度，包括著「既在」、「非所有」而「憧憬所有」的觀念內涵。

可以說，「南方」在龍瑛宗此時的認知中，至少有三個層次：（1）既是一處地理空間的位置；（2）也是一處僅存在於憧憬的理想世界而非實存，或非指特定所在地點的精神空間（3）但值得注意的是他以高更的藝術與「南方」的地理想像到實存與非實存的「南方」，「可能」的實現方式。筆者以為那是藝術家追求彼此之間的「共鳴」。也就是前文所提及「鄉愁」，那種超越時空的、象徵人文精神之結晶的「詩性」，是詩人對「非所有憧憬」的追求。是一種創作出口，也是藝術家的生命出路，帶有「恆長地」、「永恆的沒有衰老」、「青春地」也就是藝術創造最本質性的「價值」——是一種人類肉體所不可得，但卻是藝術時間中所允許的「永恆」之存在。

實際上，龍瑛宗也形容詩是人類追求「永恆的鄉愁」，也就暗示龍瑛宗理解到人類集體所企圖實現或追逐的「永恆」，必然是以註定「失落」作為存在。藝術的價值的確是人類精神世界的理想之一，但是，「非所有的憧憬」與「追求憧憬所有」並非相悖，因為藝術家還是可以在註定的失落中，追求「永恆」的價值，作為實現抽象上得到這個「憧憬」的另一種非所有的「所有」。

不過，可以發現「烏托邦的南方」，正如「烏托邦」本身是讓人更看見「面對現實和夢想之間的共有荒謬性」，並且「這個介於現實和想像之間，屬於批判也屬期待的領域，被泛稱為烏托邦。」。原本在三種層次的「南方」（前面歸納：「詩憧憬的南方／地理自然的南方／人文的南方」，亦即「精神上無形空間的南方／風景空間的南方／一處在地位置及有在地藝術家身影的南方」），其實龍瑛宗最關心也最批判的「南方」，還是回到現實中，台灣文學家、文化人具體身處實體風景中的「南方」——在地台灣。這個不同於「理想的藝術家」存在的「理想的南方」，使龍瑛宗強調的是現實當中「地理自然的南方」，他對熱帶南國風景所存在的文藝家身影顯然有其落漠的心聲。

龍瑛宗在〈熱帶的椅子〉一文中，原本三種可能的「南方」維度，就只剩熱帶地理的台灣。他將高更、毛姆、洛蒂等異國人寫「異國文學」的說法

並列，而怪罪於「豐饒的自然」與在這個地方「作著浪漫主義美麗祭典」的詩人〔註25〕。

> 從這些地方出現的文學總是異國的文學。熱帶只是給異國人提供了文學的素材而已。例如吉卜齡、洛蒂、毛姆、高更等的文學即屬於此。
>
> 在台灣，早從佐藤春夫的《女誠扇綺譚》到最近的中村地平、眞杉靜枝等文學，大都是異國人（etranger）的文學。
>
> 我們不太聽到生於熱帶，而且好幾代都從過去繼承熱帶之血的作家。多麼可怕的氣候和風土的制約啊。
>
> 一年到頭，被頭頂上猙獰的太陽灼照著，可憐南方人的思維這東西就像游絲一般蒸發掉了。的確南方的生活是不適合思索的生活。然而，所謂文化卻是來自激烈的頭腦活動。不過，說到南方人的頭腦呢，被季節風搬走，被陽光啄食，只會變成腦昏昏的醉漢。而且奇妙的是陽光中含有媚藥，都插上熱情的火焰，使人成爲肉體的俘虜。全都不成爲哲學家而成爲生活的浪漫主義者。很多還沒寫成的小說，是不輸給北方的。〔註26〕

正如林巾力點出龍瑛宗「強調『南方』在文學上只能作爲『異國』而獲得地位與價值，相對的則是更形突顯『南方』主體性的闕如」，林巾力的看法可以作爲龍瑛宗曾對於台灣文化主體的失落，感到的落寞感之佐證。但是儘管如此，正如前面談及，至少龍瑛宗對「創造文化」還抱有一種正面性心境的期許。那麼再追問的是，龍瑛宗自己尋找台灣文化主體的方式與內涵又是什麼？也就是他所「再現」的「南方」又是別具什麼樣的可能。

三、藝術憧憬的殿堂：詩人在「南方」

前面已交代過藝術史中「烏托邦」帶有正面性的「理想價值」，接下來將以龍瑛宗的詩作說明之。首先，龍瑛宗的詩作中，可以發現對於「希臘神話人物」的書寫有頗多著墨。研究日本近代審美意識的神林恆道指出，在藝術的思潮中也普遍存在一種所謂的「南方憧憬」。這個「南方憧憬」，是指一種

〔註25〕龍瑛宗，〈熱帶的椅子〉，《文藝首都》第 9 卷第 1 期，1941 年 4 月。引文出處，《龍瑛宗全集（中文版）》（詩・隨筆・評論集，第 6 冊），台南：國立台灣文學館出版，2006 年 11 月，頁 183。
〔註26〕龍瑛宗，〈熱帶的椅子〉，頁 183～184。

－103－

「回歸自然」的「理念烏托邦」﹝註27﹞，是以西方世界中「居住在英國、德國以及阿爾卑斯山以北的歐洲北方人，擁有傳統對南歐燦爛陽光、清澄天空與溫暖風土充滿無限的憧憬與愛，亦即擁有『南方憧憬』。典型之例，可謂歌德的《威廉大師》（Wilhelm Meister）〈米隆之歌〉吧。」﹝註28﹞。有風土理念的「烏托邦」並非不存在過，也不只是一個空洞的地理向度（南方），若以具體系列性的地點和其精神憧憬的內涵來看，正如集體人類都失落的「古典希臘時代」。在歐洲的文化系譜中所謂的「希臘憧憬」、「希臘文明」，即是以古典的人文主義發源地、具體的地理地點「希臘」作為根據的。那麼，什麼又是「希臘憧憬」呢？西元前 400 年至 800 年是古典希臘文明的發揚期，之後邁錫尼文明受到本身城邦的內亂與外族的破壞導致衰亡，古典希臘世界遭到巨大變化及破壞，是所謂歐洲進入所謂的「黑暗時代」（西元前 1150～800 年）。直到 14 世紀影響人類文明深遠的歐洲「文藝復興」，再度以「恢復古典希臘人文主義」為號召，近代歐洲文明才以延續「希臘文明」的美感與理性作為基礎而出發。希臘文明的成就，在西方文明史裡曾有如下評價：

> 人類成就這一主題在早期希臘人的思想中最為重要。希臘人確信生活的價值在於活著本身。光榮不再於表現自謙，而在於表現人類的美德，如勇敢、智慧，以及為家庭和村社服務等。希臘人還愛美，據《伊利亞特》的記述，整個特洛伊戰爭就是為了爭奪美麗的海倫，亦愛唱讚美傳人和婦女的頌歌。與其他早期民族視神為無上權威而對普通人則加以蔑視的觀點相比，希臘人很清楚地意識到有一種他們不能控制的力量，但他們竭力去實現敬畏神和保持自尊之間的平衡。這種對人類偉大崇高的自信成為後來幾個世紀希臘文明的特徵。﹝註29﹞

史家指出古典希臘人對「人」有高度的自知，包括相信個人的價值、發揚個人成就，喜歡「美」所象徵的人事物，此外也發展出以人為本的多神觀。此

﹝註27﹞ 神林恆道〔日〕著，龔詩文譯，《東亞美學前史──重尋日本近代審美意識》，典藏出版社，2007 年 12 月。這種異於現實的歷史，是以著作《希臘美術模仿論》的溫克爾曼運用美術史構築而成的虛擬歷史世界，帶有宗教性或說神話性的天堂。一般認為這種意象出自於溫克爾曼的著作，頁 137～143。

﹝註28﹞ 神林恆道〔日〕著，《東亞美學前史──重尋日本近代審美意識》，頁 137。

﹝註29﹞ 勒納等著，王覺非等譯，《西方文明史》，北京：中國青年出版社，2003 年，頁 101。底線為筆者所加。

外，希臘人高度的重視人各種面向的自然發展，而對運動的推崇，正是留下
人類文明中以體能、肉體展現「人」之美最好的象徵，如奧林匹亞競賽。而
這種推崇人並非是一種極端的個人或近代性的個人主義，而是崇尚一種詩人
席勒所言的「善美一致說」，他曾言：

> （希臘）人天生圓滿具足，個人將各自豐富的自然素質向著和諧的
> 各種能力相對性展開。因此表現出完全的人性。相對於此，近代人
> 因為喪失相對性，發現每個素質的一元性，亦即因為限制與分裂，
> 以及畸形，必須賠上其成功。〔註30〕

換言之，古典希臘文明的人觀，是以尊崇「人」、認知「人」而來的思想；他
們雖推崇人的價值，但是對人的價值的肯定也是源自「相對性」而來，亦即
認知到「人的無法完美」，「多元和諧」的必要性。另外，古典希臘人認為人
可以盡力「追求人的價值」，但是在人文自信當中仍承認和尊重「一股無法控
制的力量」，而力求在自尊中保有敬畏。古典希臘人給予人類重要的遺產之
一，即是「神話」。著名的希臘神話研究者愛笛斯・赫米爾敦認為，希臘神話
象徵一種人對藝術性本能的回歸，在野蠻與原始的民族性當中展示遠古時代
人類的思想和感覺。他指出：「神話真正地興味在於它能帶我們回到世界尚
新，人和大地、樹木、海、花、山丘息息相關的日子，那種情況和我們的感
受是完全不同的。」〔註31〕。此外，他認為神話是研究早期人類環境觀的重
要根據。希臘文明產生後，形成「人變成宇宙中最重要的成分」之概念——
人第一次體會自己在物及神之中的位置及重要性。他們展現人類所擁有的各
種創造感知的能力，同時實際地對世界創造出各種可理解的美感；希臘人重
視有形的東西，他們由周圍世界的物質性展現尋求慾望的滿足〔註32〕。而希
臘神話中各種「神人」的原型，如宙斯、阿波羅、維納斯、繆斯、雅典娜等
等，更成為後世西方文明重要的藝術題材，包括雕刻、音樂、繪畫等等，都
有他／她們被以藝術形式再現的傑作，是為影響歐洲藝術世界共通的資產與
來源，更遑論由不同文明如「羅馬文明」再加以不斷地改變的「希臘羅馬神
話」，以及「文藝復興」對希臘文明的闡述所形成的深遠影響。接下來，筆者
將再回到龍瑛宗的作品，針對他在文學中對希臘神話的吸收進行說明。

〔註30〕神林恆道〔日〕著，《東亞美學前史——重尋日本近代審美意識》，頁141。
〔註31〕愛笛斯・赫米爾敦著，宋碧雲譯，《希臘羅馬神話故事》，台北：志文出版社，
頁2。
〔註32〕愛笛斯・赫米爾敦著，《希臘羅馬神話故事》，頁2。

　　龍瑛宗的詩中，可以發現寄寓著對希臘神話中神祇人物的嚮往，並且帶有與「詩神」共處同一時空的空間感受。不論是以客體認知的現實「台灣地景」，或如前述被架空時間裝置的「台灣想像」，都在這種被賦予希臘神話色彩的創作中誕生。

> 青青中央山脈的山腳下／在這裡有女詩神的羊腸／光耀著河流／燃燒著肖楠樹／和喪失了記憶的土磚房子／捲起了黑褲子到玉脛的歡鬧女子們／在這裡／有翅膀的言語／有翅膀的插話／有翅膀的青春／午前七時／阿波羅搭乘台車／戴著台灣笠／駕臨了華麗島上／蹲在叢林裏／紀元六六六六六年／所有笑聲都笑出了
>
> ——〈歡鬧河邊的女子們〉〔註 33〕

在這首詩中龍瑛宗將鄉土台灣化作了宛如有希臘神話人物降臨的時空幻化之美境。他以台灣屋脊的中央山脈山腳下，做爲敘述者引領讀者視野展開的起點，這裡有著女詩神（指維納斯）的「內在」（羊腸），有光耀的河流和燃燒般的肖楠樹，共同散發著南國的光度與熱意。接著龍瑛宗以像是繆斯女神聚會的畫面，描寫這個光與熱散發的大地所佈滿的盈盈歡笑聲充滿喜悅和幸福。藝術的繆斯女神們之間，相談的話語，被龍瑛宗形容爲宛如輕盈地帶著翅膀的言語、插話、青春，在空中起落與交織的樂章。這時，掌管音樂與藝術的光明之神阿波羅也降臨了，阿波羅的形象是擁有不說謊的美德，被認爲是「眞理」的化身，另外祂最典型的造型意象之一，也正是與多位代表繆斯的女神戀人共處一塊。然而，出人意料的是龍瑛宗以洋溢台灣造型的樣式，賦予祂頂戴著台灣人熟悉的遮日避雨的斗笠。在時間「紀元六六六六六年」的虛構年份，阿波羅的台車翩翩抵達來到一個有中央山脈的大地——「華麗島台灣」。龍瑛宗以希臘神話人物映襯世間所南方之島台灣的島嶼浪漫氣韻，用宇宙裡的至尊光明之神阿波羅的降臨，像是爲台灣這塊藝術的土壤降下充滿能量的神祇之力。這首詩傳達了心中讓人感到因爲藝術而美好，因爲神祇而崇高的美境；呈現出一種以「台灣」爲實體，而飛躍性地大膽聯繫其於南方憧憬與南方藝術文化的想像維度。

　　不過，同日（1939.8.3）與〈歡鬧河邊的女子們〉同一個欄位底下。龍瑛

〔註33〕龍瑛宗，〈歡鬧河邊的女子們〉，原刊載於《台灣日日新報》，1939 年 8 月 3 日。引文出處《龍瑛宗全集（中文版）》（詩‧劇本‧隨筆集，第 6 冊），台南：國立台灣文學館出版，2006 年 11 月，頁 16～17。

宗也寫下另一篇〈在南方的夜晚〉，相比之下，如果前面一首表達出台灣是有
希臘神祇降臨的華麗島，是像一處燦光似的大地，足以託付藝術與理想之憧
憬的園地；那麼試問，在這裡現實社會之人心的狀態呢？此時，可以說龍瑛
宗正渡過台灣文壇的黑夜，〈在南方的夜晚〉一詩：

> 清澄的月　在椰子樹上／恰似荷蘭芹　清爽地微動著／在此月夜，
> 有窈窕淑女　徐緩地彈著洋琴／你的白頰　似希臘抒情詩
>
> 據云在何方有「不可知的幸福」／淑女呦／想思　馳於遙遠／但是
> ／徒然嚮往而已
>
> 清澄的月亮　在椰子樹上／恰似荷蘭芹　清爽地微動著／在此月
> 夜，有窈窕淑女／徐緩地彈著洋琴
>
> 可是，淑女呦／何其音韻之惆悵啊！
>
> ——〈南方的夜晚〉〔註34〕

龍瑛宗在明顯創作一種理想境地的景致，月色、荷蘭芹、椰子樹等，並以白
頰少女或淑女「希臘似的抒情詩」，作意象的聯結。筆者認為，若以淑女作為
繆斯的化身，轉而作為「詩人龍瑛宗」自身的寄喻，未必不可。因為，龍瑛
宗向來將「幸福」作為自己對文學意義的認同，在「少女／繆斯／龍瑛宗」
三位一體的感受中，少女之所以會有所嚮往不得的惆悵，不正也是龍瑛宗對
自己所獻身的文學（其內心之藝術繆斯），一種投以無限期待卻又處處受限的
悵惘。若是將龍瑛宗同年元旦寫下〈文學之夜〉的標題互相參照，更顯出基
於自許為繆斯者，對貧瘠的「南方之夜」的無力感。

　　在將〈南方的夜晚〉與前面分析的〈歡樂河邊的女子們〉相比，可以發
現龍瑛宗不斷地將台灣作為轉化的「空間」，它可以是一處有光明之神降臨的
理想華麗島；但是，又是詩人化身在「南方的夜色」中寂寥而惆悵的所在。
可以說，龍瑛宗既是把南方台灣當作一個「超現實的未來烏托邦」，並且以詩
中描繪的希臘神祇降臨的華美意象作為其理想文學藝術之島的預示；但是一
方面，也認知到現實下他所殷殷寄寓的的「烏托邦」空間有著什麼樣的失落，
因而再以詩的意象作為失落的「南方之夜」的抒發。

　　由此我們得到另一種閱讀角度，也就是從廣泛的藝術思潮與人文價值的

〔註34〕龍瑛宗，〈在南方的夜晚〉，《台灣日日新報》，1939 年 8 月 3 日。引文出處《龍
　　　瑛宗全集（中文版）》（詩・劇本・隨筆集，第 6 冊），台南：國立台灣文學館
　　　出版，2006 年 11 月，頁 20～21。

多元傳統中，更接近龍瑛宗對作品所進行的（台灣）想像與塑造。基本上，他是將台灣本身的實體空間條件，置入不同地理範疇與文化傳統中進行各種戰時一種在地文化發展與突圍。此外還可以看到，龍瑛宗〈詩人的午睡〉這首作品當中，蘊涵對台灣本身重層的地理所屬與戰時地域產生之連帶性的台灣與其它南／北方。讓人一眼就看出「台灣」化作了詩人、他所營造的詩情、以及他所憧憬的價值與思維，詩作如下：

> 台北市建成町的陋巷裡
> 有個詩人居住著到了青色的炎天
> 把古唐詩當做枕頭
> 不做詩祉（按：只）貪午睡
>
> 起伏著的肋骨
> 一條短褲的睡相
> 好像削瘦的一隻山羊
>
> 緣側下面是無邊際的南海
> 海露出白色熱鬧的笑
> 刹那間
> 波浪的泡影裡產生了
> 撒著白牙的 Aphrodite
> 瞳孔是南方十字星
> 乳房是福爾摩沙的木瓜
> 金髮被潮風搖曳了
> 「牧神的午後」聽著
>
> 南海竟凝固著成了無邊際的草原
> 平頭的韃靼人馳驅來了
> 揹著夏天的雲
> 捲起了沙塵
> 喧囂地哄笑著
> 北方的陰鬱的野獸呦
> 神的腳步聲聽著了
> 神的掃把聽著了

庭院的鸚哥振翅了

夢中醒來吧

南方懶惰的詩人呦

——〈詩人的午睡〉〔註35〕

在這篇詩作當中，龍瑛宗揣度了一個「神」與「詩人」共存的空間。睡在建成町的詩人，無非就是龍瑛宗的自況。在夢境中龍瑛宗化身的詩人，有了自我的凝視，意識到另一個「我」走在午後異色的空間〔註36〕。原本的陌巷突然間像一側懸崖，崖上貪寐詩人像隻午睡的山羊，迤邐開來的是無邊際的南海，白色浪花、南十字星和福爾摩沙島，南海止不住地在巨浪中變化著映現時代的風雲。此時，龍瑛宗看到彷彿像波提切尼所畫的〈維納斯的誕生〉〔註37〕，Aphrodite（維納斯）隨著泡沫而來，象徵一種「美的誕生」。這個「美」是裸體、無帶任何人世裝扮的女神誕生於白浪中顯現。而這個原生的「美」，龍瑛宗特地以島嶼特產的美來形容，女神的瞳孔是在「南方／南半球」上空的南方十字星，乳房是「福爾摩沙」的木瓜，金髮被四面環海的台灣南海的海潮陣陣吹撥著。這首詩也重視到音樂性，此時德布希的〈牧神的午睡〉像是一種藝術的潮聲，在南方海域隨潮風繚繞。

　　〈牧神的午睡〉前段龍瑛宗以空間意象形塑出四面環海的福爾摩沙，表現出一處「南方」絕美之境，但是這時卻有了陸上民族騎踏而來的威脅相繼而來。在詩的後面幾段，海洋一下成了凝固的草原此一威脅是以北方作比擬，他們群囂哄叫破壞了這個南海藝術靜謐幽緩的「完美空間」，成了一種陰鬱緊迫的要脅。不禁予人「警戒」的姿態。「鸚哥振翅了」、「神的腳步」也為之動了起來。像是要傳給詩人訊息一般，激起緊張地騷動著南方詩人的沉睡。

〔註35〕龍瑛宗，〈詩人的午睡〉，此篇是未刊稿，作於 1941 年。引文出處《龍瑛宗全集（中文版）》（詩‧劇本‧隨筆集，第 6 冊），台南：國立台灣文學館出版，2006 年 11 月，頁 40～41。筆者採用的是龍瑛宗戰後自譯的版本，收錄於《自立晚報》，遠景出版社，1979 年 3 月 20 日。

〔註36〕林巾力，〈主知‧現實‧超現實：超現實主義在戰前台灣的實踐〉，《台灣文學學報》第 15 期，台北：政治大學台灣文學所，2009 年 12 月，頁 82～109。林巾力曾分析龍瑛宗多篇詩作中，其中不乏產生「我」的分裂與詩人恍若以「他者」凝視著「我」，研究者認為那透露出龍瑛宗複雜的心靈維度與變化，「龍瑛宗展示他的心靈地層時，卻也讓我們看見那些堆高的基底其實來自於文化的混雜與衝突。」

〔註37〕波提切尼美術畫作〈維納斯的誕生〉。

　　龍瑛宗述說著「韃靼人」從北方而來，其實正與「古希臘文明」滅亡如出一轍。這一段史實，一般是這麼被理解：

> 多利安人的南侵象徵的是希臘文明遭受北方來侵領與本身的內亂。而當時多利安人尚處在軍事民主制度階段，攻下邁錫尼珠國之後並沒有創建國家，希臘的文明傳承因此中斷了兩三百年。從西元前1100至前800年間，希臘又倒退回原始社會時期。那是一個相對愚昧的黑暗時期，描述該時期歷史狀況的文字資料主要是《荷馬史詩》，因此這一時期又被稱爲「荷馬時代」。〔註38〕

古希臘滅亡並非一個城邦的命運而已，實關乎人類某種精神價值的殞落。而南方詩人在巨大歷史變動面前沉睡著，恍若進入神境的空間，但是在沉睡中卻被北方蠻族的威脅感所喚醒，來到「夢」所特有的情境感，也就是意識與非意識的邊緣。這彷彿象徵龍瑛宗在以詩人作爲化身的「我」與「詩人的我」相互激發下，最終選擇甦醒面對歷史變動現實的意識與昭告。最後那句呼喊「夢中醒來吧／南方懶惰的詩人」，正是龍瑛宗最終對自己的叫喚，提醒自己離開「夢」的「無意識」或「意識與非意識」之間的邊緣地帶，而返回不得不繼續以清醒的意識面對現實塵世的總總。

　　龍瑛宗以人類自上古以來之藝術價值的象徵——希臘文明，作爲追求「非所有的憧憬」的象徵，而被其寫入詩文中的希臘神話人物則象徵著文學與藝術。在藉由希臘文明作爲想像資源和對未來烏托邦的想像的這個追求中，龍瑛宗特地以台灣特徵用於其對象造型上，並以詩的文字呈現出「福爾摩沙」、「南方」有其「地理性的特定空間、物產」與「藝術性的多元時間與價值」之重層時空特徵。藉由這樣同時具有現實性與超現實性的台灣時空特徵，他將「台灣想像」與「南方想像」具體化作其文學「再現」的存在。

　　必須強調的是龍瑛宗的詩情中，總是存在矛盾的反差。正如前述，在藝術思潮中的「烏托邦」理想境地並非全然以「樂園」作爲期盼。更多時候藝術家的心靈，被寄託在文學再現所創作、所虛構的時空情境裡。亦即，藝術家或文學家乃是在意識到現實與夢想仍然有距離的荒謬感之前提上，才產生一種「空間」的「再現」。藉此寄託其超現實的時間與理想藍圖，並且意圖透過這種做法展現意識背後的社會文化乃至文明批判，或者表達其失落的情感

〔註38〕王尚德，《希臘文明》，華茲出版社，台北：佳赫文化出版社，2010年6月，頁56～57。

及思考投射。

　　從大溪地到希臘的文明隱喻及空間意欲，不約而同地表現出龍瑛宗對藝術境地有種同時期台灣作家身上少見的形而上的神往。他似乎有如下一種文學觀點：台灣身爲「南方」，有重層性的時空架構，得以在不斷重新脈絡化的詮釋下得到文化開展和發揮的機會。龍瑛宗在文學創作中，「再現」的「南方」是一個存在永恆價值的抽象性空間，以詩性的內涵貫穿其中。

　　龍瑛宗每每將自己與台灣皆客體化，他詩作中出現的是一個受到注目的「詩人」、以及一個有詩人與詩神身處的地帶（既是詩人的「南方」、也是龍瑛宗所身處的「台灣」），這兩者的結合則是在他筆下象徵降生藝術永恆價值的「烏托邦」。龍瑛宗將詩內涵與詩精神之「價值的憧憬」與「憧憬的再現」匯聚在「南方」這一個符號上，也使我們認知日治時期作爲時代流行語之一的「南方」，其內部帶有台灣在「人文價值的普遍性時間」、「世界地理的特殊性空間」、「抽象精神的文明傳統」三種時空維度的重疊。正如柏拉圖同樣是以「被隔開的水域」和「被土地環繞著」（頁33）的島國地形——海島亞特蘭提斯城，作爲其「烏托邦」的原型〔註39〕。龍瑛宗亦是以詩的創作讓空間島體的台灣，被多脈絡性地「再現」；並且除了在地空間地理特徵的描繪以外，也包括賦予「再現」的具體內涵，譬如人文價值的「希臘憧憬」等等。他的各種嘗試和努力，也因此成爲我們從文學遺產重新發現富含南方與台灣連結的思考之資源和線索。

　　當然這裡面還有各種有待深究的課題；在這樣的憧憬中，其實也可以瞭解當時台灣除了寫實主義及鄉土本位之外，另外的美學認知與選擇。呂赫若也曾思考所謂的「希臘藝術」，他所思考的是那是可以保留至今象徵「藝術永遠性與純粹性的基礎事實」，並且給予人們「藝術的享樂」和「魅力」。深受馬克思影響的他也以辯證性的美學觀點進行說明，他引馬克思的話如此說道：

　　　大人是無法第二次再變成小孩的——即使不曾像小孩那般成長。然而，小孩的純眞使他喜悅，他不會努力使眞實在更高度面再呈現嗎？不管是在什麼時代，只有在少年性中，其本身的特性，才能恢復自然的眞實吧。在最亮麗展開的人類之社會的少年時代，作爲不再復返的階段，人類爲何要發揮永遠的魅力呢？有的小孩沒有教養，有的小孩很早熟。古老的民族大多屬於此範疇。希臘人是正常的小孩。

────────────

〔註39〕高千惠，《移動的地平線：藝文烏托邦簡史》，頁33。

> 他們的藝術凌駕我們的魅力，並不是屬於歷經不發達的社會階段與
> 矛盾的東西。魅力當然是後者的結果。不成熟社會的諸條件——在
> 其藝術才能成立——，難以脫離無法再度回歸的事實，而與之結合。
> 〔註40〕

在馬克思美學的角度當中，美學的悲劇性源自於其抗爭性的美學形式，也就
是馬克思認爲社會在自己歷史辯證的進程中，有其預設的社會模式終極的階
段。資本主義的發展使得多數社會未能走向社會主義，也就是都還停留在內
在正在進化的不成熟階段，因此人們必須在進程當中抗爭，並消解內在問題，
以期漸漸達至某種「社會」的理想。這也註定一切的現實，都和希臘所象徵
的完滿有所不同，並不斷遠離希臘階段的古老文明具有的藝術魅力。

　　呂赫若以辯證性的觀點，進行文明觀差異性的把握，更能正視社會與人
類文明及藝術文化之間的關係。對他而言，人類文明註定無法回歸單純的「魅
力」，故而存在著失落，唯有用藝術達到失落之縫合，這也正是藝術魅力之所
在。

　　藉由呂赫若藝術之魅力觀的參照，即點出的是龍瑛宗的社會理想也同樣
存在一種理想的秩序，作爲「典範」。正如前面對烏托邦觀念的分析，其並不
是單純指涉一個樂園，就字源而論它是一個理想秩序的勾畫與想像，而龍瑛
宗所再現的正是重層性的空間，其中安置著對台灣抱以多樣性，包括「人文
價值的普遍性時間」、「世界地理的特殊性空間」、「抽象精神的文明傳統」等
等的追求價值。

四、小結

　　本節以龍瑛宗的詩作爲中心，探討他如何透過文學的意象賦予台灣多脈絡
的想像方式，塑造文學中的「南方想像」。在荻原朔太郎著作《詩的原理》一
書中，曾提及「詩的精神」是一種「追求非所有的價值」，而從龍瑛宗的作品
中可以看出他對「南方」精神的寄予如古典希臘崇尚「人文價值」的脈絡，這
個脈絡乃是「烏托邦」正面性中象徵理想、新秩序、人與人的共處的願景。而
具體探究此脈絡更可以發現，龍瑛宗的「南方」必須要多元性的把握，至少包
括人類普遍性價值的永恆之地／龍瑛宗個人的身處之地／藝術家化身的理想

〔註40〕呂赫若，〈舊又新的事物〉，《台灣文藝》，1936 年 7／8 月合刊號。引文出處《呂
　　　　赫若全集》，呂赫若著，林至潔譯，台北：印刻出版社，2006 年，頁 376～377。

之地。當然「台灣」，即是這三位一體的存在狀況。他對「南方地理」與「希臘神話」在憧憬底下進行空間脈絡的融合，將一種普世的人文精神價值意圖放置在「南方」，也正是當下地理環境的「台灣」、未來期待是爲藝術價值境地的「台灣」、不斷有「追求普遍性價值藝術家」的「台灣」。但是，<u>值得注意的是這也是龍瑛宗以詩作中的「夢」，營造緊張感的地方，或許他所提示的是完美的理想就像一個無意識的夢，會讓人深陷其中的美好；雖然詩人追求價值的純粹性本質如「美」，但是仍必須在意識的清醒後繼續挺身面對現實。</u>

第二節　龍瑛宗的「南方想像」與創作：以小說爲中心

　　探索「人的問題」，是文學藝術不變的價值。龍瑛宗的小說特別著重在「人」複雜心境的描寫，葉石濤曾言：「他小說裡的角色已經不是土頭土腦的人物是成長爲思考複雜的現代人。因此，他的筆尖是犀利的，理智是冷靜的，所以他對於日本人的抵抗意識也隨著昇華，變成一股被壓抑、孤獨無助的哀愁。」〔註41〕。龍瑛宗回憶自己日治時期的文學活動時，如下表露自己對文學的見解：「<u>其實近代文學應該是市民們在陋巷中探索自我的產物，不是嗎？</u>」〔註42〕。至於龍瑛宗這裡所謂的「近代文學」，我們必須要考慮的是繼承日本文學與歐洲文學影響而發展起來的近代日本文學。書寫《近代日本文學史》的葉渭渠解釋19世紀西方小說如何影響日本文學，並產生出某些重要母題，其中「近代自我」此一母題即是其一，有關此一母題的各式作品，更具現了近代日本文學的重要思潮脈絡。葉渭渠認爲，近代文學以「人本主義」爲基調，將「人」置於文學的中心位置，呈現出「展開解放人性」和「確立近代的自我」這樣主題的存在〔註43〕。過去已有些論者在討論龍瑛宗的小說，也不乏觀察到龍瑛宗出色的小說敘事，乃是不斷地以「我」作鏡自剖個人內部矛盾、內觀掙扎、思辨「自我」。譬如，蔡鈺淩從世界文學思潮的「現代主義」提出，

〔註41〕葉石濤，《葉石濤作家論》，高雄：三信出版社，1973年，頁3～4。

〔註42〕龍瑛宗，〈《文藝台灣》和《台灣文藝》〉，《台灣近代史研究》第 3 期，1981年 1 月 30 日。引文出處《龍瑛宗全集（中文版）》（隨筆集，第2冊），台南：國立台灣文學館出版，2006年11月，頁12。引文底線爲筆線所加。

〔註43〕葉渭渠、唐月梅著，《20世紀日本文學史》，青島：青島出版社，1998年，頁15～17。

這樣的特徵包括「內省」、「爲藝術家畫像」、「孤獨感」〔註44〕；彭瑞金則認爲龍瑛宗是在不斷轉換「鏡射」視角中，呈現出「匠心獨具的台灣知識份子的典型」〔註45〕；陳芳明也指出，龍氏的文章描繪的是一幅宛如「利用各種聲音拼湊時代的圖像」，他說：

> 那樣的語言並非只是屬於美麗的詞藻，龍瑛宗經營小說的技藝時，已經注意透過平面語言來完成立體的、多重的隱喻與象徵。柔軟的語言，竟暗藏批判的力道，那種強烈的吸引力迫使我開始追問：龍瑛宗是誰？〔註46〕

如前幾位研究者都點出龍瑛宗小說中，鏡像性之自剖與展示特質，以及基於此特性傳遞給讀者「立體」、「多角度」的心靈結構。除了「鏡像性」之外，與龍瑛宗同時代的台灣文壇重要旗手黃得時則觀察到他的小說中帶有「理念性的提示」這一特點〔註47〕。他曾將龍瑛宗與張文環加以比較，分別指出兩人特點：

> 換言之，（張文環）他所描寫的任何作品都脈動著鄉土的血和香氣。友人批評他爲風俗作家，似乎有一番道理。<u>在此點上跟同屬本島人作家的龍瑛宗構成了良好的對照。龍瑛宗的作品常常有理念的提示，而張文環沉溺於題材，有喪失理念的情形存在。假若把龍瑛宗當作沉鬱性的作家的話</u>，張文環正是樂天性的作家。

綜合上述，龍瑛宗小說著重鏡像性與理念性的特質，使其對「人」的內在情感，「人的意識」之掌握有其獨特細膩之處。故而，本文試圖從龍瑛宗的小說挑選一些重要主題，探索其帶有鏡像性與思索性特點之小說創作，而深化其對「人」、「自我」的思辨。此外，第三章第三節曾引述相關丹納（Hippolyte Taine，1828～1893 年）在「藝術哲學」所言：

> 藝術家按照自己的觀念把事物加以「再現」出來，使事物與藝術家

〔註44〕蔡鈺淩，《文學的救贖：龍瑛宗與爵青小說比較研究（1932～1945）》，國立清華大學台灣文學研究所，2006 年 7 月，頁 27。

〔註45〕彭瑞金曾言「<u>龍瑛宗絕對不是揹著時代光影走的作家，他只是不把文學當槍當矛，是把文學當明鏡，不斷地照自己、照自己的心而已，他的怨艾何嘗不是自我鞭策、激勵的能源呢？</u>」彭瑞金，〈龍瑛宗的第二個文學夢〉，《文訊月刊》第 34 期，1988 年 2 月，頁 241～243。

〔註46〕陳芳明，〈戰時寄回的遺書〉，《昨夜雪深幾許》，台北：印刻文學出版社，2008 年，頁 153。

〔註47〕黃得時，〈輓近台灣文學運動史〉，《台灣文學》第 2 期第 4 號。引文出處《日治時期台灣文藝評論集（第 3 冊）》，黃英哲主編，台南：國家台灣文學館籌備處出版，2006 年 10 月，頁 399。

的觀念相符，因而更理想；他分辨出事物的主要特徵，改變事物各
部分的關係，使特徵更突出。這就是藝術家按照自己的觀念改變事
物。〔註48〕

本文將結合前面第三章討論龍瑛宗的文學觀與丹納的論點指出：龍瑛宗為
「人」這一（丹納言的「事物」）「再現」所思考的「主要特徵」，便是「鏡像
性」，而「鏡像性」手法的特徵則是以「影」和「凝視」。此外，特徵如何銜
接前文討論文學目的之「追求幸福」的概念，則以「不幸中的幸福」，或更精
確的是「在相信人生於世乃是絕對的不幸中，而抱持追求幸福」作為既是特
徵，同時也是作家觀念的再現。

一、特徵的再現：「人與影」

人與影討論的重點在於下列兩方面：一是，指出龍瑛宗小說中，對影子
所加以描寫的「象徵」。二是，說明龍瑛宗小說中往往寫到「我」意識到自己
面對的是一個「幻影的他者」或「憧憬的他者」，也就是「鏡像性」的映象，
當「我」對此加以判斷後，他人之「影」成為一種暗示「自我」意識到「人
與人相處的關係」，包括「以他人為鏡」照見自己的弱點、罪惡感、人性的特
徵等等主題。

（一）、〈夕影〉（1937.8.15）〔註49〕一文，描述本是貧窮的「我」，在路
上因為一時的私心，而拒絕一位行乞的老婦。但是老婦的辱罵造成我對自己
的輕蔑，產生心情的「混濁感」。龍瑛宗將其表現在我與影子的關係，小說中
寫：「夕陽在路上照映著不規則的影子。我拖著混濁而不清爽的心情，在這落
日餘暉的街上走回去。」（頁50）影子是「我」內心矛盾感的投影，而在「我」
慢慢地冷靜下來思索這個老太婆後，發現她是一個只存在於「在那已經沒有
了太陽光線的夕影裡」，而未曾在「早晨」活過的人。小說以老太婆孤獨的死
亡作結局，讓「我」最後看見的是「棺木被夕影完全籠罩」的晚景淒涼。小
說中，夕影一方面照射出象徵「我」心境投射的「不規則影子」，也是籠罩「我」

〔註48〕 丹納（Taine）（法 1828～1893）著，曾令先、李群編譯，《藝術哲學》，重慶
　　　　 出版社，2006 年 8 月，頁 219。相關論點也可參考本論文第三章第三節。

〔註49〕 龍瑛宗，〈夕影〉，《大阪朝日新聞》第 19 卷 4 期。1937 年 8 月 15 日。引文出
　　　　 處《龍瑛宗全集（中文版）》（小說集，第 1 冊），台南：國立台灣文學館出版，
　　　　 2006 年 11 月，頁 49～52。（引文採用陳千武翻譯版本）

所觀察的小說人物的一股孤獨、淒涼的氣韻感受。

（二）、〈黑妞〉（1939.2.1）〔註50〕一文，描述著「我」在街市遇到一名貌似記憶中名叫「阿燕」的女孩，於是想到阿燕的身世，並且記起有一次突然看到阿燕化妝的面孔，「我發現到阿燕的黑臉抹了很厚一層皎白的白粉，看起來非常好笑。但奇怪的是我竟笑不出來，彷彿觸到嚴肅的事實，女孩子所喜愛的事物。我禁不住深思起來。」龍瑛宗在思考的瞬間，抓住眼前事物的風景，並且用聲音和畫面製造出對比的象徵：

> <u>土磚牆的廚房裡有些幽暗，爐灶、水缸和日常器具都罩上了一抹影</u>
> <u>子</u>；但在外面洋溢著炙熱而慵懶的陽光，從那照耀的光線裡，少女
> 的天真笑聲仍然飄過來。〔註51〕

可以讀見，儘管戶外有著明耀的光線，但是屋內的事物卻都罩上了一抹幽暗的暗影。筆者以爲，這個光照與影遮的對比，形成了一個譬喻，就像是「我」發現阿燕那看起來非常好笑，但卻又讓人笑不出來反而引起深思的「臉」。從標題「黑妞」來看，引發「我」所思考的無非是，「黑」是阿燕原本的特徵，但是她卻想用白粉來遮蔽自己。這個面貌顯示，她「憧憬」的是一個和自己身份不一樣的外表；然而，儘管改換裝扮，那面貌之下，其實無非也還是自己無可迴避的命運。

> 但是，阿燕穿漂亮衣服而打扮的，都是不幹活的人。
>
> 所以，我想做女招待
>
> 阿燕，恐怕你不知道，女招待生雖然打扮得花枝招展，但那是很辛苦的活兒呢。
>
> 我不在乎，我要穿漂亮的衣服哪。
>
> 一身破爛的阿燕，眼神活潑起來，好像抱著無限的憧憬似的。〔註52〕

「我」從阿燕身上似乎體會到，用來掩飾自己外表面目的「化妝」，竟是爲了追求一個不如外表所見而充滿危機的憧憬。

（三）、〈白鬼〉（1939.7.13～22）〔註53〕一文，內容講的是「我」在深夜

〔註50〕龍瑛宗，〈黑妞〉，《海を越えて》第2卷第2期，1939年2月1日。引文出處《龍瑛宗全集（中文版）》（小說集，第1冊），台南：國立台灣文學館出版，2006年11月，頁53～58。（引文採用龍瑛宗自譯的版本）
〔註51〕龍瑛宗，〈黑妞〉，頁56。
〔註52〕龍瑛宗，〈黑妞〉，頁57。

趕返回家的途中，自己不斷浮現有關「鬼」的想像，想像「鬼」可能有各種
人形的樣貌，感到害怕。而這時「我」遇到一名為了妻子的病，而夜行求醫
的「人」，兩人都因對方的夜行感到懷疑與驚嚇。不過，在「我」感受到那名
男子的善良心地後，「我」終於掃落身上對「夜」與「人」的雙重恐懼。龍瑛
宗是這麼寫的：

> 我覺得心中有一股難以言喻的清爽，身子和心房也像蜻蜓的翅膀般
> 輕鬆了。被黑夜纏繞的恐怖感，從我身上抖落了下來。
>
> 星星美極了，那嬌媚的眼神投擲到在黑夜裡行走著的人。
>
> 除了我以外，所有人們的體臭完全消失了。我踏著孤獨的沒有影子
> 的步子，與自然相互擁抱了。我越發感覺到孤獨，希望能席地坐下
> 來，好好哭一場。不過，這祉（按：只）是一種心境而已。我仍然
> 行走著，而且想唱歌了。〔註54〕

當「我」邂逅一個充滿人性之「美」的陌生人時，「我」除了立即驅散自己心
中望見他人而心生恐懼的幻影以外，進一步也消失了自己予人的「恐懼」，也
就是自己身上的黑影。龍瑛宗特地在兩人分別後「我」的一種狀態做描述。
他寫道：「我踏著孤獨的沒有影子的步子，與自然相互擁抱了。」關於這個
情境的描寫可以這樣被理解，龍瑛宗以一個連自己的「影子」都失去的「我」，
強調的是「我」原本是兩個負面的「黑影」之受體，一、是來自於人妄想一
種外表的「可怕」＝鬼之形影。二、是人本身因他人而引起內在的感受，一
種因「未知」、「疑心」而帶來內在的弱點「恐懼感」，這個弱點則與人的個體
像是「形影不分」。

　　不過，個體感受到人心的「善」後，是可以擺脫與消解外部與內部的黑
影。這個連自己的影子都失去的「我」所感到的是「孤獨」，但也正因此「我」
的身心，可以「毫無二分」的投入大自然當中。但是，這也只是一個「心境」
的美好，「我」又立即回到現實的處境，獨唱起「Old Black Joe！」。這一首歌，
主要是歌詠追逝在天堂的友人的歌曲，似乎是以「彼端的天堂者」呼喊著這
樣全然孤獨的「我」作為安慰。結尾時，「我」說「鬼是人本身，還是人自己

〔註53〕龍瑛宗，〈白鬼〉，《台灣日日新報》，1939 年 7 月 13 日～22 日。引文出處《龍
　　　瑛宗全集（中文版）》（小說集，第 1 冊），台南：國立台灣文學館出版，2006
　　　年 11 月，頁 65～70。（引文採用龍瑛宗自譯的版本）

〔註54〕龍瑛宗，〈白鬼〉，頁 69。

產生的幻影」，龍瑛宗以幻影和形象兩者，提供讀者思考「人」以爲是鬼的外型所挑起內在的「恐懼」；但事實上，「恐懼」不只是外物的形體幻化而來，也包含外在「人與人」之間以及「人與內部自我」的一種相互關係。因爲「他人」而促發自身「產生」猜疑般的幻想，會在人心內部蔓延而化作吞噬心靈的恐懼感。

（四）、小說〈宵月〉（1940.7）〔註55〕，處理的是「我」觀察著一位曾經「憧憬的友人」──彭英坤其逐漸沒落的人生，「我」特別著重於黑暗現實對他造成的黯淡人生那些部份。龍瑛宗一開始就以光影來襯托這個人物的境況，「走過刺眼的陽光，忽然進屋走向彭英坤房間的我，好像跳進了地下的暗室，一下子什麼也看不見。而且彭英坤的房間確實那樣黑暗。……」（頁147）。小說中，「我」原本置身又熱又亮的午後，但是「我」所來到的屋宅，卻如身處一個巨大的遮擋底下，而「黑暗」，也正如接下來所描述的人物心境之寫照。小說中彭英坤是一位被殖民地差別待遇及種種現實困難拔掉人生理想、熱情和希望，而鄙夷教育職場的本土知識份子。龍瑛宗並沒有在社會層面多加著墨此人物精神頹敗的潛因，不過卻在心理變化上嘗試以今昔對比、「我」與「他」交互「凝視」的情節設計，使彭英坤這個人物不斷出入在「我」的現實與過去之中，進而觸動著「我」的各種想法流動。這個「凝視」是這樣被描寫的：

> 彭英坤睜著眼，凝視著我。
>
> 他沒跟我說話，只是凝視著我，我漸漸從他那眼神和異樣的姿態中，
> 感到一種可怖，但也察覺到那眼神所透露出來的軟弱與情感。
>
> 這可憐的男人啊，我在心裡這麼喊著，我想擁抱他，安慰他說，振
> 作點，不會有事的，事實上我仍只是看著他，站在那裡。〔註56〕

「我」以探訪友人的心情來到彭英坤的面前，但是，實際上卻保持著一種視線的距離。「我」即使是對他有任何的感情，卻只是想像以一個內在的身影向他安撫著，而未有所動。而龍瑛宗特地以「我」主動捕捉著彭英坤眼神裡的黑暗，反映出種種心裡的激動。

> 彭英坤那凹下去的眼睛，看起來像黑暗的沼澤，偶爾以混濁的眼神

〔註55〕龍瑛宗，〈宵月〉，《文藝首都》第8卷7期，1940年7月。引文出處《龍瑛宗全集（中文版）》（小說集，第1冊），台南：國立台灣文學館出版，2006年11月，頁147～171。（引文採用陳千武譯的版本）。

〔註56〕龍瑛宗，〈宵月〉，頁148。

　　凝視著人或物，但其實是甚麼也不看，只是作著一種姿勢而已。

　　我偶爾碰到彭英坤那奇妙而寂寞的眼神，心胸會激動。

　　這個人真悲慘。我以憐憫和輕蔑交叉的心情看不起他。可是，很奇
　　妙的事是，那種憐憫和輕蔑不久也會回到自己身上來暢流於體內。
　　因此彭英坤那種寂寞的眼神，對於我來說很令我眷戀，又覺得有親
　　切感。

　　這是後來才想到的。我想，他那種寂寞的眼神跟我之間，好像有一
　　脈相通的心緒似的，但是這一點，到現在仍然想不清楚有甚麼關聯。
　　〔註57〕

「我」對「他」之所以能相互理解的「同」情共感，來自於「我」曾經將彭
英坤作為憧憬的對象，「總之彭英坤是我中學時代所憧憬的人。我常想，如果
能變得像他一樣，不知道會有多麼滿足，多麼高興呢。」（頁152），可以看見
彭英坤曾經一如一個「影子」讓「我」心生仰慕。基於，這樣的原因，使「我」
可以客觀地看著過去的自己和彭英坤的差別；但是，一旦回到現實，「我」卻
感到迷惘，像是遇見了「幻影」的破滅一樣，他對彭英坤的沒落如此扼腕著：

　　中學時代像駿馬般的彭英坤，跟現在這麼貧弱像稻草人的彭英坤，
　　感覺完全是不同的人。僅認識今天的彭英坤的人，怎麼能想像他也
　　曾經有年輕的雄姿呢？不，甚至連我自己也會錯覺，中學校時代的
　　彭英坤，好像不是實在的，<u>好像是幻影而已</u>。〔註58〕

因為「彭英坤」的身影，曾經是「我」個人「理想自我」之代表，也就是一
種「憧憬的投射」。使得「我」體會到，彭英坤離開學生生活到當上教員後的
現實處境，包含沒落、寂寞與被輕蔑的現況，也都是「我」與彭英坤彼此之
間共同的狀態。兩人的現實處境與深沉心理，因而具有了共通性。他們的「相
互關係」反映在，「我」看到憧憬的化身慢慢走向不熟悉的幻影時，在與彭英
坤的眼神交流中，也感到「一脈相通的心緒似的」。

　　這個「凝視」反映在小說主人公身上，卻也成為一種行動的契機，「我」
原本是透過「凝視」不斷地檢視著自己內在究竟自己是出於甚麼樣的心意幫
助彭英坤。對自己的動機感到鄙夷感的「我」，加上他人的眼光，開始失去行

〔註57〕龍瑛宗，〈宵月〉，頁154。
〔註58〕龍瑛宗，〈宵月〉，頁155。

動的信心。想要放手不願搭理這件事情的任何關心。可是,在內心交雜情緒後,仍動起想要替彭英坤解決債務的念頭,於是主動前去排解彭英坤所留下來的債務問題。「我」生氣地與小說中功利主義形象的朱天成交涉,試圖喚醒他似的說:

> 可是,甚麼嘛,我們都不是能孤立生存的。我想,我們的社會是站
> 在互相幫助的基礎上,所以鄰人、尤其是以往的同事陷入不幸境遇
> 裡的時候,不應該放手不管吧。〔註59〕

「我」用「不幸的相互關係」向朱天成做訴求。不過,朱天成則是對自己的孩子說:「爸爸想要留下很多很多的錢給你,是很多,真得很多的啊,你這個人真幸福,知道了嗎?」,他人傳給下一代以金錢爲滿足的幸福觀念,更凸顯「我」所認知與期待人互助的現實,受到冷落而寂寞。「我」的心境寂寞地停留在觀察到天空、路樹以及房屋、門窗眼即的一切全部都壟罩了「黑暗的影子」。

　　「我」在「當下」與村人的交涉,以及彭英坤過去曾咆嘯著宣洩對教育職場的失望,都能讓讀者理解那是一個無法讓人展現抱負,極度壓抑,且又存在完全不顧彼此生活,讓人感到「黑暗」且「寂寞」的社會。筆者以爲,此時龍瑛宗把握到一種描寫人與人之間關係的重要方法,乃是「影子的投射」。作爲「憧憬」的對象與作出「投射」的主角,雖然兩者看似各自的個體,但是透過「凝視他者,以他者爲鏡後,而對內形成的自我意識」,卻能開闢出另一個理解人們彼此共處一社會現實的方式。

　　龍瑛宗曾提及自己所認爲的「私小說」,該是一種以「藉一友人的身影,想要作一種社會性的批判。是一種受到日本文學影響的變種」〔註60〕的小說。筆者以爲,人原本是各自相對的個體,但是卻能夠透過「凝視」的作用,由「我」的意識建構或說聯想與同理出彼此的「相互關係」,並且進一步以這個人我關係重新理解彼此共存的「現實」。換言之,「現實」的浮現,除了需要生存於該社會的人之觀察以外,更重要的是,像龍瑛宗這樣思索出的各種「理解現實的方式」。

　　龍瑛宗曾說「作家並非是將現實原原本本抄錄下來,而是要將現實暫且

〔註59〕龍瑛宗,〈宵月〉,頁168。
〔註60〕〈三人座談──濱田隼雄、龍瑛宗、西川滿〉,《文藝台灣》第4卷第3期,1942年6月20日。引文出處《龍瑛宗全集(中文版)》(文獻集,第8冊),台南:國立台灣文學館出版,2006年11月,頁133。

拆散解體，然後再以文學方式加以有機組合。其間要以想像或者幻想作爲媒介。」〔註61〕。筆者以爲，從「憧憬的他者」產生一種「影」與「自己」的共通關係，既而呈現出「我」與「他者」具有一個「相互關係」，共享一個「存在的現實」，即是龍瑛宗對戰時殖民地悶壓「現實」的一個重要理解方式。由此，他筆下由「我」的身影穿梭在時空變化下的處境，其實也都可以解讀爲是我（們）的處境。

從〈夕影〉、〈黑妞〉、〈白鬼〉、〈宵月〉以上這四篇小說來看，龍瑛宗皆設計「我」在不同的人生際遇中，如何產生對「人性」的思考。其角度不僅對外觀察他人，也包括向內觀察自我內在。影子，是這四篇文章中共同的重要象徵。影子成像的原理，乃是因爲光線在直線傳播中，遇到物體或遮蔽物時會反射而有其成像。在龍瑛宗的作品中，影子多成爲隱喻人心理的「投影」，比如：「我」被道德感挑起的混亂心情；阿燕面對憧憬的他者，而懷抱著「幻影」作爲自身的扮裝；夜行者「我」將抽象的「恐懼」之情，投射在「顯形」人影上，並且因此進而思考像幻影一般的鬼是不是就是「人」本身的問題。龍瑛宗的小說透過不同題材對「影」作爲「自我」與「人我關係」的反映媒介，讓人感到他逐步地將殖民地的「光與影」詮釋出了更多內在意涵。可以解釋爲：眼光所目即的一切，讓人出現了心理投射的作用，產生了「影子」事物或情緒變化（暗影）的出現，影的象徵，包括混濁的人心、悲哀的遭遇、「恐懼」的投射、自我的「化身」等等。但是，除此之外，龍瑛宗也認爲人是可以擺脫這種種負面情緒與內心陰影的。譬如遇見美與善的人心時刻，人是可以卸除掉這些「影」所象徵的現實黑暗。

如上所述，龍瑛宗在小說中詮釋了不同的「影」，他的貢獻在於開啓了從殖民地的社會結構黑暗面以外，對人性當中弱點或負面性的「黑暗」，運用文學的象徵給予發現，也成爲他文學中的重要特徵。龍瑛宗除了將影子連結到小說人物造型，隱喻人性以外；在人與人的相互關係中，他有關「影子」的託喻，又連結到「自我凝視」及「現實凝視」的問題。「我」藉此發現了一個與「他人」共通與連帶的「現實」處境，與表現人同樣有內在黑暗的「現實」之表現方式。

接下來，筆者要再從另一個主題探討龍瑛宗的小說。蔡鈺淩認爲在〈黃

〔註61〕龍瑛宗，〈關於作家〉，《台灣藝術》第 2 卷第 1 期，1941 年 1 月 1 日。引文出處《龍瑛宗全集（中文版）》（評論集，第 5 冊），台南：國立台灣文學館出版，2006 年 11 月，頁 77。

家〉與〈宵月〉後，龍瑛宗的小說產生了「外在的消退」，也就是在「國家／民族帶有社會視野的「暗」轉而進入個人／家庭的內部世界」〔註62〕。筆者認爲，龍瑛宗內部世界的經營可以用第三章分析的文學目的（追求幸福）與創作態度（抵抗不幸的態度）作深入的探討。龍瑛宗似乎有一個認知「人生」的現實觀，是把握到人乃是無目的或謂「不是因爲幸福」而誕生的觀點，他曾說「我相信人生絕不是幸福的，人不是因爲幸福才生下來的。」。不過，龍瑛宗卻又認爲文學無非是爲了要「追求幸福」；戰後龍氏也曾說，所謂的文學就是「追求每個人形形色色的幸福」。龍瑛宗的人生觀與文學觀，似乎隱含一個悖論的矛盾；但是，文學的存在縫合了此一矛盾，所以他努力做的正是「以文學來趨近一個被自己相信無法獲得的『人生』」。我們若能掌握到他這樣相互扣連的人生觀與文學觀，便可以更深刻理解像他這樣深思型的一位文學家，欲要「再現」的觀念。

二、觀念的再現（一）：「幸福與不幸」

　　筆者認爲，龍瑛宗常思考「幸福」或「不幸」的辯證，表現在小說的主人公與人物的「對話」和「關係」當中。接下來，將以〈午前的懸崖〉（1941.7.1）〔註63〕，〈貘〉（1941.10.1）〔註64〕兩篇小說作討論。前文指出的，從他人身上看到自己影子的主題特徵，則同樣仍在這些作品中繼續被發揮著。

　　首先，討論〈午前的懸崖〉一文。故事中描寫，「我」是一個非常欣羨友人——張石濤的人，原因在於張石濤有豐富的藏書和見聞經歷。「我」在某次稱羨他是個幸福的人時，卻被張石濤反駁說：「不，人總是把別人的事情想得比較美好。我也有我的不幸，學醫就是其中之一。」（頁222）。這個回答使「我」產生了一個相對性的看法——「人有看似幸福中的不幸」。既而張石濤說：「幸福也好，不幸也罷，都是很主觀的。也正因如此，我的問題就在於我感到很痛苦。」（頁222）。張石濤的自白，道出如何認知「幸福」一事：亦即人沒有

〔註62〕蔡鈺凌，《文學的救贖：龍瑛宗與爵青小說比較研究（1932～1945）》，頁39。
〔註63〕龍瑛宗，〈午前的懸崖〉，《台灣時報》，第23卷第7期（259號）1941年7月1日。引文出處《龍瑛宗全集（中文版）》（小說集，第1冊），台南：國立台灣文學館出版，2006年11月，頁215～238。
〔註64〕龍瑛宗，〈貘〉，《日本的風俗》第4卷第10期，1941年10月1日。引文出處《龍瑛宗全集（中文版）》（小說集，第1冊），台南：國立台灣文學館出版，2006年11月，頁239～251。

辦法定論「他人」的「幸或不幸」，但是人對於自己的痛苦原因，卻會有主觀的「不幸」感受。於是，「我」補上地說「不管怎麼說，撇開懵懂無知的童年不談，每一個人都會有自己的痛苦和煩惱吧。」（頁222）。兩人所論及的「幸福」認定及主、客觀問題，還有張石濤自認的「不幸」，乃是以小說中鋪陳關於張石濤所受到的家庭期望及世俗婚姻之痛苦為基礎。

張石濤認為自己被父親安排在缺乏興趣與才能的崗位上，就連自己的戀愛對象，也被傳統的媒妁之言制約著。張石濤認為：「老人家總喜歡打一些如意算盤，偏偏年輕人又個個是理想主義者，就因為這樣，悲劇才會發生。」（頁225）。在一次同妹妹和心儀的女孩出遊下，大家討論起「幸福」與「時代」的關係。張石濤的妹妹從這個「時代」的人可以享受前人所沒有的體驗談起，「還是現在的人幸福，以前那有什麼郊遊呢？」（頁231）。這個說法隨即引來張石濤的有感而發，他說：

> 每一個時代的社會制度都是那一個時代的產物，都有它的時代意義，所以時代變了，社會制度也要跟著改變才行。結果大家都想把舊的東西塞到新的時代來，這也就是我們之所以會發生悲劇的原因。〔註65〕

張石濤點出的是人與社會及「時代」的連帶性。人身上都有時空的貫穿，當下的人有比以前的人「幸福」的「時代」生存條件與社會法則；然而，人與人之間，新、舊交替下無法接軌的社會制度，則會發生這一方受到另一個時空生存條件與社會法則制約與折磨，成為相互之間的摩擦，並導致一方或雙方「不幸」的悲劇。時代的「改變」、新的幸福與「不幸的悲劇」，突顯出「幸福」與「不幸」宛如相對性的概念，而非絕對性的事實，作用在同一個人的個體身上。正如龍瑛宗曾摘錄〈雞肋抄──拉羅斯福哥〉〔註66〕的文句所言，「人絕不像自己所想的那樣，既非幸福，亦非不幸」（頁119）。可以說，龍瑛宗試圖以相對性的觀點表達一種「人的自知」，人無法在任何時空把握到絕對的幸福，也不致於因為某一個時空而遭到絕對的不幸。

回到小說中，張石濤和「我」在出外郊遊踏青時，體悟到大自然乃是他

〔註65〕龍瑛宗，〈午前的懸崖〉，頁232。
〔註66〕龍瑛宗，〈雞肋抄──拉羅斯福哥〉，《台灣公論》，第8卷第4期，1943年4月1日。引文出處《龍瑛宗全集（中文版）》（詩·劇本·隨筆集，第6冊），台南：國立台灣文學館出版，2006年11月，頁118～120。

們「身邊的鼓勵」，也認爲個體即使被限定在「無法改變什麼」的現實狀態當中，卻認爲「是有無力感。但是不去爭取不行的。」（頁232）在上述新舊「時代」交替導致「幸福」與「不幸」亦同時並存的觀念中，可以看出龍瑛宗本身帶有強烈的歷史決定論的宿命觀。然而，這種宿命觀，並不是一概的否定命運將必然是以死亡或絕望做終點，而是在具有相對性而非絕對性的「進步」和「絕望」的對話當中，朝向追求肯定的力量。也就是說，龍瑛宗雖然點出主人公身上象徵「世代與人」與「時代與人」之間註定帶有悲劇般的「不幸」，但是，他更在意的是「幸福」與「不幸」在個人生命體上作用出的矛盾之力，以及個體生命在承受此矛盾與衝擊時展現的勇氣，並堅守追求或爭取什麼的意志。

那麼，人有沒有辦法超脫這樣的矛盾，在此矛盾當中尋找無限相對之下形成的「穩定」呢？〈貘〉中的「我」就是一個案例，龍瑛宗以「夢」作爲一種型態，思考人在「相對性中的絕對性差異」。

〈貘〉（1941.10.1），講述「我」從小觀察著生長在富貴之門的朋友──徐青松的變化。少年的「我」曾經從徐青松家宅的外觀，憧憬著他的生活與身份，對友人的幸福以仰望幻影般憧憬著。「我」道出：

> 朱色磚瓦，外翹的屋簷，徐青松的宅邸被深綠的樹木包圍著，幼年時的我覺得那兒隱藏著很多的夢。
>
> （徐青松）是美麗的故事國都裡一位幸福少年，少年時期的我唯一的願望，就是想要有徐青松那樣的身份。〔註67〕

少年的「我」夢想自己擁有徐青松的身份，擁有金錢富貴和廣博書籍；然而，「我」卻慢慢地從徐青松身上發現，這只不過是他投射在徐青松身上有關自己的一個「夢」。現實中的徐青松，是一位「沒有希望的人」。青年徐青松不久就被安排了卑俗勢利的婚姻關係並且去到了日本。長大再相逢時，「我」得知他遭逢妻子跑掉、經商失敗、家道中落等挫敗，而成爲一位看似「沒有激烈的夢，但也沒有激烈的絕望」的人而苟延殘喘。最後，這個卑俗、狼狽的身影，使「我」感到他就像一個有獸味的人，「被貘吃掉了的徐青松本身，好像貘，染著動物的氣味。」。

小說中，除了寫到「我」客觀地觀察徐青松的家族史外，其實也透過雙

〔註67〕龍瑛宗，〈貘〉，頁240。

線描述，開展著「我」和徐青松各自經歷的生命時間；他們兩人和〈午前的懸崖〉的主人公「我」與張石濤之間，有著相似的相處關係。「我」在他者的外在生活中看見了「幸福」的身影，但是，卻發現這個幸福的身影，並不是絕對性的存在。如前所述，〈午前的懸崖〉中論及的「幸福與不幸」，是一種同時作用在一個人身上呈現矛盾之力，而「幸福」或「不幸」端看該主體透過對「自己與他者」或「自己與時代」的評斷。「我」曾經以為是幸福的身影，成為眼裡的「獸」，龍瑛宗雖然沒有對此做出評價，但其實背後的寓意，也隱約彰顯出龍瑛宗暗示的是一種「人性」價值的消失。

此外，龍瑛宗在〈貘〉中的「我」，是從自己個體的時間思考著「人」個體之間，在同一性中「絕對性的差異」。筆者以為，那就是「夢＝希望」在一個人身上存有的「形態」。「我」長大後從徐青松的身上自覺地體會到一件事情：

> 財富這種東西，是不是本身就是一種貘？從財富裡誕生的人，很少會有貪婪的夢。越是貧窮的人，越會有不好的夢。冒險、困苦、苦心慘淡，這些都是被夢附身的人所作的事。貧窮、下賤不久就會聯繫於富裕、高貴。對於貧窮者來說，貘是無緣的靈獸。貧者總是比富者更激烈地想要孕育惡夢，把牠飼養育大。〔註68〕

筆者想這段話，可點出三種類型的「人」：第一種是沒有夢的人；第二種是做著不好的夢（孕育惡夢）的人；第三種是「被（美好的）夢所迷住」而艱困著的人。這三種類型，並非截然斷裂，龍瑛宗似乎認為，如果貧窮者對於懷抱的希望，只是一心孕育著「因有財富而富裕和高貴」的夢，那麼即使富裕和高貴來了後，同樣在下一步就成為「沒有夢的人」。

小說中，「我」思考著「財富＝貘＝吃掉夢的靈獸」這個辯證的關係。「我」第一次聽到「貘」的名字是他看到徐青松家的擺飾上有一隻看似「十分幻想性的野獸」（頁244），而徐青松告訴他那是「麒麟」。不過，當「我」長大後，看見徐青松從原本令人稱羨的少年，卻因為財富而在失去「希望」的命運底下，慢慢成為像獸的人時，「我」因而想起這隻「麒麟」，於是說：

> 麒麟！承載很多美夢，飛向幸福之國的高貴動物就是它？我半信半疑地聽了。

〔註68〕龍瑛宗，〈貘〉，頁244。

> 到現在，我才想起，那不是麒麟，一定是貘吧！。
>
> 徐家需要的是安泰。要使一家的繁榮能維持長久，就應該捨棄不好
> 的夢。貘會吃掉徐家人的夢吧。然而，沒有夢的人，是怎麼過日子
> 的呢？〔註69〕

「我」之所以會有此體悟，來自於「我」本身就是一個「曾經」對徐青松的
家世和身份有過「夢」的人。和徐青松一同相處與成長的「我」，直到徐學生
時期完婚到內地前，他始終是讓「我」感到「令人羨慕的幸福身份」（頁247）。
不過，徐青松讓人欣羨的生活，卻也是讓「我」後來領悟到那將會成為一個
沒有夢的人而變成獸的根源。

小說中設定的「我」，是一個在學生時期的徐青松離開後，十年間過著自
己「擁抱著小小的夢」的生活者。「我」告白的說：「我畢竟不是有才能的人
物，因此只能在自己的能力範圍內，擁抱著小小的夢。我不想要累積巨萬的
財富，只為了讓子女受教育不至於感到不方便，而努力儲蓄一些財產。……」
（頁247）。「我」是一個在不覺得自己有發跡之運，只要擁有自己認為的充裕
生活，一有空閒就可以用閱讀充實自己興趣，便感到滿足的人。龍瑛宗使主
人公曉得看見自己、建立自我價值的重要性，以及更重要的是，他想藉此表
達人們應當瞭解他人身上所反射出的自我內在迷思。他以「夢」作為迷思的
隱喻，暗示自我迷思其實會帶來另一種「有夢」與「沒有夢」最後結果都一
樣的循環，藉此說明，重要的是從認識和接納自己出發，以此為前提而有「夢」
和「希望」，但絕不是擁有一個「想成為他人的夢」。

筆者以為，這篇文章中，由「我」吐露出「夢」與「現實」的關係到底
是什麼，饒富趣味。「夢」並不能取代現實，但是現實中也不能沒有「夢」。
然而，若誤把他人身上的象徵當作自己的「夢」，則將和「沒有夢」的人一樣，
那是像獸一樣的人，無非也是暗示「人性價值」漸漸消失的人。

龍瑛宗並沒有以「我」自己的辯證，讓人理解為何「我」會解消掉自己
原本是位憧憬他者而作夢的人。但是，卻以「夢」作為媒介，在一個人身上
夢想的發生，讓「我」去審思他者與自己的存在「關係」。暗示了「我」的心
境，意圖擺脫掉曾憧憬徐青松的心境。其不僅否定了自己過去的想法，也從
他人身影獲得一種自覺。

〔註69〕龍瑛宗，〈貘〉，頁244。

　　從本節第一部份「人與影」的作品討論中，已經可以看出龍瑛宗的某一思想特色。亦即，不斷以「我」外部接觸到的他者，作為思考「人性」的對象；並且從「我」思考「他者」的「鏡像關係」裡，得到個人對心靈內部進行審視與解讀的契機。前面提及過，近代日本文學的母題受到西方影響下，帶有「挖掘人性心理特徵」、「近代自我的發現」。龍瑛宗以「我」作為文章的小說脈絡，使讀者後設的看到一個「我的探索」，不只是在發現社會，而是透過「我」不斷的思索自己與他者的關係，成為不同發現自我的歷程。

三、觀念的再現（二）：「不為人知」的「幸福」

　　前兩節以「人與影」、「他者的鏡像、映象」的分析，以及龍瑛宗從「我」與「他者」思考「何謂幸福」的命題之後；接下來，本文將繼續指出，其實龍瑛宗還曾利用不同的視角思辨這個問題。那是 1939 年發表於黃得時所企劃的《台灣新民報》的「新銳中篇創作集」第 3 篇的──〈趙夫人的戲畫〉（1939.9.23～10.15）〔註70〕。筆者以為，從文章中「幸福」這一辭彙的頻繁使用，且明顯穿梭在小說人物的對話上，可以發現龍瑛宗試圖以「小說家」的立場探問或說表現思考「追求幸福」的想法。

〔註70〕龍瑛宗，〈趙夫人的戲畫〉，《台灣新民報》，1939 年 9 月 23 日～1939 年 10 月 15 日。引文出處《龍瑛宗全集（中文版）》（小說集，第 1 冊），台南：國立台灣文學館出版，2006 年 11 月，頁 79～134。小說中，包括「趙俊馬之圖」、「趙夫人之圖」、「彭章郎之圖」、「冬蘭之圖」，以四人的角度營造平行的同一個故事。關於龍瑛宗，〈趙夫人的戲畫〉（1939 年 9 月 23 日～10 月 15 日）這篇小說已有多位前行研究者進行重要的多面向討論。依時間來看包括蔡鈺淩，〈**文學的救贖：龍瑛宗與爵青小說比較研究（1932～1945）**〉，新竹：清華大學台灣文學研究所碩士論文，2005 年。論者認為，龍瑛宗模仿紀德《偽幣製造者》的手法，使「小說家龍瑛宗」出入在小說人物當中並且對其進行嘲弄，此外，龍瑛宗使用這個手法，在於嘗試放棄現實和小說古典形式的框架，以想像和虛構創作小說，並證實龍瑛宗自己所言「小說是虛構的」。蔡佩均，〈**想像大眾讀者：《風月報》、《南方》中的白話小說與大眾文化建構**〉，台中：靜宜大學中國文學系碩士論文，2006 年。點出小說取名「戲畫」的戲謔之意貫穿寫作，並且認為龍瑛宗以小說人物的際遇對當時通俗市場關於「愛情」的敘事呈現出嘲弄其公式化、人為性的情節。柳書琴〈**從昭和摩登到戰時文化：〈趙夫人的戲畫〉中通俗文學現象的觀察與省思**〉，2010 年。論者認為龍瑛宗此篇小說不僅意在點出「小說是虛構的」或將解構（小說家）的敘事權威，呈現出的目的還包括他對當時通俗文學現象的觀察，並且將其轉化成「解構現實主義小說中，作者對讀者的支配力以及讀者對『現實中的作者』（龍瑛宗）的注意或過度依從」，該文指出龍瑛宗正視文學結構內部與文學市場外部的關注。

　　首先從文本內部來看，龍瑛宗藉由「幸福」這個命題，貫穿四位主角的關係。他先講述一名喜歡享樂、喝酒的富家子弟「趙俊馬」，曾經純情虔敬地愛慕他的初戀情人〔註71〕，但是當他嚐得性的秘密之後，便貪婪地沉溺於一個接一個新女子的「歡愉」。在不能復返的初戀後，他成爲一個「幸福」的失落者；不斷地在買賣關係下，以爲自己可以一手決定「她」人（想要得手的女子）的「幸福」。他嘲弄著惹惱他的下女冬蘭，並決定將她賣往他地，因爲她拒絕了他的求愛，小說中他言「她是個糟蹋掉自己幸福的傻瓜」（頁125）。

　　小說主角之一的「趙夫人」，她是一位喜歡閱讀通俗小說的女子。從學生時期，她就深信通俗小說裡，美麗與純情的男女主角邂逅和際遇是可以被期待的愛情幸福〔註72〕。但是，在趙夫人少女時期浪漫想像的婚嫁對象，其實是一個個遠離她與家鄉而去的人，也就是說少女的她所憧憬的愛情，皆是無疾而終。最後，她嫁給趙俊馬，但在婚後不久，便悔恨自己當初是錯看了趙俊馬英俊的外表。她深深地體會到自己在外人眼中的幸福，其實是個「不幸」的婚姻。龍瑛宗形容趙夫人，這樣一位無法自覺放棄生活的安逸和跳脫出將「浪漫純潔的愛情等同於幸福」的人是趙夫人個人的「悲劇」。小說的發展底下，趙夫人繼續將「自以爲的幸福」從趙俊馬身上轉移到長工──彭章郎身上，她的視線被描寫如下：「就在這時，一個體格強健又清純的男人的幻影聳立在趙夫人的眼前──是彭章郎的身影」。趙夫人特地安排彭章郎與自己幽會，想要探測彭章郎對自己的心思，不過，彭章郎卻十分曉得，這並非趙夫人的「本意」。

　　彭章郎知道趙夫人試圖向他表達的愛意，無非只是她婚姻不順而導致寂寞的情感想要找人發洩。因此，當趙夫人要他回答，在他眼中自己是「幸福」還是「不幸」時，彭章郎表面含糊其意，但是，他內心非常清楚，其實趙夫

〔註71〕龍瑛宗，〈趙夫人的戲畫〉，頁85～86。龍瑛宗原文寫：「那女人的身影不時產生在我的眼前。浮現在我的眼前的三、四個面容彷彿綻放的牡丹或者是其他的花朵般。有的正嫣然而笑，有的沉靜，有的帶著憂愁，有的看來寂寞。我變得非常純情，像個虔誠的戀人般的追逐著她的幻影。唉，算是我的浪漫時期吧。」

〔註72〕龍瑛宗，〈趙夫人的戲畫〉，頁90～91。龍瑛宗原文中，描述趙夫人回想起自己女校時代所看的小說，包括《紅天鵝》、《珍珠夫人》、《破船》、《新道》等等，趙夫人的心情描摩是：「在主角中尋找美麗的人，都是些純情的人，而且不是沉醉在無暇的幸福中，就是在感嘆純潔的不幸。／我看那些小說，深深地被那崇高的氣節感動……」。

人是將「對趙俊馬的不滿與內在的掙扎轉嫁在他身上」，在他眼中趙夫人成了悲劇般的「悲哀而可笑」〔註73〕。此外，他與下女冬蘭之間則發展出，人與人因為「命運」的「同病相憐」，而有了精神上相互安慰的相處和關心。

　　小說中，「冬蘭」是一個自認不懂「小說」的下女，她拒絕著趙俊馬要娶她為妾的計劃。繼而又因為趙夫人的猜忌，在趙俊馬面前誇大冬蘭和彭章郎兩人的「愛情關係」，最後夫妻同仇敵愾似的把他們得不到自身所要的「愛情」之妒火，朝向冬蘭身上發洩。筆者解讀兩人的心境是，趙俊馬認為她「糟蹋了幸福」（由趙俊馬娶她，給予她成為有錢人之妾的「幸福」），趙夫人則嫉妒冬蘭能夠「擁有幸福」（得到她所憧憬的彭章郎之「愛情」）。在這樣的心境下，兩人惡意地將冬蘭安排淪落風塵的「不幸」。不過，在小說的結局，送走冬蘭的火車正要出發時，那一度懷疑著「莫非這就是背負在我們身上的宿命嗎？」的彭章郎，瞬間下定決心尾隨落入深淵的冬蘭而去。小說最後一句寫「火車載著這兩個人充滿苦難的命運，發出刺耳的汽笛鳴聲向南方奔馳而去。」（頁128）。「共赴苦難的命運」的兩人，看似接受無可奈何的宿命，朝向兩位小說主人公所安排的「不幸的命運」，但是卻也翻轉趙俊馬以為男女的結合是為「幸福」，與趙夫人純情的愛情作為「幸福」的理解方式，其意義值得再做分析。

　　筆者以為，在這篇小說中龍瑛宗以「後設」的方式，描寫各種主人公眼中以為滿足個人的「愛情」就是「幸福」的形式，包括趙俊馬個人享樂主義式的縱慾、趙夫人從通俗小說中以為的「崇高和浪漫」。但是，龍瑛宗儼然安排一對出於同病相憐的不幸男女，奔向更為辛苦的前程，對「前兩位自以為的幸福」，加以「懷疑」著，小說家再此揭示了懷疑一種人（主角們）所以為的「幸福」的態度。此外，「小說家的龍瑛宗」雖然在小說中，被主人公們加以諷刺與消譴，但是，「小說家的龍瑛宗」卻是決定結局的人。而讀者在結局，獲得的啟示顯然是：「幸福，是以兩人因為精神的共鳴與宿命的認知下，相互扶持而奔向明知不幸的前程」這一結果，也就令人思考到，其實龍瑛宗是把自己「小說家」的身份，予以再相對化或客觀化，並以此思考何謂「小說家」所要予以世人認知的「幸福」，或說暗示著一種「不幸中的幸福」。

　　那麼，是否有龍瑛宗不加以懷疑的幸福，而所謂「不幸中的幸福」的觀念又在龍瑛宗的小說中如何呈現呢？筆者認為，龍瑛宗的小說〈不為人知的

〔註73〕龍瑛宗，〈趙夫人的戲畫〉，頁121。

幸福〉,篇名儼然十分清楚地點出,有一種叫做「不爲人知」的「幸福」,是「幸福方式」的具體「再現」。以下將從這篇小說情節和人物關係,加以說明。

〈不爲人知的幸福〉(1942.9.20)〔註74〕一文,是以一名女子「我」追述從小在一個傳統家庭當童養媳,但是因爲不堪丈夫和婆婆的欺凌而離開家庭,自己覺悟到女人有宿命般悲哀後,獨立前往大城市謀生。在那裡,她遇見了一位身體病弱,卻給予她精神典範的男子,成爲她生活力的來源。在丈夫死去後,「我」仍告白說堅信自己是「生活的勝利者」,並且要懷抱丈夫所給的信念,繼續爲兩人的孩子勞動與活下去。

這篇小說中所謂的「不爲人知」,必須從這名女子觀察自己,以及某一位被鄉里的人以爲「幸福」的女性友人談起,「我」自白地說:

> 啊!我眞的是不幸的嗎?
>
> 不,不,我不那麼想。
>
> 我認識一位被大家羨慕地公認爲「幸福!幸福!」的友人。那是跟我同庄的人。她跟我不一樣,從幼小就被當作掌中之珠,受著寵愛。從女校畢業,是個連女人看了也會覺得喜歡的、美貌的女人。她嫁去的對象又是擁有十幾萬圓的資產家。丈夫是留學內地學校畢業、像貴族公子般的好男子,他們是十分稱配的夫妻。但是經過二、三年後,丈夫卻瘋狂地愛上了別的女人。說起來,那男人是美男子,而且是這一帶最有錢的人,受女人的愛慕是當然的。……她的幸福不過是表面而已。在甚麼地方才有眞正的幸福呢?有一次碰到那位朋友的時候,她說「每天過著乾燥無味的日子,我才是眞正不幸的女人。」潸潸流淚並嘆息了一陣子。〔註75〕

「我」知道那位擁有一切看似美好的女子,以及被人人羨慕的「幸福的女子」,其實曾對自己告白出「不幸」的眞相,是在幸福的表象下「不爲人知的不幸」。相形之下,「我」自剖自己命運的心境,「我」吐露著原本期待童養媳的丈夫——阿良長大後會善待她,但是,當她看清這只是一個虛妄之夢後,她決心離開阿良的家庭,並且深刻地體會與自知女人的「宿命」,是充滿深層的悲哀

〔註74〕龍瑛宗,〈不爲人知的幸福〉,《文藝台灣》第 4 卷第 6 期,1942 年 9 月 20 日。《龍瑛宗全集(中文版)》(小說集,第 2 冊),台南:國立台灣文學館出版,2006 年 11 月,頁 27～37。

〔註75〕龍瑛宗,〈不爲人知的幸福〉,頁 29。

與辛酸。而她新遇見的男子，對她發出了共鳴，「妳也是帶著不幸的靈魂活下來的」（頁 35）。男子的品行與「不幸」的相知，讓女子更堅定地主動表達自身的感情，並且排除外人之言與男子結婚。這場婚姻並沒有讓「我」感到現實生活有絕對的好轉，但是「我」的心路卻有自己生活中很堅定的快樂和幸福感，她言：

> 雖然是窮，生活卻很快樂。如此在月夜，兩個人倚靠著破舊的窗，邊賞月邊談天說地，多麼快樂啊！有時甚至會覺得過於幸福而流淚呢。對第三者來說，並不是甚麼值得提起的事，但是對於我，卻是非常深刻的喜悅。

從「我」這番體悟，顯示出龍瑛宗以女子表明著一種「不為人知」的「幸福」或說對第三者而言無足輕重的感受，但那卻是女子堅信不疑且領會的「深刻的喜悅」。朱家慧認為龍瑛宗透過愛情的結合，創造出一種「價值體系」：

> 兩個不幸的男女，卻在愛情中感到富裕，這是龍瑛宗假藉女性之口，所創造的價值。這個價值並不受限於現實生活的苦難，而是插著夢想與翅膀的愛情，自由地飛躍於現實之外。這不再是浪漫的幻想，而是重新創造一個價值體系，建構一個超越於現實的城堡。〔註76〕

這個超越現實的幻想，筆者認為，除了從「女子」的精神世界來詮釋以外，還可以多加思考的是她與病弱的丈夫之間的「相互關係」。這篇小說的開頭，龍瑛宗設計的是以「我」敘述睡著時的一場「夢」，作為開場。小說描繪如下：

> 我進入了恐怖的夢境。一片卵石荒原陰鬱地展開著，有激烈的季節風吹來。我和丈夫牽手在石頭荒原上絆躓著腳步前進。……丈夫身體有病，卻勇敢地保護我，挺胸抵抗吹來的風。終於我們走到了荒野的盡頭。那個地方像地獄的最下層般，有著深奧的溪谷。真是黑暗，好像永遠的夜蹲伏在那兒似的。我們沿著懸崖走。那是傍晚？還是黎明？總之，是一片沉重的灰色。……〔註77〕

在夢裡面，兩人行走在讓人恐懼像深淵般地風景，女子感到患病的丈夫「挺胸抵抗」保護她走在懸崖邊。龍瑛宗用不明的微光，將場景形容為沉重的「灰

〔註76〕 朱家慧，《兩個太陽下的台灣作家——龍瑛宗與呂赫若研究》，台南市藝術中心，2000 年 11 月。

〔註77〕 龍瑛宗，〈不為人知的幸福〉，頁 27。

色」。這個模糊感,讓「我」辨不清楚前方到底是可以期待的黎明升起,還是更黑暗的夜幕降臨。而忽然一陣怪風吹過,「我」因為丈夫的消失而驚醒回到現實。「我」隨後表達著自己相信「夢與現實」的關係是「顛倒的」。「我」說:「那場夢的不吉利是真的,現在面前看到的丈夫才是做夢。」(頁 27)。也就是說,龍瑛宗安排女子相信所謂的「現實」,其實是恍如走在如深淵裡的「夢」,而對於眼前的「真實」,是一種如夢境般的現實。這個刻意顛倒的關係,龍瑛宗要強調的是「夢」之所以真實,乃是因為兩人在「夢」中的精神關係。對「我」而言,現實裡面原本羸弱且瀕臨死亡的丈夫,在「夢」中是作為保護她渡過地獄而未明前方的光點為何的「挺身」者。

可以看到,在非夢境的現實中,其實男子像祈禱者一樣,自認是窮與病的連續,他深深感到拖累了女子「幸福」的生活。男子告白與感謝著她和社會,他說:

> 勞煩妳太多了,為了我,使妳的人生勞碌而不幸。真抱歉。不過,我很幸福,可是,靜靜地思考起來,我並沒有為社會效勞,這是感到最遺憾。我的生涯只是病和窮的連續,假如我沒有遇到妳,我會更加不幸吧。雖然沒有為社會效勞,社會卻容納我。我沒有讓妳幸福,妳卻為我奉獻了一生來照顧我,現在躺在死的床上,我只能感謝和禱告而已。〔註78〕

但是,這個現實最後「死亡」的男子,卻是使「我」繼續努力生活與勞動的精神來源,「我」感受到男子對自身精神帶有一股生活意志的連繫感,而成為一種「人生的勝利者」,「我」說:

> 快樂的事都會很快過去。真的好像夢一般。跟丈夫十幾年的生活,也像曇花一現就過去了。有痛苦的回憶,也有悲哀的感情,但勝過痛苦或悲傷的快樂生活,真是寫不盡的。……有一件事可以自誇,那就是丈夫全心全意地愛著我,是完全屬於我的,我是人生的勝利者。丈夫給了我深深的愛情而結束了清純的生命。我那美麗的男人被我看護著,安靜地昇天了。在現世並沒有享受,可是丈夫的心地純潔,愛自然,愛人生,然後停止了呼吸。明章也很像丈夫。明章也像丈夫有豐富的情感,應該好好地生活,我如此祈願。而我要為

〔註78〕龍瑛宗,〈不為人知的幸福〉,頁 27～28。

明章多辛勞做一點事。不久的將來，神要召我去的時候，我會高興
地跑去你的身邊。〔註79〕

龍瑛宗藉此傳出他所要表達之「幸福」的現實，那是一個體悟自己乃是悲哀
命運的生活者，但是，卻能得到精神力的保護和生活的信念，繼續走在「宛
如地獄般的現實命運」的人。就如小說中，女子「我」自覺著有悲哀的宿命
感，但是，卻能得到一個與「我」有精神共鳴的男子，而感到生活的保護力
與精神支撐。此外，丈夫雖然死去，但是他的身影早已成為「我」之精神中，
一種「純潔，愛自然，愛人生」之精神象徵的貫穿。使「我」雖然失去相伴
的丈夫，但是卻因為他的精神，有了為自己、為新生命，積極挺身活在「當
下」的信念。這不外乎是一種外人無法望見與得知的「幸福」，卻是一個看似
「不幸」者體會最深刻的精神現實。

　　前文曾提及，龍瑛宗小說中有不斷反覆出現的重要主題──「在相信人
生於世乃是絕對的不幸中，而抱持追求幸福的人」〔註80〕，而這觀念顯然在
這個女子身上有了著落，而其形式，也在她與自認是「不幸的靈魂」的男子
所組成的「家庭」中，顯示出來。這種以「家」的人倫關係作為形式，寄託
龍瑛宗現實觀與文學觀中重要的「為人生而文學」之主題，正是龍瑛宗向來
強調「美」是「精神美與形式美的調和」的一大融合。

　　此外，林瑞明〔註81〕曾認為這篇小說的女子，可擴大為象徵台灣的宿命，
女子即「台灣」。而筆者以為，同樣值得注意的是，龍瑛宗雖然塑造出女子丈
夫的衰敗形象，但是，不可忽視的是「他的存在」，對女子富涵正向且鼓舞的
象徵意義。或許，龍瑛宗有意指出的是，男子正猶如戰爭時期，未能施展個
人心靈，甚至是自覺「無能」、「挫敗」的「藝術家」。但是，儘管「藝術家」
的形象如此的落魄，他卻是女子（台灣）勇於堅持自己抵抗命運下，不可或
缺的一股生命之源與意志之精神支撐。從龍瑛宗塑造男子的表現來看，他一
方面在病弱中感謝著女子與社會對他的包容與接納，彷彿是藝術家了解土地
和自己共通的命運下，卻在「不得已的軟弱中」只能為土地，不斷地祈願。
一方面，男子對女子的意義，又能解讀到龍瑛宗的眼裡何嘗不是希望，那象

〔註79〕龍瑛宗，〈不為人知的幸福〉，頁36～37。
〔註80〕相關論述，可參考本文第三章第三節與本節第二點。
〔註81〕林瑞明，〈不為人知的龍瑛宗──以女性角色的堅持和反抗〉《台灣文學的歷
　　　　史考察》，台北：允晨出版社，1996年，頁265～293。

徵價值之純粹的藝術家的精神和意志，能夠永遠與承受著社會現實之苦的「台灣」同在。正如小說中女子之所以能夠堅信生活，是因爲依靠著丈夫的身影，也就是種種「純潔，愛自然，愛人生」的價值而活。

當我們將男子與女子的關係，轉化成爲藝術家對自身土地的相互關係時，那麼彼此當中所流通的，無非正是一種外人看待台灣命運的「不幸」底下，其實能夠體會到本土的藝術家，不無希望自身可以成爲一種象徵的「精神力量」，爲台灣不斷受苦的命運，留下一股意志的精神信念，不僅存在土地之上，其實也存在於土地的生活者、勞動者、廣大的台灣人民心中，成爲一種彼此因爲共同土地（台灣）的殖民宿命悲運中──「不爲人知」的「幸福」。

四、小結

根據黃得時、葉石濤的評論可以指出，龍瑛宗乃是一位深思型的作家，其作品中帶給人一種「理念的提示」是觀察其作品的重要線索。筆者觀察到他有幾項明顯反覆出現的作品主題，包含「人與影」、「不幸與幸福」。此外，由於龍瑛宗的敘述者多以「我」作爲周遭環境的觀察者或心理變化的對象，可以說他善於運用「鏡像性」的手法，亦即透過各種相對的「非我」特地尋找「我與他者」的「相互關係」。以此作爲共構一種「大我」的「發現」，宛如集體「人性」的「發現」。這個人性無非是通向一種「內面、心理的我」。除此之外，值得思考的是龍瑛宗構思主人公以「他人作鏡」，多顯示出一個連貫的命題──「幸福與不幸」兩者的辯證關係。龍瑛宗的小說中有一種典型的「人」，這個「人」往往是被塑造成，以他人的身影作爲望見自己以爲的「幸福」。這種「幸福」包括各種形式（包括金錢、通俗浪漫的愛情、好家世與財富、友人的廣博藏書等等），但是，小說中皆隱含龍瑛宗富有哲學辯證性的思索，意圖提醒讀者，「把他人外表所象徵的條件當作自身的幸福」，這樣的「憧憬」絕對不是「幸福」的彼岸；反之，人如果能夠認清自己（不幸的宿命）與他人共同扶持，並且懷抱著自我充實與滿足的希望，才是一種在「不幸中的幸福」。筆者認爲，這是作家以小說「對人生於世」做出一種闡述，目的是創造出一種自知與自覺的意識。

龍瑛宗探討的是，幸福與不幸毋寧是不斷交織在一個人、一個時代、一個社會的身上，而由不同的主體做體認。此外，在小說〈不爲人知的幸福〉一文中，這個辯證性也被龍瑛宗發揮爲一種書寫題材的表現。讓人看出龍瑛

宗「再現」出其所認知的「幸福」，隱含以身為「在自覺不幸當中為了純粹的信念和肯定人生的價值而活下去的生活者」，而「不幸」乃源自於人有無法一開始就自我決定的權力關係，比如傳統社會「童養媳」的命運。文中也試圖分析兩人的關係與幸福和不幸的辯證性，帶有象徵台灣命運的人和承受這塊土地命運的藝術家，兩者相互關係的暗示性。此外，可以思考的是在一個國家意欲個人從精神到軀體全付交給國家的時空環境下，小說家強調的是個人自覺的主體意識和樂於為他人勞動，進而找到家庭倫理的精神關係，無非也帶有抵禦國家意識型態干預的策略，在這一點筆者以為有值得用文學開闊的想像空間與結合歷史教訓，創造更多啟示性的文化意義。

　　筆者認為，在時局底下，龍瑛宗或許不具有直指社會結構現實的殖民問題，但換個角度來看，他其實是選擇轉進另一種黑暗面中，以更大的「不幸」作為黑暗現實的提示和象徵。這個黑暗包含一種權力意志的不可得或危機，比如可以想見台灣人在日治時期遭遇殖民地體制帶來不平等的權力關係，或龍瑛宗小說中揭示過不同時代的隔閡，造成青年選擇人生問題的「不幸感」，以及「童養媳」的身世代表傳統社會女人被決定的婚姻一生，又或者人在他人身影中失去了對自身的意志而幻想他人的身份或慾望等。尤其是以「影」的書寫策略關注到「自我」這個普遍性命題的寫作空間。在中日戰爭爆發後日本逐步加強在島內的皇民化運動，是所謂「創造日本人」的工程。但是，除了思考到台灣人在政治國族身份認同的夾縫中，產生內在「我與他者」的矛盾和掙扎以外，龍瑛宗或許正是以揭露人性內面的「我」，從而思考台灣文化所欲要建構的「人」、「所發明的人」。從小說揭示關於「不幸中的幸福」的觀念，表達了期許人，保持追求「認識自己」，自覺自己與他人，彼此之間都是「不幸的生存者」，但是卻可以互相扶持、挺身、共渡，追求「或許像憧憬般幸福」的生活。龍瑛宗將文學目的之「追求幸福」的觀念或說價值觀，體現在作為媒介物的文學作品之角色心境、對話、自白當中，諸多觀念性的人表現了作家懷疑、否定、肯定關於「追求幸福」的意識。以丹納「藝術哲學」的論點來看，龍瑛宗可以被呈現出這樣一個觀點：他乃是按照自己的觀念（人必須要自覺到不幸，但是以意志力與純粹的精神活在「不幸中的幸福」）把人加以「再現」出來，使人與龍瑛宗的觀念相符因而更理想；他分辨出人性中的主要特徵（鏡像／無目的降生中，需要追求幸福），改變人各部分的關係（主客體、我與「他者」），使特徵更突出。這就是龍瑛宗按照自己的觀念「再現」

一種「人」。或者說更適當的是龍瑛宗發明一種「人」，是個「帶有一種觀念的自覺者、領悟者」，而這個觀念則呈現出一種「我」的認識。筆者認爲在本文多方的線索與脈絡中，龍瑛宗以文學目的做出發，以創作實現文學目的的特徵化，其中又以自知權力關係底下的不幸，而勇於脫出困境且追求幸福的人格形象，象徵台灣過去與期許台灣未來的命運，正是寄喻著「南方」以人格的精神做實現，形同生命化的「南方」之出現。

第三節 「南方想像」的實現：談「杜南遠」一系列 作品

前一小節筆者著重分析龍瑛宗小說，反覆出現的主題和觀念。接下來，本節要討論龍瑛宗一系列，以一名「杜南遠」作爲主角的小說〔註 82〕。本章第一節，曾以龍瑛宗的詩作爲中心，分析他的精神思考中「南方」有 3 種空間，那是「實體風景的南方、憧憬人性價值的南方、存在藝術家的南方」〔註 83〕。本節將指出，龍瑛宗特地設計一個「杜南遠的存在」，讓人觀察到一種空間「觀看的方式」，其中他含括思考過的「南方」脈絡，包括空間的、憧憬的、主題的「南方」。

一、空間的感覺者：有杜南遠的小鎮

根據王惠珍指出龍瑛宗在 1941 年 4 月到 1942 年 1 月約 10 個月，被調職到東部花蓮港廳上班〔註 84〕。這個契機，使龍瑛宗在戰前有一系列以花蓮的地理風土，作爲小說主人公出場的背景。論者提到，龍瑛宗設計帶有自喻色彩的人將他取名爲「杜南遠」，字義上「或許是借杜甫之姓，而取遠離島都往南行之意」。這個推論可多加解讀的是，龍瑛宗往往因爲自身所處的地理位置

〔註82〕 戰前的 6 篇小說是筆者討論的部分，引文出處皆是參考《龍瑛宗全集（中文版）》（小說集第 2 冊），台南：國立台灣文學館出版，2006 年 11 月。未免行文過於冗長之後不再另外註明出處只附上頁數。

〔註83〕 相關論述請參考本論文第四章第一節的討論。

〔註84〕 相關論述可參考王惠珍，〈地誌書寫港市想像──龍瑛宗的花蓮文學〉，《東華漢學》第 6 期，2007 年 12 月，頁 275～314。論者以「杜南遠系列的出現和蛻變」探討這一系列作品，並且也提及筆者前面論及關於龍瑛宗帶有「幸福」的命題，是爲此時「龍瑛宗花蓮時期的文學觀的特徵之一」，頁 295。

變換，而道出個人不一樣的「南方」，即使在台灣內部，也未必有「南方」的一致性。譬如，本章第一節曾說明龍瑛宗在隨筆〈南方的誘惑〉一文中，所指的「南方」是台灣南端的屏東鵝鑾鼻。可以說，符號的「南方」不斷地促發著，龍瑛宗想像在地的文學素材、文學內涵、創作主題等等各方面的思考。

龍瑛宗一系列有關「杜南遠」的作品，是從戰前延續到戰後，篇目包括：〈白色山脈〉（1941.10.20），內含有三篇分別是〈黃昏裡的家族〉、〈海之宿旅〉、〈白色山脈〉。1942 年，隨著龍瑛宗調回島都台北後，他仍陸續發表〈龍舌蘭和月亮〉（1943.4.1）、〈崖上的男人〉（1943.4.1）、〈海邊的旅館〉（1944.1.1）。戰後，則有〈夜流〉（1979.5.20）、〈斷雲〉（1979.11.23）、〈勁風與野草〉（1982.1.15）。戰後龍瑛宗曾自喻「杜南遠就是我」，並藉由「杜南遠」敘述了個人許多日治時期的回憶。由於第二次大戰結束前日本帝國「南進論」在台灣作用這一歷史脈絡，促發筆者對龍瑛宗「南方想像」的討論，因此將以研究戰前作品為主。

研究龍瑛宗戰前的小說作品，不得忽視的是受到時局干擾的成份。王惠珍曾以探討「杜南遠」從出現到蛻變的痕跡，分析不同時間階段龍瑛宗思想的變化。她認為龍瑛宗真正調職前往花蓮的那段時間，龍氏個人心境能獲得「暫時逃避那些宣導帝國意志的責任」。小說主題，多以當地庶民的生活樣態，與他們各自「生活中小小的幸福」，守住當時作家創作的底線。不過，1942 年初回到島都（台北）後，龍瑛宗在不得不加入戰爭動員的情勢下，比如代表台灣作家被派往「第一回大東亞文學者大會」。之後，可以觀察到他在 1943 年 5 月後的作品，反而有一種「刻意壓抑著具有懷疑精神的杜南遠個人的情緒和想法」，轉而著重在小人物「洋溢著樂觀進取的高亢精神」姿態作書寫〔註 85〕。論者分析這個轉變與當時的政治氛圍作用力不無關係：

> 可以將〈濱海的旅館〉視為龍瑛宗呼應「決戰體制」基於「建設性」、「生產性」的理念，以在花蓮的生活體驗為題材的作品，但他同時也將日治時期東部移民的生活現狀以寫實的手法將它記錄下來。〔註 86〕

若檢視太平洋戰爭前後的杜南遠系列的作品，將可窺見隨著戰局日

〔註 85〕王惠珍，〈地誌書寫港市想像——龍瑛宗的花蓮文學〉，頁 298。
〔註 86〕王惠珍，〈地誌書寫港市想像——龍瑛宗的花蓮文學〉，頁 300。

> 益激化的杜南遠，形象由「內省」轉趨「內向」，甚至一向「陰柔內
> 向」的知識份子的形象，竟轉而成爲搖著「生產的」、「建設的」大
> 纛的旗手。〔註87〕

王惠珍提醒我們關於這一系列小說創作動機的聯繫，浮現出戰爭期龍瑛宗有
一個心境變化的側面。主人公「杜南遠」視線投注在建設東部的各種勞動者
或庶民的面容，雖然肯定以身體勞動小人物的生存價值，但是仍必須注意到
背後作爲戰局底下呼應勞動、生產者的形象，不免帶有時局刻痕。此外，小
說內部還包含「杜南遠」的種種聯想：

> 所謂人生，絕對不會存在於書房裡，也不會在理論或觀念性的東西
> 之中。而是在工作中所發現的喜悅裡，那裡有人生，有生活。……
> 在這洶湧浪濤的盡頭，進行著激烈的戰爭。那不是夢幻，而是嚴酷
> 的現實。這一場戰爭，將會把一切陳舊的羈絆颳走吧。而新的現實，
> 新的精神，將會從這些浪濤裡誕生吧。杜南遠想：必須覺醒於那新
> 的現實。〔註88〕

小說中的杜南遠因這個城鎮，讓人感受到「有人的氣味」而高興，不過在加
入戰爭的想像裡，杜南遠心境上的「覺醒」，不免表現出戰爭期知識份子將原
本空虛或無奈的心靈，投注在戰爭所帶來的新理想和新時代的來臨，將「戰
爭美學」融入小說作品而尋求悶壓寫作環境下的出路。在灌輸國家意識形態
的美學與親近庶民精神的兩種解讀之間，「杜南遠」的形象軌跡，體現了作家
刻劃時代外在風景與容納自身受到驅力的心靈痕跡。

　　蔡鈺淩曾從「感覺的人」思考「杜南遠」，認爲他表達龍瑛宗以「感覺」
去與外界接觸，把看見小人物體現的「愛情」廣泛的放置在人類之愛、異民
族之愛，因而呈現出「褪去民族／國族／國家／意識型態的侷限與限制，單
純以『世界群體』爲最大範圍的思考。因此，這時的龍瑛宗可說是從殖民地
的『個』之生存的思考，繼而面對『群』的問題，考慮殖民地個人在世界群
體中的定位。」〔註89〕。論者認爲龍瑛宗藉由異民族可以和諧共處的「愛」，
調合了與外部世界的衝突，走向世界的群體，不過卻還是在一種封閉的空間，

〔註87〕王惠珍，〈地誌書寫港市想像——龍瑛宗的花蓮文學〉，頁301。

〔註88〕龍瑛宗，〈海邊的旅館〉，《台灣藝術》第5卷第1期，1944年1月1日。《龍
　　　　瑛宗全集（中文版）》（小說集第2冊），台南：國立台灣文學館出版，2006
　　　　年11月，頁124。

〔註89〕蔡鈺淩，《文學的救贖：龍瑛宗與爵青小說比較研究（1932～1945）》，頁111。

才能樂觀看待的愛之力量，不免還是突顯出殖民地悲哀而虛妄的心靈。

的確，在戰爭的背景下不能忽視作家的思索中，受到國家機器或宣傳的作用力，以及龍瑛宗走進內部世界經營「理想」的共處關係。不過，筆者曾在本章第四章第二節探討龍瑛宗相關自身文學觀與創作觀一致的主題，其也是觀察龍瑛宗的文學容納自身觀念與態度的重要線索——「不幸中的幸福」，以下試圖從此線索討論龍瑛宗這一系列的作品。

首先可以思考的是，龍瑛宗特地取名一名叫「杜南遠」的人，本身就排除了他向來以「我」作為的第一人稱的敘事，藉此使讀者能「客觀的」觀看「杜南遠的存在」，而他也被龍瑛宗創造為一個各種「感覺」的意識者。筆者要指出的是，龍瑛宗對「南方」的想像，其實著重的是一種「視線」，是一種「特意突顯意識者置於南方」的「南方想像」。

首先，可以從龍瑛宗所設定這一系列作品的「空間」談起。所謂的「空間」，是台灣東部的花蓮港廳，龍瑛宗曾以果戈里為例，思考將鄉土化為「文學」的作法〔註90〕。而筆者認為，龍瑛宗對「鄉土化（台灣）」的營造，選擇了「花蓮」作為一模型。「海」的特徵，成為這個小鎮主要的空間意象。龍瑛宗佈置了一處「臨海小鎮」，作為「杜南遠」每一次出現的風景。杜南遠的出現無次不和海有關聯，他會是在海岸邊小鎮宿旅的杜南遠、剛離岸的杜南遠、入夜在海上船艙的杜南遠、眺望海面的杜南遠。因而海的「意象」有了人與物關係上特徵的集中。

> 海濱受到了影響，宛如成群狼狗般騷發出喊聲。直到昨夜才平靜下來，今天早上，海面已像灑滿薔薇般地，美麗而安靜。〔註91〕

> 濱千鳥的啼叫和海浪潮音，隨著黑暗的潮風吹進來。看不見漁火，窗外是清一色的黑，只有潮騷無止盡的反覆著。被這冰涼的潮風一撫弄，腦中笨重的思緒也漸漸轉輕。〔註92〕

> 啵克啵克的腳步聲彷彿有回音。好像聽得見山脈那邊的海在響動。也許碧波正緩緩地拍著海岸而碎開吧。〔註93〕

〔註90〕相關論述請參考本論文第三章第三節的討論。
〔註91〕龍瑛宗，〈白色山脈〉，《文藝台灣》第3卷第1期，1941年10月20日，前揭書，頁3。
〔註92〕龍瑛宗，〈白色山脈〉，《文藝台灣》第3卷第1期，1941年10月20日，前揭書，頁4。
〔註93〕龍瑛宗，〈龍舌蘭與月〉，《文藝台灣》第5卷第6期，1943年4月1日，前揭書，頁81。

> 杜南遠以半年的歲月,在那裏體驗過生活的愉悅和悲哀。靠著外突
> 出去的窗戶,眺望著海,想像過各式各樣的事情。那生活再也不會
> 回來了。杜南遠內心充滿一股奇異的心情。〔註94〕

> 不久,杜南遠看見黃色的月亮出來了。從暗藍色的遠方波濤裡,又
> 圓又大的月亮滾動似地浮上來。眼看著月亮升上去。

> 甲板看起來像被鍍了金似地白。纜繩的影子冷冷地落在甲板上。

> 杜南遠看著矗立在夜空裡的懸崖。它一直在前方連綿。

> 暗淡的波濤打碎了月光,彷彿無數的槴子花灑落。〔註95〕

這些文字建構出杜南遠身上個體感知的各種向度,包括聲音、觸覺、視線、
幻想、回憶的感情、猜想的心思、身體的姿態等等,是作家創造一個臨海小
鎮與人(杜南遠)關係上的種種可能。戰爭時期「空間政治」向來是掌握台
灣作家小說意識的重要關鍵。陳建忠在研究張文環以故鄉爲背景書寫重要作
品〈山茶花〉曾指出,張文環將童年記憶底下的「山村」、「故鄉」的書寫,
建構出「這個鄉土世界以與殖民者世界相隔絕的民族寓言一般的意味外,更
是張文環個人美好記憶的寄託,從這裡我們看到鄉土哺育滋養並收容作者的
重要意義」〔註96〕。陳建忠點出張文環以空間佈置隱匿作爲一種理想的載體,
迴避小說空間置身日本統治的時空。龍瑛宗以杜南遠作爲一名移動者,不斷
地使他藉由海洋過渡到他方,除了最後一篇〈海邊的旅館〉以外,全部以「去
時間」的方式進行小說的人事遭遇,或許,也正是龍瑛宗對當下時局的紛擾
一種刻意的迴避。蔣淑貞曾提到龍瑛宗的「南方」曾以台灣東部太魯閣峽谷
的地理環境作搭配〔註97〕,像是尋找一處詩人或哲人「逃避現實的世外桃
源」。的確,龍瑛宗在杜南遠的身上顯然也有這樣的心思,不過,置身於風景
的杜南遠,也正是龍瑛宗繼續將「我」從內部「他者化」以營造「個人意識」
之手法。在〈龍舌蘭與月〉中,龍瑛宗描寫著:

〔註94〕 龍瑛宗,〈崖上的男人〉,《文藝台灣》第 5 卷第 6 期,1943 年 4 月 1 日,前揭
書,頁 88。

〔註95〕 龍瑛宗,〈海邊的旅館〉,《台灣藝術》第 5 卷第 1 期,1944 年 1 月 1 日,前揭
書,頁 115～116。

〔註96〕 陳建忠,《日據時期台灣作家論:現代性、本土性、殖民性》,台北:五南圖
書出版有限公司,2004 年 8 月,頁 157。

〔註97〕 蔣淑貞,〈龍瑛宗的「南方」觀探究〉(會議論文),發表於清華大學台灣文學
所所主辦,「戰鼓聲中的歌者──龍瑛宗及同時代東亞作家(百年冥誕紀念國
際學術研討會)」,2010 年 9 月,頁 24～25。

離開人世，獨立行走在這僻陬之路，彷彿被一種自己不是自己的奇
異感覺攫住了，真是奇妙的心情。我這個人走在太平洋杳渺孤島台
灣的東部海岸山脈。關於自己卻難以相信所謂自己，懷著新的驚訝
凝望它，想要捕捉無可捕捉的陌生身姿時，杜南遠的念頭卻被打斷
了。〔註98〕

「念頭被自己打斷」的杜南遠，正如龍瑛宗每每在客觀化「南方詩人」的「自
我」下，卻又以「驚醒」、「來訪」來敲醒「我」意識著身處的現實空間。使
得我們知道這一處小鎮雖然是恍如「離開人世」地帶，卻不是龍瑛宗欲化身
為「杜南遠」或安置「杜南遠」到一處幻想的地域。龍瑛宗創造杜南遠這樣
一個意識者，在特意感到保持個體意識下，行走在以海為環境特徵的小鎮風
景，除了強調杜南遠各式各樣外部自然的感覺和情緒以外。龍瑛宗則以杜南
遠的「視角」，帶出他客觀地觀察不同家庭、友人、相遇對象，藉此點出杜南
遠被他人啟發思考種種關於「命運」的體悟。

二、觀念的象徵者：「杜南遠」與他人

　　施淑曾認為杜南遠是為「除了感覺一無所有的『異鄉人』狀態」，而蔡鈺
凌則指出杜南遠帶有「旅行者」的態度，這個態度是指「客觀的看待風景以
及風景內的人們，並藉由『他者』確認自身的存在。」〔註99〕筆者認為，
這個部份延續了龍瑛宗向來以「鏡像性」的他者與自我的關係，構成雙方一
種共鍊般的命運「關係」。首先必須要先看龍瑛宗如何塑造杜南遠的視線，以
及這個視線對主人公的心理作用。

　　在〈白色山脈〉中，首先兩篇是〈黃昏裡的家族〉與〈海之宿旅〉。從第
一篇來看，小說描寫杜南遠在海邊旅店先是發現一個舉止異樣的白癡少年，
他想著少年的父親、母親，還有照顧他而年華老去的姐姐，沉思著他們之間
這是多麼「不幸的血統」。他心想：「這是什麼宿命悲情的玩笑呢？」，更為少
年的姐姐感到，「那是如此令人討厭的血統？那對生活或體質來說或許不是決
定性的。……她是否怨恨白癡的弟弟？是否會怨嘆自己家的血統呢？」（頁

〔註98〕龍瑛宗，〈龍舌蘭與月〉，《文藝台灣》，第5卷第6期，1943年4月1日，前
　　　　揭書，頁81。
〔註99〕蔡鈺凌，《文學的救贖：龍瑛宗與爵青小說比較研究（1932～1945）》，前揭書，
　　　　頁48。

3）。不久，當杜南遠偶然地在海邊看見這一家人團聚在一起，深深地被一種「幸福感」的畫面打動。〈海之宿旅〉一文中，杜南遠在一間旅社，遇到一名被自己心儀男子惡意拋棄的女僕——阿惜，杜南遠無法理解她爲什麼仍想要回到這樣男子的身邊。他對阿惜渴望那名男子的幻影，再度自思「這是多麼奇妙的命運啊。」（頁 7）。之後，杜南遠偶然地看見阿惜，想著「這樣下賤身分的女人，卻居然像珍珠般地發著光彩，有著美麗的人類的愛情。也許，她之對於這無用的男人的愛，並不是單單對於異性的愛吧。」（頁 8）他感受到阿惜有種母性或人性的包容，其笑容中涵藏「無盡的美」。前兩篇，杜南遠皆是以一個觀察者望向他人的生活，雖然杜南遠自認無法理解他們的世界，但是再度遇見他們後，皆能因爲他們看起來懷抱著自己小小的幸福下的滿足與和諧，掃除自己原先懷疑他們的「不幸」。而帶給杜南遠感動的心理作用，以及杜南遠對「美」的體悟。

在小說中，杜南遠對他人宿命的遭遇和疑問，並非僅是一般的「同情」而已。在〈白色山脈〉的第三篇小說裡，龍瑛宗透過全知的視角，讓原本看見或思考他人「不幸命運」的杜南遠，轉而成爲一位在作品中被客觀化的敘述對象。那就是「杜南遠」同樣有被他人（讀者）看見的「不幸」：

> 十幾年前，杜南遠的哥哥住在這個鎮上。他的哥哥徹底身敗名裂了，留下了借款和三個幼兒，酗酒死了。這也就是杜南遠不幸的一個原因。他還年輕，卻要背負這三個遺兒的養育費。那使杜南遠墜入了殘酷的命運。假如沒有這三個遺兒，杜南遠就能開展自己的命運，到東京去了也說不定。就算那個願望失敗了，也應該能自由自在的行動吧。可是因爲這三個遺兒，杜南遠就像是被囚錮的人。就連杜南遠自己想要買的書都不得不節省下來。

> 杜南遠的現實生活是悲慘的。爲了要逃避那種悲慘的心境，他變成了幻想主義者。好像有閒的婦人喜愛悲劇一樣，杜南遠爲了遺望悲慘，變成了浪漫主義者。杜南遠是軟弱的男人，是卑微的男人。〔註 100〕

這段話除了讓人注意到龍瑛宗給人自身心境狀況的描寫和自己否定「杜南遠」懦弱的悲慘以外，卻也因爲「視點」的轉換將原本是杜南遠看著他人的「不

〔註 100〕龍瑛宗，〈白色山脈〉，《文藝台灣》第 3 卷第 1 期，1941 年 10 月 20 日，前揭書，頁 11。

幸」，變換成讀者看著「不幸的杜南遠」。在相對性的關係中，讀者可以閱讀到杜南遠的「同」情，來自於一個相同感情的基礎，是關於彼此皆是命運「不幸」的化身。

　　若從這個共通的基礎來看，可分析的是「杜南遠」內心之所以被打動，而感受到「美」的意識，是一種透過自身的「命運」而得到昇華的淨化。望見他人的不幸，與自己的不幸，而從中萌生出的是連帶他人的幸福，成為自己人心的洗滌。筆者認為，「杜南遠」本身就被設計成一個可以感受到「悲劇般的憐與懼」的象徵。關於「悲劇」，日治時期重要的文藝評論家廚村白川曾說：

> 據亞理士多德的《詩學》上的話，則所謂悲劇者，乃是催起「憐」（pity）和「怕」（fear）這兩種感情的東西，看客憑了戲劇這一個媒介物而哭泣，因此洗淨他淤積糾結在自己心理的悲痛的感情，這就是悲劇所給予的快感的基礎。先前緊張著的精神的狀態，因流淚而和緩下來的時候，就生出悲劇的快感來。使潛伏在自己內心的生活深處的那精神底傷害及生的苦悶，憑著戲台上的悲劇這一個媒介物，發露到意識的表面去。〔註101〕

「杜南遠」本身就是一個「悲劇」或說「不幸」的化身，更重要的是他是一個體驗悲劇作用的人。從第一篇「杜南遠」就每每以他人身影所獲得的感情，化解自己對「不幸命運」的懷疑。在第一篇〈黃昏的家族〉裡，結尾寫道：

> 旁觀看來，那家族似乎只會給人不幸的感覺，可是他們也有別人窺伺不到的快樂和幸福。這樣一起去看海的家族情景，並沒有寂寞的感覺，而是給人一種溫暖、由深刻的愛所聯繫，幸福團聚在一起的姿態。
>
> 這確實是另人感動的場面。
>
> 杜南遠不由地吞下了熱淚。
>
> 海面蒼茫而逐漸轉入暮色。
>
> 相思樹梢間漸漸暮暗的海，變成了濃鬱的葡萄色。〔註102〕

〔註101〕廚川白村著〔日〕，魯迅譯，《苦悶的象徵》，台北：聯經出版社，2000 年 7
　　　　月，頁 64。
〔註102〕龍瑛宗，〈白色山脈〉，《文藝台灣》第 3 卷第 1 期，1941 年 10 月 20 日，前
　　　　揭書，頁 4。

在〈海之宿旅〉思考阿惜的命運,並看見望著海洋的阿惜,文中寫道:

> 於是杜南遠想起了數日前,看到這個女人靠在窗邊專心凝視著海上
> 的情景。片刻間,由於杜南遠的腳步,女人回過頭來,露出了複雜
> 的微笑。
>
> 那是充滿憂愁、愉悦的,羞怯的微笑。
>
> 杜南遠覺得她的微笑裡含有無盡的美。

不論是「吞下熱淚」,或被觸動而感受的「美」,「杜南遠」都能獲得從他人身上得一種體悟「美」、「幸福」的意識。結合龍瑛宗最後使用的手法來看,「杜南遠」是一個可以對自己內部意識加以自剖的人,而他人對他的心理作用,也使他看見一幕幕由感而發「美」的風景。第三篇〈白色山脈〉中,杜南遠在大自然的海邊:

> 杜南遠常去看海。
>
> 山崖夏草繁茂,牽牛花盛開。依靠著相思樹幹,讓風吹拂著。
>
> 崖下是漁村。可以看到匍匐著的矮屋,孩子們的裸像。拍打著海濱
> 的白色浪花沫。
>
> 杜南遠躺在草坪上仰望天空。天空是橘黃色的。草香很濃。忽然間,
> 杜南遠覺得自己好像變成白骨躺在這裡。
>
> 於是杜南遠匆忙站起身來。
>
> (在神奇的山嶽,和飄盪著藍色怒濤的風景裡,安靜地生活)
>
> <u>杜南遠如此地想像著自己。</u>
>
> 風吹了杜南遠,吹過去。
>
> 那些風,會吹到波斯的荒野去嗎?
>
> 海,多麼美麗的藍啊,黃昏時的南海。
>
> 不知不覺中,海平線上堆積了層層白雲。
>
> 原野一望無際,看似山脈連了一片。白色山脈。
>
> 極其瘦弱悽慘的影子,不知如何是好地,受挫、煩惱,拖著沉重的
> 步伐走下去。不久,那個影子跌倒了,不再動彈了。
>
> 美麗,悽絕,白淨的世界。

> 暮色越來越深。潮音不斷。
>
> 杜南遠靠著相思樹幹，少年般流下了眼淚。〔註103〕

結尾龍瑛宗以詩意的方式製造了人內在自我分裂的處境，呈現出杜南遠將自己同樣相對化的想像著，出現了一個像是承受著「不幸命運」的「杜南遠」之「影子」。龍瑛宗以全知的視角，敘述「杜南遠」這一幕自我「內在的風景」，也就是「影子的倒下」。筆者認為，龍瑛宗塑造的是以「杜南遠」的視線表達對自己的體悟，影子寄喻的是「杜南遠」看著「象徵每個人身上都有一個不幸的化身，而它則如影隨形」。之於「杜南遠」，影子在這個當下的風景裡，宛入一個負著全身重擔的「我」出走而消失，也就是這個瞬間，「杜南遠」宛若可以看到世界恍如一新的成為「純粹的」、「白淨的」、「美麗的」世界。這個在哭泣的「杜南遠」，除了為自己而哭，也像是看見他者與自我的「絕對關係──不幸」，而存在著悲傷的精神狀態。

　　龍瑛宗在離開花蓮後，繼續寫下〈龍舌蘭和月亮〉和〈崖上的男人〉兩篇文章，可以看作是自知「不幸」的「杜南遠」，繼續以他人為自己的鏡像，而在他者的相互關係中尋找排除悲傷的可能。在〈龍舌蘭和月亮〉中，描寫杜南遠在友人招待下，遇見一個喪妻的男人，杜南遠客觀地觀察這個男子在友情的關心與安慰下，懷抱一鼓振作之心，友人言：「割斷舊社會的羈絆，從明天起要重新來個人生呀。」。龍瑛宗並沒有交代後續友人的發展。但是，在結尾的安排卻也饒富象徵。結尾是，杜南遠在夜裡醒來，以「清醒的意識」將這樣「不幸而奮力的人生」感嘆著，並且同樣將風景融入自身的情感。

> 美麗的月夜，月光森然遍照大地。
>
> 庭院裡的龍舌蘭沐浴著月光，凜然的開著白色的花，花影濃重。
>
> 杜南遠忘掉口渴，頭腦卻很清晰。（人生好美。）（人生真是美得令人悲哀。）
>
> 杜南遠就那樣站住了，久久地。〔註104〕

杜南遠再次將自己對生命的體悟融入眼前的風景。這幕風景，象徵的是杜南遠對人生不幸的重量，呈現悲哀與美的同時體悟，可以說月光照映花的「白」

〔註103〕龍瑛宗，〈白色山脈〉，《文藝台灣》第 3 卷第 1 期，1941 年 10 月 20 日，前揭書，頁 11～12。

〔註104〕龍瑛宗，〈龍舌蘭和月亮〉，《文藝台灣》，第 5 卷第 6 期，1943 年 4 月 1 日，前揭書，頁 86。

與反照影的「濃」與「重」，無非就是文學風景中暗寓兩種相對的作用力在「人」身上一體的共存。

〈崖上的男人〉一文，描寫杜南遠坐在濱海的公車上，突然一名可憐的男子上車。男子是個在西部事業失敗又負債，因為沒錢趕赴探望生病的兒子，只得用走的步行在海岸公路上。乘客聽聞他的遭遇，無不向他伸出援手。最後，一個小孩子將自己的玩具送給他，引起全車的人的笑聲。龍瑛宗曾在戰後談及，這是一篇他最喜歡的小說，「阿美族女人和從日本來的移民村太太、山地人、日本人和台灣人都融合一堂，真是人間的福音，也是文學追求的目標之一。」〔註105〕。小說所蘊藏的包容和和諧，可以看出龍瑛宗理想上對民族之「愛」的投射，也正是宛如藝術尋找人性之「美」或說「善」的價值。這個「美」可以參考杜潘芳格寫信回覆龍瑛宗的意見，她說：

> 〈崖上的男人〉，如果這篇作品剛好是戰爭時期中之作品的話（因為年表上沒寫），就有點美化啦。說不定對某些猜疑心深的讀者來說，也許會感到美化之嫌。在這本書裡唯有這篇搖撼了我的靈魂。由於我是個率直地實踐著信仰生活的人，所以我很欣喜地感謝著語言、文字能樸實地震撼我。不，無寧是自己還能以這麼柔軟溫順的態度之心來接納的姿勢，對先生的文章能確實地反應，首先有著將文章（尤其終結的部分），為要照那樣牢靠地以全心靈接納的「信」，絕不是那時節流行的「美談」的虛構。因為那是以「家之」為首的「後方美談」都依照政策創作的時代之故。「信」和「甜」連結在一起，也是不能否認的。〔註106〕

龍瑛宗在「杜南遠」的一系列小說中，讓人感到外在社會結構的政治現實觀察的闕如。不過，筆者認為「杜南遠」的存在方式，正讓我們看見龍瑛宗創造出：匯聚他對人生價值的「觀念」之體現者行走在一地空間化的小鎮載體，而「杜南遠」不僅貫穿著觀念，他本身也是「觀念」的體現者，也就是「美」的價值的體現者，而由「杜南遠的存在」龍瑛宗展示了一個創造「有什麼樣的人」在的「空間」，也正是一個想像的整體（人、觀念、

〔註105〕龍瑛宗，〈憶起蒼茫的往事——《午前的懸崖》二三事〉，《文訊》，1987 年 6 月。引文出處《龍瑛宗全集（中文版）》（隨筆集（2），第 7 冊），台南：國立台灣文學館出版，2006 年 11 月，頁 163。

〔註106〕此段出自杜潘芳格寫給龍瑛宗的信，引文出處《龍瑛宗全集（中文版）》（文獻集‧第 8 冊），台南：國立台灣文學館出版，2006 年 11 月，頁 89。

空間、「美」的價值）之並置的「再現」。而筆者以爲這正是一種「南方想像」被再現的方式。

三、「南方」的意識者：杜南遠與「南方」的「再現」

「杜南遠」這一系列小說，可以從小說的視點加以闡述。這個意思是說，讀者看著風景中的「杜南遠」，而「杜南遠」的視點看著自身的「風景」，是來自於他對「觀念」的體現，他的視線是一種並置著「不幸」與「美」的「風景」。

「杜南遠」在意識中變換眼裡所看見各種「不幸的身世」，但是這個「看見」不只是爲了彰顯杜南遠的人道關懷，還包括杜南遠也被客觀化的「不幸」，出於自知意識下的「同」情。而這個意識構築了彼此之間原本是個體，但卻有共通的連繫關係，那就是「不幸的鎖鏈」。龍瑛宗製造了一種共通的「現實」之理解方式，使得意識的觀念成爲一種理解彼此「相互之間共同存在」的方式。本章第二節筆者提過龍瑛宗受到近代文學的影響，小說中的「我」著重於近代「自我」意識的表現，這個意識是指「尋找自我與他者的關係」。「我」是行動的個體，也是建構在與他者有各種「連帶關係」的意識者，是一種「我與他者共同結構意識的主體」。龍瑛宗藉由「杜南遠」的觀念意識與心理作用，可以說發明一個「體悟人性」的人，亦即杜南遠。又因爲杜南遠對普遍性的「人」的理解與對自己的理解，在觀念上呈現一致，因而「杜南遠」成爲龍瑛宗形塑出一個「在風景中體現『美之價值』的人」。

「風景」不再只是作者全知的方式所描寫的「客觀」風景，而是讀者觀察到「杜南遠」以「基於他者的相互關係」，而凝視的一種「風景中的心境」。是「杜南遠」在體悟「自己與他人的」觀念而看見的表現內在心象與外在風景爲一體的「風景」。這個「風景」帶有柄谷行人評斷康德，認爲是「人的心靈把崇高性帶進了自然之表象中的」，所謂的「崇高」柄谷闡述的是：「崇高來自不能引起快感的對象之中，而將此轉化爲一種快感的是主觀能動性，然而，人們卻認爲無限性彷彿在於對象而非主觀性之中。」〔註107〕。筆者認爲，「杜南遠」無非就是一個「主觀性的能動者」的象徵。杜南遠表現出一個意識者的存在，包含主觀思考他人與自我「人性」共通的觀念，並且以此對「美」進行價值判斷，「杜南遠的意識」正表現出龍瑛宗文學觀與創作觀的一致性。

〔註107〕柄谷行人，《日本現代文學的起源》北京：新華書店，趙京華譯，2006 年 8 月，頁 2。

　　「杜南遠」的意識，是作為一個認知人生乃是有各自「不幸」這一共同基礎的我／我們的「人」。由於他的視點內外的一致，不論是望向他人或者看見相對化的內部自我。這裡面，也就出現一個以「相互關係」之存在的「我們」，是一種集體或「我們」的「人」之想像。「杜南遠」的意義是作為龍瑛宗「觀念的象徵者」，並且在一處具體空間的風景中。若將以上結合我們在第四章第一節對龍瑛宗思考「南方」的三種維度，亦即「實體風景的南方、憧憬人性價值的南方、存在藝術家的南方」，「杜南遠的存在」的意義除了作為一個可以意識外部空間的人以外，也是龍瑛宗所憧憬的「領悟某種人性觀念」的人。而「杜南遠」心理作用的思索感受到「美」，正是「觀念者因為信念而看見『美』之風景的」象徵，於是「有杜南遠在地存在的空間」便成了「南方想像」最具體，也是最立體的「再現」。「南方」也就成為不只是一個方位符號，更是龍瑛宗以文學建構心靈現實空間與空間腹地上產生人之關係的地方。「南方」是以文學展示出，一處空間出現特定人與內在關係的精神形式，而成為含納「地理空間的真實」與「心理內面的寫實」之土地與人心的時空維度。

四、小結

　　戰爭時期的龍瑛宗小說作品，無法避免討論其身上帶有的政治刻痕，也就是表現「國家美學」的呼應成為思考作家創作小說的動機與內在的連繫。而筆者由於認為龍瑛宗有一貫的主題——「幸福與不幸」，因此從「杜南遠」被創造的意義來思考。首先，「杜南遠」是一個實體空間的感覺者，其次，龍瑛宗以小說中雙重「視點」製造「杜南遠」與他人的關係，而這個關係是龍瑛宗向來的主題——「不幸的人」，使我們將杜南遠視為觀念的象徵。第三，杜南遠的意識顯示出「從自己與他人的『不幸』中看見風景中的『美』」。這三個匯聚在「杜南遠」的主題特點，使我們思考的是「杜南遠」的意義，筆者以為是一種「視線」的存在，是一種「特意突顯意識者置於南方」的「南方想像」。「杜南遠」被理解的方式，是「杜南遠的存在顯現的是與他人之共同的基礎」。這個基礎，是我們向來討論龍瑛宗的主題「不幸中的幸福」的人。「杜南遠」與他人的「關係」，是為一種彼此皆是「不幸的鎖鏈中之一的人」，但是，「杜南遠」的幸福是一種望見他人而感受排除身上的暗影，而主觀性的作用使他體會到風景中「美」與「淨」的世界，在「杜南遠」身上並置了美的形式與精神，而成為一位寄寓龍瑛宗多重「觀念」脈絡的象徵。而這樣的

存在，與行走在一處海所包圍的小鎮，讓人觀察到龍瑛宗創造了一種「觀看的方式」，將他所在意的「南方」包括空間的、憧憬的、主題的「南方」，藉由「文學的想像空間和觀念寄喻」表現出來。

第五章　結　語

　　本書總共分作五大章，第一章：緒論、第二章：「南方」的視野與追求憧憬的「南方」、第三章：龍瑛宗「南方憧憬」的文化思考、第四章：龍瑛宗「南方想像」的文學實踐、第五章：結論。以下從四大點做本書的結語：一、語境與符號，二、符號與龍瑛宗，三、符號化的「南方」、四、幸福與「南方——在地台灣」。

一、語境與符號

　　「南」起源於漢字文化，背後更連帶著漢人生活的文化意蘊。不過，台灣歷史有截然不同於漢文化發源地的政治脈絡，亦即日本殖民政治的背景，日治時期的漢文作家與日語作家都有作品以符號「南（國）」為視角，作為指稱「台灣」的作品，它表現出作家意識到「地理台灣」乃是一處有邊界的具體空間，並且浮現出一種觀念的「台灣」是：切割以漢人集團為主的中國傳統，而又不同於日本帝國領地，亦即以三百六十萬的台灣人為集體想像的「台灣」意識。以龍瑛宗的小說〈植有木瓜樹的小鎮〉為例，該文的文句修辭使得「南國」除了是台灣的代稱以外，更象徵了小說內人、事、物（土地）的邏輯關係，是指在地人受到在地物景與人事社會的作用力，繼而產生人、社會與自然風土相互發生精神關係的「台灣」。以上皆讓人觀察到台灣文學利用符號「南」產生心境上對出身於台灣的「自我」之映象。

　　不過，在作品以外，「南方」在日本語言文化中寄喻著明治維新以來，日人夢想海外開拓天地的心靈象徵。殖民地台灣被納入「南方」其殖民地過程，值得嚴肅地省思深受近代帝國日本在台灣土地上剝削自然、壓抑文化、精神

屈辱等權力之害，也需用同理心反思台灣人政治有無意識的傾靠與協力等問題。日本統治台灣以來，「南方」作為帝國政治倡導的宣傳，也有不同階段和消長的趨勢。不過，總括的來說「南方」帶有帝國拓值的意欲和戰線的位置，使得它與「戰爭」的指涉越來越貼近。本文以台灣文學的作家龍瑛宗為例，他的小說中的確出現去到非指台灣的「南方」，或者，戰事地點的「南方」之角色，不過，他往往用修辭表現出這些人的啟示，比如〈歌〉當中會談到人乃是要把「愛」帶去「南方」，〈歡笑的清風庄〉又或以一處「歡笑的」清風庄暗示戰時「歡笑的」不可能。若再從呂赫若〈清秋〉與龍瑛宗〈死於南方〉這兩篇小說分析來看，龍瑛宗符號的「南方」提供我們思考的是「精神投射的所指」明顯凌駕「戰爭地域的所指」，若是將「南方」視為一種促發作家藉由外部參照，產生對社會內部或個人精神凝視的新視角與新思維作思考，那麼龍瑛宗試圖將「南方」的象徵作為一種視角，其視線顯然是是轉入台灣社會與個人精神的內部，產生自我內在凝視與重新建構自我意識的契機。「南方」的意義和相互關係可謂錯綜複雜，堪稱匯聚了不同人，以不同意欲帶著各式目的追求所及的過程與特定意識型態的結果。筆者認為龍瑛宗在帝國的「南方」語境裡，雖然也有自身言說「南方」（台灣或非在地台灣）的歧異性，但是仍有意指地理台灣的觀察與寄喻以在地台灣為主體的思維，這個思維的重要線索便是──「追求幸福」，堪稱是一種憧憬的追求。本文的重要主軸即以該線索把握住龍瑛宗以「南方」作為一個視角，探討其符號化台灣想像以及其精神的思想資源。

二、符號與龍瑛宗

　　龍瑛宗諸多書寫「南方」的作品乃是處於戰爭期的台灣文壇，從其歷史背景來看 1940 年代台灣在日本帝國「大東亞共榮圈」的意欲目的下，殖民地地位出現政治性的轉機。在振興「地方文化」、「建設南方文化」的契機下，台灣的地位提升到「日本」國境內的「外地」，因而台灣有了另一個別名「南方」。龍瑛宗是少數使用符號「南方」的人，而他以文化評論和文學創作所實踐和貢獻於台灣文化，建設的面向也讓筆者將他對「南方」的「憧憬」重疊在他對台灣文化的認知與追求，一種本身既在名之為「南方」的台灣在地，但是卻又追求理想上達至「文化」實踐的「南方」。

　　本文從龍瑛宗對「文化」原理的認識論，提出龍瑛宗「南方」的架構。

簡言之，從時間性與空間性的媒介關係，思考到文學有其本體且是「創造文化」的時空媒介物，而作家應該要以思考到作爲「未來」的「文化累積」，或提升高文化的方向進行創造。因爲，龍瑛宗認爲創造「現在」就是創造「未來的過去」。這個概念，彌補了他認爲台灣文化沒有傳統的累積，或視台灣爲文化沙漠的論述；而他意圖「創造文化」的目標下，最具體的貢獻就是文學。龍瑛宗的文學觀乃是以主張「藝術爲美」、「文學處理人的問題」。而筆者認爲，從一個「客觀」的邏輯來思考龍瑛宗所謂文學的「美」這一主張，他表達的乃是藝術是追求眞理、純粹這樣的客觀價値。他並不從主義來強調實踐的方法，他所重視的是「精神的美與形式的美之結合」。而龍瑛宗對「人生於世」有兩個明顯相悖的概念，這是指龍瑛宗曾表達過「人是一連串不幸的鎖鏈」，但是他卻深深感到藝術是要爲人「追求幸福」，可以說是一種抱持「絕望感」的現實觀與追求「相信幸福」的信念。這兩者有其矛盾的地方，但這正是進入龍瑛宗構思小說最要的線索，也就是作爲一個觀念：「在相信人生於世乃是絕望的不幸中，而抱持追求幸福的信念」。

　　爲了探討龍瑛宗藝術創作中藝術化的「南方」，本書引用丹納的「藝術哲學」作爲研究方法加以闡述其作品。丹納的論述，可以用三要點做說明：首先，環境影響作者創作；其次，藝術品乃是改變「特徵」的「關係」；最後，「特徵」佔作品主要的支配位置，特徵是爲了表達藝術家以觀念作爲對「理想」的趨近。龍瑛宗小說中明顯的「特徵」是「光」與「影」，他以光與影、明與暗的交錯和相生，顯現它們在不同人事物的關係或隱喻，將兩個看似對立而矛盾的特徵，作了各種「關係的變化」而相互顯示出來。讓人看見龍瑛宗留下的是黑暗的無窮盡與光亮的永恆瞬間的並置，以此道出藝術創造對各種矛盾的作用，有其深入化的意象之創造。而龍瑛宗對於偉大作家的體悟之重要觀念——「面對絕望」，也帶有這樣的思索，是將極端的絕望感和相信未來的希望感一起呈現，而前面提及他的人生觀也正是「人是不幸的鎖鏈，與人要追求幸福」思考合而爲一。

三、藝術化的「南方」

　　有了龍瑛宗創作觀的「特徵」和「觀念」作爲線索後，那麼最重要的就是以龍瑛宗詩作和小說爲中心，觀察其以創作實踐藝術化的「南方」。在詩人的部分，龍瑛宗的「南方」呈現出三種「空間」，那是「詩憧憬的南方／地理

自然的南方／人文的南方」。「南方」，既是龍瑛宗以精神維度主觀嚮往的「非所有」之理想境地，也是龍瑛宗具體所身處的所在，更是一個龍瑛宗客觀化欲予以追求建構的「台灣」。是「精神空間的南方／風景空間的南方／渴望有在地藝術家身影的南方」。正因爲「南方」有多種抽象的精神維度，使我們可以看多種文化脈絡重置的「台灣」。龍瑛宗以自身的文化資源，包括象徵「人文價值」的「希臘」，或者，象徵「藝術家自我完成」的「大溪地」。龍瑛宗將「南方」台灣的自然地理與不同座標底下的「南方」價值進行一種實驗性的重置。儘管，文學不免有一種架空台灣現實社會的「台灣存在」，讓人有幻想化或異國情調化之嫌，但是，可以觀察到的是，他並非僅在一個「未來的空間」或「超現實的空間」耽溺自己的理想和浪漫的投射。龍瑛宗往往在詩中以「詩人／我」，保持或說處於虛幻或低落中被喚醒的意象。將詩中的化身，象徵爲「置身於完美空間而無法獲得安逸的理想家」。龍瑛宗透過刻意揭示「美境不在／受到威脅」的手法，表現出置身於時代的過渡，而有一種「矛盾」和「緊張感」的心境之「再現」。藉由描繪個體保持在「無意識的夢」和「理性的現實」之間，但是卻加強了其被喚醒的警戒與緊張感。又或者說，「台灣」是一處能夠讓各式各樣的人做著如未來願景般的夢，但在美好的想像以外，卻又具現實的人事關係在發生，而需要戒愼。

在「小說家」的部分，龍瑛宗的作品明顯有「以人爲本」、落實文學藝術探索「人的問題」作爲其創作的主題軸線。除了是他趨近自己以文學追求台灣文化的「理想」，而「爲人」、「肯定人生」無非就是一種藝術重要的理想價值。這樣的價值觀，丹納的論述提供了我們一個藝術研究的路徑，以丹納「藝術哲學」的論點來看，龍瑛宗的小說中再現了光與熱（影）、鏡像的特徵，以及觀念上「人必須要自覺到不幸，但是以意志力與純粹的精神活在『不幸中的幸福』」龍瑛宗意圖讓讀者在藝術的啓示中，得到關於他自身「觀念中的人」，是一種「因觀念而成爲更理想的人」。是一種對「理想的人」或說精神狀態的一種創造。而本文以爲，觀念化的「人」，也是一種被龍瑛宗追求實現的「南方」，而那正是一種不以符號爲名，而是以抽象的精神被再現的觀念而存在的「南方」。

龍瑛宗對這個觀念化的「人」的創造，便是找出人的重要特徵：「鏡像性」和「追求幸福」。關於鏡像性，本文先提出的是「人與影」，龍瑛宗的小說多以「影」的存在作爲各種象徵或意喻。或許，這也是在戰爭時期悶壓的書寫

環境底下，轉進於人的內在心靈探索作觀察，進而將人性的負面感、弱點加以描寫的另一種「現實」。此外，「凝視」，也是龍瑛宗製造一種人會對他人產生「投影」的寓意。可以發現，龍瑛宗的小說，多設計一名主人公對他人身影有幻想或憧憬的思索，這個心理作用表現出，「一種理解現實的方式」，如〈宵月〉中，主人公對他人眼裡的黑暗，看見了自己的曾經與認知到當下的現實，而這樣視線與身影的重疊也讓主人公在自我檢討後，心起大家雖然孤單活在世界上，但是卻要互相幫助而生存。又或者，如小說〈午前的懸崖〉與〈貘〉這兩篇小說的觀念指出，「我」往往在他人的身上看到一個「幸福」的鍊結，像是欲望的投影，使「我」表現出對「他者」的憧憬。這當中隱含著一個龍瑛宗重要的觀念是「意欲他人（眼中）幸福」的「我」，其實最後都通向一個「理解所謂幸福的事實，其實並不如眼前所見」的領悟。

　　這個領悟的觀念，也是龍瑛宗加以表現的主題，因為思考人是要追求幸福的龍瑛宗，從來沒有正面提出什麼是「幸福」。但是從他另外兩篇小說〈趙夫人的戲畫〉、〈不為人知的幸福〉中，卻可以找到其發揮的思考，在第一篇當中龍瑛宗將金錢、通俗「愛情」的價值觀當作人對幸福的憧憬，也就是主角們個人「自以為的幸福」，但是，實際上龍瑛宗卻暗示這些都並非「真正的幸福」。小說結局龍瑛宗是安排兩個「不幸中互相扶持」的人奔向悲運的宿命，似乎暗示地點出其他人假想各種形式的「幸福」之「懷疑」。而對於人的「幸福」，究竟是什麼？龍瑛宗卻以標題顯示出他的思考裡面，有一種叫作「不為人知」的「幸福」。龍瑛宗以一個「家庭」，作為形式與精神共通表現的對象。龍瑛宗以外人看來「不幸的人」，亦即一名出身傳統而身世不幸的「童養媳」，在與一個羸弱而不幸的男子結合後，得到自知而深信的「幸福」。並且當男子作為世間的象徵也逝去後，女子仍然擁有信念而活下去的態度。龍瑛宗點出一種領悟人生，而得到信念活下去的精神價值，作為「幸福」之象徵。而何謂「不為人知」，無非就是因為精神現實是個體的精神狀態，一種領悟人之生存價值的信念，是一個生活者自覺體悟的存在感，而非外顯出來的身份、金錢等等。這樣的觀念，若疊合到龍瑛宗在〈死於南方〉中，表露出人克服自我在病痛中的精神意志，而得到超越自己過去的新精神，也讓人發現龍瑛宗點出憧憬一種「觀念化的人」，是以理想的「信念者」、「精神者」為對象。龍瑛宗以「個人」作為擁有新精神的個體，並且將「不幸與幸福」作為領悟的觀念，這個觀念的領悟包括自己的自知與擁有為他人活下去的生命力，顯示

出龍瑛宗看重的是表達某種個體內部的精神價值。而這種新精神並非以國家集體爲效忠的精神力之再現，也絕非以戰爭的勝利目標作爲精神支撐的意志。換句話說，龍瑛宗不斷思索「人」之內在的意識，以及透過人與人之間相處的手法，點出人最終必須以「認識自我」、「領悟自我」的精神內涵，並且以理解大家因爲都是不幸的鎖鍊之一環，因而需要互相扶持，得到不幸中的「幸福」。

　　這些討論也能用以解釋「杜南遠」一系列的作品，尤其是龍瑛宗創造「杜南遠存在」的意義，包括他是一個空間的遊走者、一個龍瑛宗觀念的領悟者、一個因爲領悟自身而看見風景中「美」，而形成一種「美的價值」的主觀體現者。「杜南遠」象徵的是龍瑛宗向來有的觀念，亦即「人是不幸的鎖鍊」。「杜南遠」和一個「客體化自我的影子」與被他所觀察的他人，擁有共通的關係。而「杜南遠」表現出一種望見「他人」而有所領悟的意識者，並且得以將自己在內部相對化的想像後，加以排除身上的暗影，而主觀的這個作用使他體會到風景中「美」與「淨」的世界，是一個體現「美」的人。這三個向度使我們可以再以「杜南遠」爲焦點，望向一個想像空間的視線中，有諸多重要觀念的並置。可以說，龍瑛宗創造了一種「觀看的方式」，將他所在意的「南方」包括空間的、憧憬的、主題的「南方」，藉由「文學的再現」表現出來。

　　本書緒論曾以〈南進台灣〉這一影像媒體作開場，帝國以機器的鏡頭對準當時台灣的種種自然和人之風景進行攝影與紀錄。而龍瑛宗所「再現」的空間，同樣也是物景與人，但是，他製造的視線卻有兩個層次，一杜南遠所看見的人性不可視之「美」，二是體會杜南遠是從不幸中得到風景中昇華的「美」。從這兩種視線來看龍瑛宗不只是讓「杜南遠」成爲一個客觀看著「空間」中人物的觀察者，他同時也會進入另一個相對主觀者（也就是讀者）的風景中，成爲一個展示龍瑛宗信念的「意識者」。於是「有杜南遠存在的空間」便成了「南方想像」最具體，也是最立體的「再現」維度。也因爲文學能夠製造的視線，使我們思考文學中立體的空間出入與人內在關係有其共通的想像維度，「南方」也就成爲不只是一個符號，他是龍瑛宗以文學建構有精神現實的意識者，在空間腹地上產生領悟人之相互關係的地方。筆者要強調的是綜合龍瑛宗的藝術觀、文學觀、創作觀等寫作構思，我們可以掌握到作家創作脈絡，從而在小說中獲得藝術化的「南方」。

四、幸福與「南方——在地台灣」

　　龍瑛宗是少數在評論、創作中都留下大量思考「南方」或言說「南方」痕跡的作家，作品中的確也讓我們看到一種以文學投影出對「南方」各種意欲的「再現」，使我們得到一個被文字符號化的「南方」。若將提升台灣文化視爲言說「南方」這一目的論來探討，則能讓「南方」不僅是符號有無的問題，更是含納當時台灣人言說自身的「現實感」，亦即本身既在「南方台灣」，但是，又意圖追求或創造成爲某種意識底下的「台灣」。而「在地台灣」本身提供了龍瑛宗最佳的素材，也包含他要創造的內涵，堪稱承載人之精神觀念，而以符號創造生命化的「南方」。

　　因此，在諸多討論的線索，可以看見以創造文化爲台灣文學作貢獻的龍瑛宗不斷的以「人」作爲主體，思考「內部自我」、「自我意識」的問題，或特地以「鏡像性」的方式，有意地將主觀者「我」，透過各種際遇的「關係」產生自我意識的反省與批評，甚至是從原本憧憬「他者」的個人，反身地看見「自我」而產生一種領悟。這個領悟的觀念堪稱就是「追求幸福」。龍瑛宗以小說的手法告訴我們通俗的愛情、金錢、財富、身份，也就是將視線放在他人身上的「憧憬」或以此「以爲的幸福」，未必是「幸福」；反而「幸福」是認知到自己共感「他人」像宿命觀的「不幸」，但是，卻還能找到意志力與精神支撐的生活者之態度。而筆者以爲「不幸」的想像基礎，除了本身殖民地的黑暗問題以外，也包含龍瑛宗深刻的「人」的理解，或者說出於宿命觀下對人一種精神價值作出的追求。關於對殖民地現實的無力感彰顯社會現實的抵抗，龍瑛宗往往被認爲處理社會現實較爲薄弱的地方，因此視爲一種作家逃入內心世界的評價。但是，如果將這個內心世界，視爲一種「轉進」未嘗不是一種以「人」的普遍性作爲「現實」的探索，是一種以「符示」幫人瞭解包括人類需要賴以生存的時空、人性、人際關係種種眞相的「現實」。而可以理解的是，龍瑛宗追求一種人以一種客觀化的「我」，追求一種自我否定、自我領悟的人之「主體」的發現，以及「自我」認識後，展現勇於超越「枷鎖」而追求幸福之精神意志。筆者以爲堪稱一種主體發現與追求生成的意識。從這個部份作思考，那麼也能得到不同於帝國以地緣政治目標，所意欲與獲得的「南方」之脈絡。

　　接連著龍瑛宗的文學目的來看，與西方思想淵源頗深的「追求幸福」這一主題，讓人產生各種積極的聯想，本文著重藉由龍瑛宗的文學資源創造一

種可供理解的邏輯與閱讀方法。這個方法有二點要談：第一點在於學界目前從對日本帝國殖民地批判的意識歸納到「南方」與帝國的不可分割性，這個觀點也使龍瑛宗的「南方」想像如同直線的意欲一樣，終將重疊在帝國的發展上，無法體現文學家文學目的，所承繼或與後人建立的關係。因而本文認爲釐清「主體發現與追求生成的意識」這一內涵，本身就有一種抵抗的意義，這個說法是建立在龍瑛宗的文學目的之「追求幸福」，提供我們在近代個人主體意識發揚卻又面臨遭到帝國政治收編的情形下，台灣作家以形象化的人物，展現了主體以個人自覺的精神，創造權力意志的再現形式，亦即「追求幸福」，且同時顧及共創他人生命意義的意識。利用台灣傳統社會女性象徵的童養媳女子，其抗拒命運的桎梏、自主追求婚姻的「幸福」與意識「勞動」的生活態度，將個人精神轉向與家庭和社會的倫理關係，抵抗了時代中國家意志或凌駕於個人的精神動員。雖然無法創造積極批判性的力量，但是卻也創造了精神性的抵抗空間。第二是關於「幸福」，除了由倫理學家與哲學家做思考，更充斥在學術、政府、大眾言論。值得思考的是，與其說龍瑛宗留下的是筆者所歸納的認知，本文更想談的是揭示否定或說懷疑「幸福是什麼」的邏輯與懷疑的態度，尤其在當今政府不約而同的強調「幸福」作爲治理人民的成果，化爲各種可視化指標（比如「國民幸福指數」），是否忽略了從來「幸福」就是以精神與物質的關係在做抗爭？而又以指標數據呈顯的「幸福社會」究竟意味著什麼？會不會這又是一種權力的話語，是政府利用國家機器將政治目的轉進個人意識的意識型態呢？這個懷疑正也是龍瑛宗文學作品一種超越的可能，因爲其以文學表現的態度，無非供予我們對「幸福」有思想的資源和批判力的跟進。即便是賴和也曾有相似的領悟，他曾說：「時代的進步和人們的幸福原來是兩件事，不能放在一起並論啊！」，讓人意識到作家敏感於權力者所掌握或預期的「進步」和宣稱的「幸福」，其實往往與立基於人民，而可能、可行的「幸福」有所差異，暗藏著對權力的反省力道和警語。追求幸福，就是一種主體的意識，但是連脈著個人的「幸福」與社會集體的「幸福」，或說追求國家的「幸福」要如何取得，仍值得個人以自身的「我」、在地和社會的「我們」勇於探索與實現。如上綜述，起於符號「南方」而談的想像，雖然有各種複雜化的脈絡詮釋，但最重要的無非是歸結到，瞭解龍瑛宗的時代心靈其蘊藏著側身在帝國權力關係下，追求文學想像與提升台灣文化的思維內涵。研究過程筆者認知到即便是以龍瑛宗爲中心，符號「南方」

還是會因不同文本脈絡，而出現解釋的歧異性；而本書認為，最終可以貫穿的是其文學目的（追求幸福）這一意識。重視文學家養成的龍瑛宗，對自己文學志業有明確的自白，而符號「幸福」像是一個線頭，使筆者能溯源西方人文哲學脈絡的認知，而其創作文本則表現出該觀念以台灣在地日治時空背景與人事風土的特殊性，更重要的是該目的貫穿在文學作品中一股懷疑與反思的精神、一種追求權力網絡下自覺的態度，以及一道看見「杜南遠」此人精神與風景共存的景觀。匯集這些線索不免有筆者架構與詮釋的主觀，但是身為讀者的筆者，無非就是龍瑛宗過去曾說要創造美好的「現在」予以「未來」，這一「未來」對象。辨識目的的再現與啟示，不僅使其有岔異於時空背景下帝國的符號「南方」指涉，更能以不同世代的身分，承繼文學前輩文化累積與精神態度，反思如何追求在地現在與未來更好的實踐形式。而這也正是本書，從符號「南方」出發，以龍瑛宗為中心，藉由文學媒介物提出不同時空背景與世代的台灣文學讀者－「我們」，可視化的「南方想像」，亦是揭示一種過去與當下共通面對在地「憧憬」的「台灣意識」。

參考書目

一、文獻史料（雜誌、報紙）

1. 《文藝台灣》，東方文化書局影印本，1981 年 3 月。
2. 《台灣文學》，東方文化書局影印本，1981 年 3 月。

二、作家作品全集

1. 龍瑛宗著，陳萬益主編，《龍瑛宗全集（中文）》（共 8 冊），台南：國立台灣文學館出版，2006 年 11 月。
2. 龍瑛宗著，陳萬益主編，《龍瑛宗全集（日文）》（共 6 冊），台南：國立台灣文學館出版，2006 年 11 月。

三、研究專書（依人名筆劃作排序）

1. 吉美・延禮（Jigme・Thinley），陳俊銘譯，《幸福是什麼》，全佛文化出版社，2012 年 12 月。
2. 中村孝志〔日〕著，卞鳳奎譯，《教授論文集：日本南進政策與台灣》，台北：稻鄉出版社，2002 年。
3. 丹納〔法〕著，曾令先、李群編譯，《藝術哲學》，重慶出版社，2006 年 8 月。
4. 王尚德，《希臘文明》，華茲出版社，台北：佳赫文化出版社，2010 年 6 月。
5. 王俐茹等著，《第六屆臺灣文學研究生學術論文研討會論文集》，台南：台灣文學館，2009 年 11 月。

6. 王屏著,《近代日本的亞細亞主義》,北京:商務印書館,2004 年。

7. 王惠珍主編,《戰鼓聲中的歌者:龍瑛宗及其同時代東亞作家論文集》,新竹:清華大學出版社,2011 年 6 月。

8. 尼采〔德〕著,劉崎譯,《上帝之死、反基督》,新潮出版社,1993 年 5 月。

9. 尼采〔德〕著,周國平等譯,《尼采文集:查拉斯圖特拉卷》,青海人民出版社,1996 年 11 月。

10. 朱家慧著,《兩個太陽下的台灣作家——龍瑛宗與呂赫若研究》,台南:台南市文化中心,2000 年 11 月。

11. 竹內好著,孫歌編譯,《近代的超克》,北京:三聯書店,2007 年 3 月。

12. 吳光輝著,《傳統與超越——日本知識份子的精神軌跡》,中央編譯出版社,2003 年 1 月。

13. 吳新榮著,《吳新榮日記全集》(共 11 冊),台南:國家台灣文學館,2007 年 12 月。

14. 吳新榮著,《震瀛回憶錄》,台北:前衛出版社,1989 年 7 月 1 日。

15. 呂赫若著、林至潔譯,《呂赫若小說全集(上)、(下)》,台北:印刻文學出版社,2006 年 3 月。

16 呂赫若著、鐘美芳譯,《呂赫若日記 1942～1944》,台南:國家台灣文學館,2004 年 12 月。

17. 李文卿著,《共榮的想像——帝國日本與大東亞文學圈(1937～1945)》,台北:稻鄉出版社,2010 年 6 月。

18. 阮斐娜著,吳佩珍譯,《帝國的太陽下:日本的台灣及南方殖民地文學》,麥田出版社,2010 年 9 月。

19. 周婉窈著,《海行兮的年代:日本殖民統治末期台灣史論集》,台北:允晨文化出版社,2003 年。

20. 林文龍著,《棟花盛開時的回憶:日治時期畢業紀念冊展圖錄(第 2 冊)——〈校歌校旗篇〉》,國史館台灣文獻館出版,2005 年 12 月。

21. 林繼文著,《日本據台末期戰爭動員體系之研究》,台北:稻鄉出版社,1996 年 3 月。

22. 果戈里著,李映萩等譯,《狂人日記》,台北:志文出版社,1977 年。

23. 柄谷行人著〔日〕,趙京華譯,《日本現代文學的起源》北京:新華書店,2006 年 8 月。

24. 柳書琴、邱貴芬主編,《後殖民的東亞在地化思考:台灣文學場域》,台南:國家台灣文學館籌備處,2006 年 4 月。

25. 柳書琴主編,《戰爭與分界:「總力戰」下臺灣‧韓國的主體重塑與文化政治》,聯經出版社,2011 年 3 月。

26. 柳書琴等著,《帝國裡的「地方文化」——皇民化時期台灣文化狀況》,高雄:播種者出版有限公司,2008 年 12 月。

27. 流沙河著,《文字偵探:一百個漢字的文化謎底》,新星出版社,2011 年 6 月 1 日。

28. 秋吉收等著〔日〕,《中心到邊陲的重軌與分軌:日本帝國與臺灣文學‧文化研究》(第二冊),台灣大學出版中心,2012 年。

29. 神林恆道著〔日〕,龔詩文譯,《東亞美學前史——重尋日本近代審美意識》,典藏出版社,2007 年 12 月。

30. 高千惠著,《移動的地平線:藝文烏托邦簡史》,台北:藝術家出版社,2009 年。

31. 勒納等,王覺非等譯,《西方文明史》,北京:中國青年出版社,2003 年。

32. 張建墻著,張浩信等譯,《福爾摩沙之夜:一位台灣八十歲老人的回顧》,台南:台灣文學館出版,2008 年 7 月。

33. 梶井基次郎著〔日〕,李旭、曾鴻燕譯,《檸檬》,台北:新雨出版社,2007 年 3 月。

34. 章安祺等著,《西方文藝理論史——從柏拉圖到尼采》,中國人民大學出版社,2006 年 7 月。

35. 荻原朔太郎,徐復觀譯,《詩的原理》,台北:台灣學生書局,1989 年 1 月。

36. 陳芳明著,《昨夜雪深幾許》,台北:印刻文學出版社,2008 年。

37. 陳芳明主編,《台灣文學的東亞思考:台灣文學藝術與東亞現代性國際學術研討會論文集》,台北:印刻出版社,2007 年。

38. 陳建忠著,《日據時期台灣作家論:現代性、本土性、殖民性》,台北:五南圖書出版有限公司,2004 年 8 月。

39. 馮俊科,《西方幸福論——從梭倫到費爾巴哈》,中華書局出版社,2011 年 1 月。

40. 黃英哲主編,《日治時期台灣文藝評論集》(共 4 冊),台南市:國家台灣文學館籌備處,2006 年 10 月。

41. 愛笛斯‧赫米爾敦著,宋碧雲譯,《希臘羅馬神話故事》,台北:志文出版社。

42. 葉石濤著,《台灣文學史綱》,高雄:文學界雜誌社,1987 年。

43. 葉石濤著,《台灣文學的悲情》,高雄:派色文化出版社,1990 年 1 月。

44. 葉渭渠、唐月梅著,《20 世紀日本文學史》青島:青島出版社,1998 年。

45. 達林‧麥克馬洪著(Darrin M. McMahon),陳信宏譯,《幸福的歷史》,究竟出版社,2007 年 12 月。

46. 廖炳惠著，《回顧現代：後現代與後殖民論文集》，台北：麥田出版社，1994 年。

47. 廚川白村著〔日〕，魯迅譯，《苦悶的象徵》，台北：聯經出版社，2000 年 7 月。

48. 鄭世璠著，《星帆漫筆集》，新竹：新竹市立文化中心，1995 年 6 月。

四、會議、期刊論文

會議論文

1. 下村作次郎著，〈戰前台灣文學的風景之變遷──試論龍瑛宗的〈植有木瓜樹的小鎮〉〉，紀念孫中山誕辰 130 週年暨「孫文與華僑」國際學術研討會，1996 年 11 月，頁 29～30。

2. 王惠珍著，〈殖民地作家的學養問題──以龍瑛宗爲例〉，後殖民的東亞在地化思考：台灣文學國際學術研討會，新竹：清華大學台灣文學研究所承辦，2005 年 11 月，頁 19～20。

3. 曾馨霈著，〈「南方」的意識與表象──以龍瑛宗的小說爲中心〉，台灣文學館、新竹縣文化局主辦，明新科技大學承辦「2008 年龍瑛宗九十八歲誕辰學術研討會」。

4. 廖炳惠著，〈氣候變遷與殖民統治：溼熱與現代性〉，「交界與遊移」──近現代東亞的文化傳譯與知識生產國際學術研討會》，台灣大學主辦，2009 年 9 月 11 日。

5. 蔣淑貞著，〈反抗與忍從：鍾理和與龍瑛宗的「客家情結」之比較〉，《客家研究》第 1 卷第 2 期，2006 年 12 月，頁 1～41。

6. 蔣淑貞著，〈龍瑛宗的「南方」觀探究〉，發表於清華大學台灣文學所所主辦，「戰鼓聲中的歌者──龍瑛宗及同時代東亞作家（百年冥誕紀念國際學術研討會）」（會議論文），2010 年 9 月，頁 24～25。

7. 鍾美芳著，〈呂赫若創作歷程初探──從《石榴》到《清秋》〉，發表於國立清華大學所舉辦的「賴和及其同時代的作家：日據時期台灣文學國際學術會議論文」，1994 年 11 月，頁 25～27。

期刊論文

1. 王惠珍著，〈地誌書寫港市想像──龍瑛宗的花蓮文學〉，《東華漢學》第 6 期，2007 年 12 月。

2. 王惠珍著，〈揚帆啓航：殖民地作家龍瑛宗的帝都之旅〉，《台灣文學研究學報》第 2 期，2006 年 4 月。

3. 林巾力著，〈主知‧現實‧超現實：超現實主義在戰前台灣的實踐〉，《台灣文學學報》第 15 期，台北：政治大學台灣文學所，2009 年 12 月。

4. 林巾力著,〈西川滿「糞現實主義」論述中的西方、日本與台灣〉,《中外文學》第 34 卷第 7 期,2005 年 12 月。

5. 林慧君,〈「南方文化」的理念與實踐──《文藝台灣》作品研究〉,《台灣文學學報》(第 19 期),2011 年 12 月。

6. 張雪芹著,〈「南」字溯源及其文化意蘊〉,《社會科學家》,2006 年 3 月(第 2 期)。頁 206～208。

7. 許維育著,〈理想的建構──談龍瑛宗〈蓮霧的庭院〉與呂赫若〈玉蘭花〉〉,《水筆仔:台灣文學研究通訊》,1996 年 12 月。

8. 陳建忠著,〈殖民地小知識份子的惡夢與脫出──龍瑛宗小說〈黃家〉析論〉,《文學台灣》第 23 期,1997 年 7 月。

9. 陳培豐著,〈日治時期臺灣漢文脈的漂游與想像──帝國漢文、殖民地漢文、中國白話文、臺灣話文〉,《臺灣史研究》(第 15 卷第 4 期),2008 年 12 月。

10. 彭瑞金著,〈龍瑛宗的第二個文學夢〉,《文訊月刊》第 34 期,1988 年 2 月,頁 241～243。

11. 黃彩霞、何晶玉著,〈現代日語中的四隅方位詞〉,《吉林華橋外國語學院學報》,2011 年。頁 139～143。

12. 葉笛著,〈中外小說上「多餘的人」系譜之探索──龍瑛宗的《植有木瓜樹的小鎮》和《羅亭》《貴族之家》《奧勃洛莫夫》《浮雲》的比較〉,《文學台灣》第 33 期,2000 年 1 月 5 日。

13. 鍾淑敏著,〈台灣總督府的「南支南洋」政策──以事業補助為中心〉,《台大歷史學報》,第 34 期,2004 年 12 月。

14. 蘇碩斌著,〈活字印刷與臺灣意識:日治時期臺灣民族主義想像的社會機制〉,《新文學研究》(第 109 期),2011 年 10 月。頁 1～41。

四、學位論文

1. 于曉權著,《馬克思幸福觀的哲學意蘊》,吉林大學哲學社會學院博士論文,2008 年 4 月。

2. 王惠珍著,《日本統治期台灣人作家龍瑛宗研究──「改造」懸賞創作の入選と受賞の旅を中心に─》,日本關西大學博士課程前期課程中國文學專攻碩士論文,2002 年 3 月。

3. 王惠珍著,《龍瑛宗研究──台灣人日本語作家の軌跡》,日本關西大學博士課程後期課程中國文學專攻博士論文,2005 年 3 月。

4. 林巾力著,《「鄉土」的尋索:台灣文學場域中的「鄉土」論述研究》,國立成功大學台灣文學所博士論文,2008 年 1 月。

5. 邱雅芳著,《南方作為帝國慾望:日治時期日人作家的台灣書寫》,國立政治大學中國文學研究所博士論文,2009 年。

6. 柯汶諭著，《打造南方意識——以南方綠色革命的運動者爲例》，成功大學台灣文學系所碩士論文，2009 年。

7. 柳書琴著，《戰爭與文壇——日據末期台灣的文學活動（1937.7～1945.8）》，台灣大學歷史系碩士論文，1994 年 6 月。

8. 許維育著，《戰後龍瑛宗及其文學研究》，清華大學中文研究所碩士論文，1998 年 7 月。

9. 蔡美俐著，《未竟的志業：日治世代的台灣文學史書寫》，國立清華大學台灣文學研究所碩士論文，2008 年。

10. 蔡鈺淩著，《文學的救贖：龍瑛宗與爵青小説比較研究（1932～1945）》，國立清華大學台灣文學研究所碩士論文，2006 年 7 月。

11. 橋本恭子著，《島田謹二《華麗島文學志》研究：以「外地文學論」爲中心》，國立清華大學中文所碩士論文，2003 年。

12. 羅成純著，《龍瑛宗作品及其研究》，日本築波大學文學所碩士論文，1983 年 11 月。

五、辭典與媒體（影像資源）

1. 日：松村明、佐和隆光、養老孟司等監修，邵廷豐譯，《雙解日漢辭林》，日本三省堂，五南圖書出版公司，1993 年。

2. 尼古拉斯・布寧／余紀元編著，《西方哲學英漢對照辭典（Dictionary of Western Philosophy）》，北京：人民出版社，2002 年 1 月。

3. 〈南進台灣〉，《片格轉動間的台灣顯影——國立台灣歷史博物館修復館藏日治時期紀錄影片成果》，台南：國立台灣歷史博物館，2008 年。